PROMENADES

à travers le monde francophone

THIRD EDITION

Student Activities Manual

VISTA®
HIGHER LEARNING

ISBN: 978-1-68004-999-2

2 3 4 5 6 7 8 9 PP 24 23 22 21 20

Table of Contents

LAB MANUAL

VIDEO MANUAL

Roman-photo

Flash culture

Introduction

About the PROMENADES Student Activities Manual

Completely coordinated with the **PROMENADES**, Third Edition, student textbook, the Student Activities Manual for **PROMENADES** provides you with additional practice of the vocabulary, grammar, and language functions presented in each of the textbook's thirteen units. The Student Activities Manual will also help you build your reading and writing skills in French. The **ressources** boxes in the **PROMENADES** textbook indicate where you will find additional practice. Answers to the Workbook, Lab Manual and Video Manual activities are located in a separate answer key.

The Workbook

The Workbook's unit structure reflects the organization of the textbook. Each unit contains two lessons (with **Contextes** and **Structures** sections) and the **Panorama** section from **Savoir-faire**.

Each lesson's workbook activities focus on developing your reading and writing skills as they recycle the language of the corresponding textbook lesson and unit. Exercise formats include, but are not limited to: true/false, multiple choice, fill-in-the-blanks, sentence completions, fleshing out sentences based on key elements, and answering questions. You will also find activities based on maps, photographs, and illustrations.

The Lab Manual

The Lab Manual activities and the Lab Program MP3s on the **PROMENADES** Supersite are meant to work together. Their purpose is to build your listening comprehension, speaking, and pronunciation skills in French, as they reinforce the vocabulary and grammar of the corresponding textbook lesson. The Lab Manual guides you through the Lab MP3 files, providing the printed cues—direction lines, models, charts, drawings, etc.—you need in order to follow along easily. The MP3s contain statements, questions, mini-dialogues, conversations, monologues, commercials, and many other kinds of listening passages, all recorded by native French speakers. In order to keep you engaged, the activities come in a variety of formats, such as listening-and-repeating exercises, listening-and-speaking practice, listening-and-writing activities, illustration-based work, and dictations.

Each laboratory lesson contains a **Contextes** section that practices the active vocabulary taught in the corresponding textbook lesson. In most lessons, the **Les sons et les lettres** section parallels the textbook's, and offers a dictation activity. Each laboratory lesson closes with the **Structures** section practice.

The Video Manual
Roman-photo

The **Roman-photo** video episodes, shot in a variety of locations in and around a city in southern France, offer approximately five minutes of dramatic footage for each textbook lesson (two modules per unit). Each module tells the continuing story of four college students studying in Aix-en-Provence. They have apartments above or near the café **Le P'tit Bistrot,** where they frequently meet and interact with the owner and her teenage son.

The video modules contain two distinct elements. First, you will see a dramatic episode that brings the themes, vocabulary, grammar, and language functions of the corresponding textbook lesson alive. These vignettes are expanded versions of the ones featured in the **Roman-photo** sections of your textbook. Each dramatic episode ends with a **Reprise** segment in which a narrator calls out key active language from the video episode, highlighting functional vocabulary and/or grammatical structures in the context of their use by the video characters.

The video activities will guide you through the video modules. **Avant de regarder** offers previewing activities to prepare you for successful video viewing experiences. **En regardant la vidéo** contains while-viewing activities that will track you through each module, focusing on key ideas and events in the dramatic episode and its **Reprise** segment. Lastly, **Après la vidéo** provides post-viewing activities that check your comprehension and ask you to apply these materials to your own life or to offer your own opinions.

Flash culture

Specially shot for **PROMENADES,** the **Flash culture** footage is correlated to one of the **Lecture culturelle** sections in each unit. Hosted by the **PROMENADES** narrators, Csilla and Benjamin, these segments provide montages related to the cultural theme of each unit in your textbook. The footage was carefully shot for relevance and interest level, while the narrations and conversations, which gradually build into French, were written using the grammar and vocabulary covered in the text.

As you watch the video segments, you will see a variety of images and hear about different topics: parks, schools, outdoor markets, day-to-day activities, cities, monuments, traditions, festivals, geographic wonders, conversations and interviews with native French speakers, and more. You will be transported to France and get a taste of the French-speaking world while expanding your cultural perspectives with information directly related to the content of your textbook.

The video activities that accompany the **Flash culture** segments will prepare you for viewing and help you understand the modules using the same pre-, while-, and post-viewing activity sequence as in **Roman-photo.**

We hope that you will find the **PROMENADES,** Third Edition, Student Activities Manual to be a useful language learning resource and that it will help you to build your French language skills.

The PROMENADES authors and Vista Higher Learning editorial staff

Unité 1

CONTEXTES

1 **Salutations** For each statement or question, write an appropriate response from the box.

> Au revoir!   Il n'y a pas de quoi.   Comme ci, comme ça.
> Enchanté.   Je vais bien, merci.   Je m'appelle Sylvie, et toi?
> À tout à l'heure.   Monsieur Morel.

1. Comment t'appelles-tu? _____
2. Merci. _____
3. Comment ça va? _____
4. Je vous présente Anne. _____
5. Commênt allez-vous? _____
6. À plus tard. _____
7. Comment vous appelez-vous, Monsieur? _____
8. Bonne journée! _____

2 **Complétez** Complete these sentences with the missing words.

1. _____ ça va?
2. Au _____!
3. À plus _____!
4. _____ journée!
5. Excusez-_____.
6. Il n'y a pas de _____.
7. Comment _____-tu?
8. Je vous _____ Martin.
9. _____ rien.
10. Je _____ bien, merci.

3 **Officielle ou informelle?** Indicate whether these expressions are used in formal or informal situations. If an expression may be used in either situation, check both columns.

	Situations officielles	Situations informelles
1. Pardon, Madame.	○	○
2. Il n'y a pas de quoi.	○	○
3. Ça va?	○	○
4. Bonsoir!	○	○
5. Je te présente…	○	○
6. Comment vous appelez-vous?	○	○
7. S'il te plaît.	○	○
8. Je vous en prie.	○	○
9. Et toi, comment vas-tu?	○	○
10. Bonsoir, Monsieur.	○	○
11. Salut, Caroline!	○	○
12. À bientôt!	○	○

4 **Choisissez** Indicate whether the sentences or expressions in each pair have similar or opposite meanings.

	Similaire	Opposé
1. ici : là-bas	○	○
2. À tout à l'heure! : Au revoir!	○	○
3. Comment allez-vous? : Comment ça va?	○	○
4. Je vous en prie. : De rien.	○	○
5. S'il vous plaît. : Merci.	○	○
6. Je vais bien. : Je vais mal.	○	○
7. À bientôt! : À plus tard!	○	○
8. Salut! : Bonjour!	○	○
9. Madame : Monsieur	○	○
10. Comme ci, comme ça. : Pas mal.	○	○

5 **Conversation** Number the lines of this conversation in a logical order.

_____ À demain, Anne.

_____ Bonjour, Madame. Je m'appelle Anne.

_____ Moi aussi, je vais bien. Au revoir, Madame.

_____ Je vais très bien, merci. Et vous?

_____ Enchantée. Je m'appelle Madame Prévot.

_____ Comment allez-vous?

6 **Mini-dialogues** Write four brief conversations based on the illustration. Be sure to use appropriate forms of address.

Modèle

-Bonjour, je m'appelle Sarah.
Et vous?
-Je m'appelle Marco.
-Enchantée.

1. **MME MONTREUIL** _____

   PATRICIA _____

2. **ANTOINE** _____

   IRÈNE _____

3. **PAULINE** _____

   MARIE _____

4. **XAVIER** _____

   JEAN-MARC _____

   FLORENT _____

STRUCTURES

1A.1 Nouns and articles

1   **Masculin ou féminin?** Write the definite article (**le, la, l'**) before each noun. Then list each article and noun under the corresponding heading (**Masculin** or **Féminin**).

1. _____ amie

2. _____ littérature

3. _____ différence

4. _____ problème

5. _____ objet

6. _____ café

7. _____ télévision

8. _____ étudiant

9. _____ bureau

Masculin

_____

_____

_____

_____

Féminin

_____

_____

_____

2   **Le, la, l' ou les?** Write the correct definite article before each noun.

1. _____ bibliothèque

2. _____ chanteur

3. _____ amis

4. _____ sociologie

5. _____ examen

6. _____ ordinateurs

7. _____ chose

8. _____ café

9. _____ bureaux

10. _____ petit ami

11. _____ faculté

12. _____ objets

3   **Singulier ou pluriel?** Give the plural form of each singular noun and article, and the singular form of each plural noun and article. Use definite articles in the first column and indefinite articles in the second.

> **Modèle**
>
> un ordinateur: *des ordinateurs*

1. l'étudiant: _____

2. les amies: _____

3. la librairie: _____

4. les cafés: _____

5. le bureau: _____

6. les examens: _____

7. des étudiantes: _____

8. un lycée: _____

9. une chanteuse: _____

10. des choses: _____

11. un animal: _____

12. un instrument: _____

Workbook

4 **Les articles** Change the definite articles to indefinite articles and vice versa.

1. un ami: _____ ami

2. des instruments: _____ instruments

3. la table: _____ table

4. un ordinateur: _____ ordinateur

5. les étudiantes: _____ étudiantes

6. l'examen: _____ examen

7. une télévision: _____ télévision

8. le café: _____ café

9. des professeurs: _____ professeurs

10. la personne: _____ personne

5 **Transformez** Write the feminine forms of masculine nouns and articles, and the masculine forms of feminine nouns and articles.

> *Modèle*
> une chanteuse: *un chanteur*

1. l'acteur: _____

2. un ami: _____

3. une étudiante: _____

4. une actrice: _____

5. le chanteur: _____

6. la petite amie: _____

6 **Identifiez** For each illustration, write the noun and its corresponding definite and indefinite articles.

> *Modèle*
> la librairie: *C'est une librairie.*

1. _____   2. _____   3. _____

_____   _____   _____

4. _____   5. _____   6. _____

_____   _____   _____

1A.2 Numbers 0–60

1 **Les mots croisés** Solve the math problems to complete the crossword puzzle. Include hyphens as needed.

Across:

3. neuf + quinze =

7. trois + dix =

9. quatre + douze =

10. vingt-trois - neuf =

11. treize + cinq =

Down:

1. cinq + six =

2. trente - vingt-huit =

3. douze + quinze =

4. trente - vingt-neuf =

5. six + six =

6. huit + neuf =

8. vingt et un - seize =

2 **Combien?** Write questions to ask how many items or people there are. Write out the number in each response.

> **Modèle**
> 2 étudiants
> Il y a combien d'étudiants? Il y a deux étudiants.

1. 3 bureaux _____

2. 21 examens _____

3. 5 professeurs de littérature _____

4. 18 amis _____

5. 33 acteurs _____

6. 12 problèmes _____

7. 52 tableaux _____

8. 9 cafés _____

9. 60 choses _____

10. 44 tables _____

3 **Répondez** Ask and answer questions according to the illustration. Write out the numbers. Ask and indicate...

> **Modèle**
> how many chairs (*chaises*) there are.
> *Il y a combien de chaises?*
> *Il y a deux chaises.*

1. how many people there are.

   _____?

   _____.

2. how many computers there are.

   _____?

   _____.

3. how many televisions there are.

   _____?

   _____.

4. how many girls (*filles*) there are.

   _____?

   _____.

4 **Comptez** Figure out the logic of each sequence. Then write out the missing numbers in each one.

1. un, trois, _____, sept, neuf, _____

2. _____, quatre, huit, _____, trente-deux

3. soixante, _____, quarante, trente, vingt, dix, _____

4. vingt-deux, vingt-quatre, _____, vingt-huit, _____

5. onze, _____, trente-trois, _____, cinquante-cinq

5 **Quel chiffre?** Write out the number you associate with each of these items.

1. seasons in a year _____

2. days in a week _____

3. number of days in September _____

4. number of pets you have _____

5. your age _____

6. number of classes you are taking _____

6 **Dans la salle de classe** Answer these questions using complete sentences. Write out numbers.

> **Modèle**
> Dans votre (your) salle de classe, il y a combien de télévisions?
> *Il y a une télévision.*

1. de tableaux? _____

2. d'étudiants? _____

3. d'étudiantes? _____

4. de bureaux? _____

Unité 1

CONTEXTES

Leçon 1B

1 **Cherchez** Find and circle these twelve school-related words, looking backwards, forwards, vertically, horizontally, and diagonally.

calculatrice	dictionnaire
carte	livre
chaise	professeur
copine	porte
corbeille	stylo
crayon	tableau

```
E E R V I L P L S R O
C R O B I O D R T R O
I I U S E E R C A T E
R A I E E S E T R A C
T N F T S E T E C H A
A N O R L S N Y A I B
L O C O R B E I L L E
U I R P A E S F P O S
C T A B L E A U O O I
L C Y T U N E T F R C
A I O C I A R O A E P
C D N L A C L L C O L
```

2 **Les associations** Match the words in the first column with related words in the second.

_____ 1. un crayon   a. une fille

_____ 2. un homme   b. une feuille de papier

_____ 3. une femme   c. un étudiant

_____ 4. un cahier   d. un stylo

_____ 5. une montre   e. un livre

_____ 6. une porte   f. une fenêtre

_____ 7. un élève   g. une horloge

_____ 8. un dictionnaire   h. un garçon

3 **Analogies** Complete the analogies with words from the box. Some words will not be used. Do not repeat items.

un cahier	une femme	des livres
une corbeille à papier	une fenêtre	un résultat
un garçon	une fille	un stylo

1. un garçon : une fille :: un homme : _____

2. un professeur : un étudiant :: un parent : _____

3. un homme : un garçon :: une femme : _____

4. un cahier : des feuilles de papier :: une bibliothèque : _____

5. une montre : une horloge :: un crayon : _____

4 **En classe** Label these people and things. Include the indefinite article for each noun.

1. _____   9. _____

2. _____   10. _____

3. _____   11. _____

4. _____   12. _____

5. _____   13. _____

6. _____   14. _____

7. _____   15. _____

8. _____

5 **Complétez** Complete these sentences using the words below. Not all words will be used.

cahier	corbeille à papier	dictionnaire	stylo
classe	crayons	fenêtre	tableaux

1. Il y a des _____ dans (*in*) le sac à dos.

2. Il y a vingt étudiants dans la _____.

3. Il y a des mots de vocabulaire dans le _____.

4. Il y a une feuille de papier dans la _____.

5. Il y a une _____ dans la salle de classe.

STRUCTURES

1B.1 Subject pronouns and the verb être

1 **Les pronoms** In the second column, write the subject pronouns you would use when addressing the people listed. In the third column, write the pronouns you would use when talking about them.

People	Addressing them	Talking about them
1. Madame Martin		
2. Elsa et Caroline		
3. Julien (un ami)		
4. trois femmes et un homme		
5. un professeur		
6. une étudiante		
7. un acteur		
8. une copine		

2 **Complétez** Complete these sentences with the correct subject pronouns.

1. _____ est étudiante.

2. _____ sommes à l'université

3. _____ suis un ami.

4. _____ est professeur.

5. _____ sont copains.

6. _____ es acteur.

7. _____ êtes ici?

8. _____ sont chanteuses.

3 **Nous sommes...** Rewrite each sentence with the new subject and the correct form of the verb être. Make other changes as needed.

> **Modèle**
> Il est professeur. Nous *sommes professeurs.*

1. Nous sommes étudiants. Vous _____.

2. Elle est à Paris. Tu _____.

3. Je suis actrice. Il _____.

4. Vous êtes copines. Ils _____.

5. Tu es à la librairie. Je _____.

4 **Bienvenue à Aix-en-Provence!** David has just arrived in Aix-en-Provence. Complete his paragraph with the correct forms of être.

Bonjour! Je m'appelle David. Je (1) _____ étudiant ici, à Aix-en-Provence. Rachid, Sandrine,

Amina et Stéphane (2) _____ des amis. Sandrine, elle (3) _____ chanteuse. Rachid,

Amina et moi, nous (4) _____ étudiants à l'université. Stéphane (5) _____ élève au

lycée. Et toi, tu (6) _____ étudiant?

5 **Identifiez** Identify these people or things using **c'est** or **ce sont**.

1. _____
2. _____
3. _____
4. _____

5. _____
6. _____
7. _____
8. _____

6 **Répondez** Answer these questions using complete sentences.

1. La France est-elle en Europe?

Oui, _____

2. Johnny Depp est-il acteur?

Oui, _____

3. Céline Dion et Beyoncé sont-elles chanteuses?

Oui, _____

4. Tu es étudiant(e)?

Oui, _____

5. Tes (*Your*) cours sont-ils intéressants?

Oui, _____

Workbook

1B.2 Adjective agreement

1 **Les contraires** Match the words in the first column with their opposites in the second. Use a dictionary, if necessary.

_____ 1. optimiste   a. désagréable

_____ 2. sociable   b. difficile

_____ 3. agréable   c. similaire

_____ 4. impatient   d. pessimiste

_____ 5. facile   e. dépendant

_____ 6. différent   f. impoli

_____ 7. indépendant   g. patient

_____ 8. poli   h. timide

2 **Chassez l'intrus** Circle the adjective that does not belong with the others.

1. difficile, égoïste, agréable

2. poli, pessimiste, sociable

3. sympathique, italien, espagnol

4. intelligent, brillant, impatient

5. américain, sincère, canadien

6. québécois, sincère, sympathique

7. allemand, charmant, suisse

8. occupé, timide, réservé

3 **Nationalités** What nationalities are these people? Write sentences according to the model.

> **Modèle**
> Carole / France: *Carole est française.*

1. Bob et Jim / les États-Unis (*U.S.*): _____

2. Amani et Ahmed / le Sénégal: _____

3. Trevor / l'Angleterre (*England*): _____

4. Francine et Nadège / le Québec: _____

5. Monika / l'Allemagne (*Germany*): _____

6. Maria-Luisa / l'Italie: _____

7. François et Jean-Philippe / la Suisse: _____

8. Gabriela / le Mexique: _____

9. Monsieur et Madame Sato / le Japon: _____

10. Paul / le Canada: _____

Workbook

4 **Les personnes célèbres** Finish these sentences using the correct forms of être and the adjectives in parentheses.

1. Jim Carey (amusant) _____.

2. Catherine Zeta-Jones (élégant) _____.

3. Julia Roberts et Renée Zellewegger (sympathique) _____.

4. George Clooney et Kelly Ripa (charmant) _____.

5. Stephen Hawkings (brillant) _____.

6. Dr. Phil et Oprah Winfrey (sociable) _____.

7. Le prince Charles et la reine (*queen*) Elizabeth II (réservé) _____.

8. Bill Gates (intelligent) _____.

5 **Décrivez** Look at the illustration and describe each person or animal using as many adjectives as possible. Use your imagination to describe their personalities. Write complete sentences.

Modèle
Thomas est intelligent.

1. Charles _____

2. Suzanne _____

3. Charlotte _____

4. Robert _____

5. Thomas _____

6. Fido _____

Unité 1

PANORAMA

Savoir-faire

1 **Les villes capitales** Match the countries with their capital cities.

_____ 1. Suisse   a. Conakry

_____ 2. Algérie   b. Bamako

_____ 3. Guinée   c. Port-au-Prince

_____ 4. Mali   d. Alger

_____ 5. Cameroun   e. Paris

_____ 6. Haïti   f. Yaoundé

_____ 7. France   g. Victoria

_____ 8. Seychelles   h. Berne

2 **Francophones célèbres** Where do these people come from?

1. Marie-José Pérec _____

2. Marie Curie _____

3. René Magritte _____

4. Ousmane Sembène _____

5. Céline Dion _____

6. Jean Reno _____

3 **Les professions** Match these people with their professions.

_____ 1. Jean Reno   a. écrivain et cinéaste

_____ 2. René Magritte   b. chanteuse

_____ 3. Ousmane Sembène   c. coureuse olympique

_____ 4. Marie Curie   d. acteur

_____ 5. Marie-José Pérec   e. peintre

_____ 6. Céline Dion   f. scientifique

4 **Vrai ou faux?** Indicate whether these statements are **vrai** or **faux**.

	Vrai	Faux
1. Le français est la langue officielle du Québec.	○	○
2. L'Algérie est une colonie française.	○	○
3. On a vendu la Louisiane pour 15 millions de dollars.	○	○
4. 350.000 personnes en Louisiane parlent français.	○	○
5. Le rôle de l'O.I.F est la promotion de la langue française.	○	○
6. Ousmane Sembène est un chanteur africain.	○	○
7. On parle français sur cinq continents.	○	○
8. Le français est la deuxième langue enseignée dans le monde.	○	○

5 **Où?** What places do these statements describe?

1. Il y a une loi qui oblige l'affichage en français dans les lieux publics. _____

2. On y (*there*) mange du jambalaya. _____

3. On y parle arabe et français. _____

4. On y fête la Journée internationale de la Francophonie. _____

5. C'est une région francophone aux États-Unis. _____

6. Les employés du gouvernement sont bilingues. _____

6 **La francophonie** Identify these French-speaking countries or regions. Look at the maps at the end of your book, if necessary.

1. _____
2. _____
3. _____
4. _____
5. _____
6. _____
7. _____

Unité 2

CONTEXTES

Leçon 2A

1 **Cherchez** In the grid, find and circle the fifteen words for the courses listed in the box. Look backwards, forwards, vertically, horizontally, and diagonally.

~~architecture~~	informatique
art	lettres
chimie	mathématiques
droit	philosophie
espagnol	physique
géographie	psychologie
gestion	sciences
histoire	

```
M P S Y C H O L O G I E H Ô
S E C N E I C S P S U P G H
P G H H D Y H H T Q T S A P
G É O G R A P H I E O R Y I
H E H S O I U T E I C H R S
S E U Q I T A M É H T A M H
H S R I T M I V I P Î E S A
I P O I R G O T P O T R E T
S A T O A E E Y E S Q T R T
T G F O S C G S F O S M T C
O N G L T E O F T L U S T U
I O I U E P H Y S I Q U E H
R L R M E T A R R H O R L P
E É I M I H C N P P T N É N
```

2 **Chassez l'intrus** Circle the word that does not belong in each group.

1. le français, l'anglais, la biologie, l'espagnol

2. un cours, un gymnase, une bourse, un diplôme

3. une note, le droit, un examen, le devoir

4. la physique, la chimie, l'architecture, la biologie

5. les langues étrangères, l'économie, la gestion, le droit

6. l'architecture, l'art, l'informatique, le stylisme de mode

3 **En quel cours?** In what class would you study these people or things?

1. Abraham Lincoln, Winston Churchill _____

2. Claude Monet, Léonard de Vinci _____

3. Sigmund Freud, Carl Jung _____

4. l'Afrique, l'océan Pacifique _____

5. la culture française, la grammaire _____

6. la mode, les styles modernes _____

7. Ernest Hemingway, William Shakespeare _____

8. les plantes, les animaux _____

9. Jean-Paul Sartre, Emmanuel Kant _____

10. Albert Einstein, Stephen Hawking _____

4   **C'est pour quel cours?** In which class would you most likely use these objects?

_____ 1. les crayons de couleur   a. les mathématiques

_____ 2. un dictionnaire anglais-français   b. la géographie

_____ 3. une calculatrice   c. la biologie

_____ 4. un ordinateur   d. le français

_____ 5. un microscope   e. l'éducation physique

_____ 6. une carte topographique   f. l'informatique

_____ 7. un ballon (*ball*)   g. le droit

_____ 8. une explication de la constitution   h. l'art

5   **Associations** Choose the word most closely associated with each of these terms.

l'art	un gymnase	les mathématiques
les études supérieures	l'informatique	une note
la gestion	une langue étrangère	les sciences politiques

1. les sports _____   5. l'université _____

2. les ordinateurs _____   6. le gouvernement _____

3. un examen _____   7. un poster _____

4. l'algèbre _____   8. la littérature française _____

6   **À votre avis** Do you like these subjects? Give your opinion (**votre avis**) on these classes using the words listed below or other adjectives you know. Use a different adjective in each sentence, making any necessary agreements.

Modèle

l'anglais
J'aime bien l'anglais. C'est facile.

agréable	difficile	intéressant
amusant	facile	inutile
différent	important	utile

1. le stylisme de mode _____

2. l'éducation physique _____

3. le français _____

4. la gestion _____

5. la philosophie _____

6. la psychologie _____

7. l'histoire _____

8. les mathématiques _____

STRUCTURES

2A.1 Present tense of regular -er verbs

1   **Les verbes** Write the missing forms of each verb.

		Le présent des verbes en -er			
je	tu	il/elle/on	nous	vous	ils/elles
1. travaille					
2.	oublies				
3.		mange			
4.			aimons		
5.				commencez	
6.					pensent

2   **Complétez** Complete each sentence using the correct form of the verb in parentheses.

1. Les étudiants _____ (manger) au resto U.

2. Hélène et moi, nous _____ (parler) français en classe.

3. Corinne _____ (étudier) les mathématiques.

4. Vous _____ (adorer) le chocolat.

5. Tu _____ (travailler) à la bibliothèque.

6. Je _____ (détester) les examens.

7. Florent et Michèle _____ (regarder) la télévision.

8. Tu _____ (aimer) mieux retrouver des amis à l'université.

3   **Phrases** Form sentences using the words provided. Remember to conjugate the verbs and add any necessary words.

> **Modèle**
> je / habiter / à New York
> *J'habite à New York.*

1. nous / manger / pizza

   _____

2. Olivier et Sylvain / aimer / cours de biologie

   _____

3. le professeur / donner / devoirs

   _____

4. les élèves / oublier / livres

   _____

5. tu / rencontrer / amis / à l'école

   _____

4 **Une lettre** Complete this letter with the appropriate forms of the verbs in parentheses.

le 14 septembre

Salut Marie!

Ça va bien à l'université? Moi, j' (1) _____ (adorer) les cours. Ils sont très intéressants. Les profs sont sympas, mais ils (2) _____ (donner) beaucoup de devoirs. Mon camarade de chambre s'appelle Jean-Pierre. Il (3) _____ (étudier) les sciences politiques. Nous (4) _____ (partager) un appartement. Jean-Pierre est très sociable. Il (5) _____ (travailler), mais il (6) _____ (aimer) mieux le sport et il (7) _____ (parler) beaucoup au téléphone. Le week-end, nous (8) _____ (retrouver) des amis au café ou nous (9) _____ (regarder) des films à la télé. Et toi, tu (10) _____ (chercher) un petit ami? Les filles (11) _____ (adorer) Jean-Pierre. Elles (12) _____ (penser) qu'il est charmant.

Grosses bises,

Charles

5 **Et vous?** Write sentences giving your opinion of these activities. Use one of the verbs listed in each sentence.

| adorer | aimer | aimer bien | aimer mieux | détester |

1. partager mes vêtements (*my clothes*)

_____

_____

2. voyager

_____

_____

3. parler au téléphone

_____

_____

4. dessiner

_____

_____

5. manger des sushis

_____

_____

2A.2 Forming questions and expressing negation

1 **Est-ce que...?** Make questions out of these statements using est-ce que.

1. Vous êtes canadien.

   _____

2. Tu regardes la télévision.

   _____

3. Ils cherchent un dictionnaire à la bibliothèque.

   _____

4. Nous arrivons à l'école.

   _____

5. Elle parle chinois (*Chinese*).

   _____

2 **Les questions** Make questions out of these statements by inverting the word order.

> **Modèle**
> Vous parlez anglais.
> **Parlez-vous anglais?**

1. Ils sont québécois.   4. Il y a vingt-cinq étudiants.

   _____   _____

2. Elles adorent voyager.   5. Le professeur donne des devoirs difficiles.

   _____   _____

3. Tu parles espagnol.

   _____

3 **Quelle est la question?** Write questions that would prompt these responses. Use the type of question indicated in parentheses.

1. (est-ce que) _____?

   Non, les cours ne commencent pas demain.

2. (n'est-ce pas) _____?

   Oui, j'aime voyager.

3. (est-ce que) _____?

   Non, il n'y a pas de problème.

4. (inversion) _____?

   Oui, nous sommes étudiants.

5. (d'accord) _____?

   Mais non! Je n'aime pas manger au resto U.

4 Mais Robert! Robert is very negative and contradicts everything. Write his answers to these questions using complete sentences.

> **Modèle**
> —Tu partages le chocolat?
> —Non, *je ne partage pas le chocolat.*

1. —Étudies-tu les sciences politiques?
   —Non, _____

2. —Cherches-tu le stylo?
   —Non, _____

3. —Aimes-tu le chocolat?
   —Non, _____

4. —Est-ce que l'examen est facile?
   —Non, _____

5. —Tu aimes parler avec des amis, n'est-ce pas?
   —Non, _____

6. —Tu n'es pas sociable?
   —Si, _____

5 Et vous? Write your answers to these questions using complete sentences. Vary your responses by including a variety of words and expressions from the list.

bien sûr	oui	peut-être
mais non	pas du tout	si

1. Vous n'aimez pas voyager?
   _____

2. Aimez-vous les examens?
   _____

3. La physique, c'est facile?
   _____

4. Vous êtes intelligent(e), n'est-ce pas?
   _____

5. Est-ce que vous cherchez un(e) petit(e) ami(e)?
   _____

Unité 2

CONTEXTES

Leçon 2B

1 **Complétez** Complete each series with the next logical word.

1. vendredi, samedi, _____
2. le matin, le midi, _____
3. avant-hier (*the day before yesterday*), hier, _____

4. lundi, mercredi, _____
5. aujourd'hui, demain, _____
6. mardi, jeudi, _____

2 **Choisissez** Complete each sentence with a logical word from the list.

année	jours	samedi
dernier	jeudi	semaine
dimanche	lundi	mercredi

1. Il y a sept jours dans une _____.
2. Le jour avant (*before*) mardi, c'est _____.
3. Il y a douze mois dans une _____.
4. Le mois de novembre a trente _____.
5. Dimanche, c'est le _____ jour du week-end.
6. Le jour avant jeudi, c'est _____.

3 **Le calendrier** Use this calendar to answer the questions below.

octobre

L	M	M	J	V	S	D
		1	2	3	4	5
6	7	8	9	10	11	12
13	14	15	16	17	18	19
20	21	22	23	24	25	26
27	28	29	30	31		

novembre

L	M	M	J	V	S	D
					1	2
3	4	5	6	7	8	9
10	11	12	13	14	15	16
17	18	19	20	21	22	23
24	25	26	27	28	29	30

1. Quel jour de la semaine est le premier octobre? _____
2. Quel jour de la semaine est le 24 novembre? _____
3. Quel jour de la semaine est le 19 octobre? _____
4. Quel jour de la semaine est le 4 novembre? _____
5. Quel jour de la semaine est le 11 octobre? _____
6. Quel jour de la semaine est le 2 octobre? _____
7. Quel jour de la semaine est le 28 novembre? _____

4   **Décrivez**   What are these people doing? Complete each sentence with the correct form of a verb from the list.

> **Modèle**
> Amina arrive chez Sandrine.

arriver	regarder
dîner	rentrer
écouter	téléphoner à
préparer	voyager

1. David _____ à la maison.   2. Sandrine _____ des amis.

3. Stéphane _____ l'examen de maths.   4. David _____ au café.

5. Amina _____ de la musique.   6. Stéphane _____ la télévision.

5   **Complétez**   Complete the weekly calendar with activities you plan to do or might like to do next week. Choose from the activities listed or include other activities. List at least eight different activities.

assister au cours de…	parler	rentrer
dîner avec…	passer l'examen de…	téléphoner à…
écouter	préparer l'examen de…	travailler
étudier	regarder	trouver

la semaine prochaine							
	lundi	mardi	mercredi	jeudi	vendredi	samedi	dimanche
matin							
midi							
soir							

STRUCTURES

2B.1 The verb avoir

1 **Choisissez** Choose the expression that most logically completes each sentence.

1. Tu _____ des examens.

   a. as chaud   b. as peur   c. as raison

2. J' _____ de téléphoner à mon cousin.

   a. ai envie   b. ai sommeil   c. ai quinze ans

3. Laure _____ le soir.

   a. a tort   b. a envie   c. a sommeil

4. Marie et Mireille sont jeunes. Elles _____.

   a. ont cinq ans   b. ont peur   c. ont l'air

2 **Assortissez-les** Choose the best completion for each sentence.

ans	des insectes
décembre	le matin
d'étudier	visiter la France

1. J'ai besoin _____.   4. Nous avons envie de _____.

2. Eugène a dix-neuf _____.   5. J'ai sommeil _____.

3. Tu as peur _____.   6. J'ai froid en _____.

3 **Les possessions** Use the correct forms of the verb **avoir** to say what these people have or don't have.

1. Je / un ordinateur

   _____

2. Vous / trois cahiers

   _____

3. Nous / un professeur intéressant

   _____

4. Tu / ne… pas / cours aujourd'hui

   _____

5. Ils / des calculatrices

   _____

6. Jules et Odile / un examen demain

   _____

7. Yves / ne… pas / de problème

   _____

8. Je / ne… pas / les yeux (*eyes*) bleus

   _____

4 **Complétez** Complete each sentence with the most logical expression from the list. Remember to use the correct form of **avoir**.

avoir besoin	avoir envie	avoir peur
avoir de la chance	avoir froid	avoir tort

1. Il y a un examen demain. Nous _____ d'étudier.

2. Vous écoutez de la musique. Vous _____ de danser.

3. Ils n'ont pas raison. Ils _____.

4. Tu trouves 100 euros. Tu _____.

5. La température est de 10 degrés. Sophie _____.

6. Voilà un monstre! J'_____!

5 **Qu'est-ce qu'ils ont?** Describe these illustrations using expressions with **avoir**.

1. Elle _____

2. Elle _____

3. Ils _____

4. Ils _____

6 **Et vous?** Answer these questions using complete sentences.

1. Quel âge avez-vous?

_____

2. Est-ce que vous avez une bourse?

_____

3. Avez-vous un(e) camarade de chambre?

_____

4. De quoi (*what*) est-ce que vous avez peur?

_____

5. De quoi avez-vous besoin?

_____

6. Avez-vous un examen la semaine prochaine?

_____

7. Est-ce que vous pensez que vous avez de la chance? Pourquoi?

_____

2B.2 Telling time

1   **L'heure** Give the time shown on each clock. Use complete sentences and write out the times.

1. _____

2. _____

3. _____

4. _____

5. _____

6. _____

2   **Quelle heure est-il?** Convert these times into digits using the 24-hour clock.

Modèle

Il est quatre heures de l'après-midi.
16h00

1. Il est quatre heures moins vingt de l'après-midi. _____

2. Il est six heures du matin. _____

3. Il est neuf heures et quart du soir. _____

4. Il est midi. _____

5. Il est une heure dix de l'après-midi. _____

6. Il est onze heures moins le quart du matin. _____

7. Il est cinq heures cinq du soir. _____

8. Il est minuit moins dix. _____

9. Il est une heure et demie du matin. _____

10. Il est dix heures du soir. _____

3 Transformez Convert these times into conversational time. Write out the times.

> **Modèle**
> 13h00: *une heure de l'après-midi*

1. 12h30: _____

2. 13h10: _____

3. 7h45: _____

4. 22h50: _____

5. 9h15: _____

6. 18h40: _____

7. 3h05: _____

8. 15h30: _____

4 Dans cinq minutes Look at the clocks below and say what time it will be *in five minutes*. Write out the times.

1. _____   2. _____   3. _____

4. _____   5. _____

5 À vous! Answer these questions using complete sentences. Write out the times.

> **Modèle**
> À quelle heure est-ce que tu manges?
> *Je mange à neuf heures.*

1. Le cours de français commence à quelle heure?

_____

2. À quelle heure est-ce que vous rentrez à la maison?

_____

3. À quelle heure est-ce que vous dînez?

_____

4. À quelle heure est-ce que vous regardez la télévision?

_____

5. À quelle heure est-ce que vous étudiez?

_____

Unité 2

PANORAMA

Savoir-faire

1 **Vrai ou faux?** Indicate whether these statements are **vrai** or **faux**.

	Vrai	Faux
1. La population de la France est de moins de (*less than*) 50.000.000 d'habitants.	○	○
2. Paris, Lille et Marseille sont des villes importantes.	○	○
3. L'énergie est l'une des industries principales en France.	○	○
4. Il y a moins de 12.000 musées en France.	○	○
5. La France a une superficie de moins de 550.000 kilomètres carrés.	○	○
6. Pierre-Auguste Renoir est un écrivain français.	○	○
7. Claude Debussy est compositeur et musicien.	○	○
8. Les Académiciens défendent le bon usage du français.	○	○
9. La France accueille (*welcomes*) moins de 60 millions de touristes chaque (*each*) year.	○	○
10. La France est un pays membre de l'Union européenne.	○	○

2 **Choisissez** Choose the correct completion for these sentences.

1. On appelle le cinéma le _____.
   a. 5e art
   b. 6e art
   c. 7e art

2. La France est en forme _____.
   a. d'hexagone
   b. de triangle
   c. de pentagone

3. Le TGV roule à plus de _____ kilomètres à l'heure.
   a. 200
   b. 300
   c. 400

4. François Truffaut et Luc Besson sont des _____ français.
   a. cinéastes
   b. acteurs
   c. peintres

5. Peugeot et Citroën sont des _____ françaises.
   a. films
   b. voitures
   c. trains

6. La Loire, la Garonne et le Rhône sont des _____ de France.
   a. châteaux
   b. fleuves
   c. forêts

Workbook

3 **Complétez** Complete these statements with words from the list.

actrices	euro	industries
cinéma	sculptrice	maritimes
écrivain	héroïne	trains

1. Les produits de luxe et le tourisme sont parmi (*among*) les _____ principales

   en France.

2. La monnaie de la France s'appelle l'_____.

3. Jeanne d'Arc est une _____ française.

4. Camille Claudel est une _____ française.

5. Émile Zola est un _____ français.

6. La mer Méditerranée et la Manche sont des fronts _____.

7. La SNCF est le système des _____ français.

8. Catherine Deneuve et Audrey Tautou sont des _____ françaises.

4 **La France** Label the French cities numbered on the map.

1. _____   5. _____

2. _____   6. _____

3. _____   7. _____

4. _____   8. _____

Unité 3
CONTEXTES

Leçon 3A

1 **L'arbre généalogique** Use the clues below to add names to Amandine's family tree.

Amandine

1. Marcelle est la mère d'Amandine.
2. Raymond et Marcelle ont une fille et un fils.
3. Michel est le frère d'Amandine.
4. Aminata et Hassan ont un enfant.
5. Marcelle est la belle-sœur d'Hassan.
6. Aminata a une sœur.
7. Gustave est le petit-fils de Pierre.
8. Hassan est le beau-fils d'Aïcha.

2 **L'album de photos** Decide which picture best corresponds to each description.

a   b   c   d   e   f

_____ 1. C'est mon cousin, Franck, et ma cousine, Séverine. Ils étudient à l'Université de Lyon.
_____ 2. Voici la mère de ma mère. Elle est veuve. Elle s'appelle Anne-Marie.
_____ 3. Voici mes grands-parents. Ils habitent à Aix-en-Provence.
_____ 4. Voici mon oncle, Stéphane, et sa femme, Véronique. Mon cousin, Guillaume, a un chat.
_____ 5. Voici ma sœur aînée. Elle a 21 ans. Elle est avec son petit ami, Frédéric.
_____ 6. Voici mon demi-frère. Il a 2 ans. Il est le cadet de la famille.

Workbook

3 **Cherchez** Find the additional 15 words from the list in the grid. They may appear horizontally, vertically, or diagonally.

```
Q C L N N D Y L F É X T S D É
F Q É E I C X A A C E T Q I P
A U V L P S M R P N N G Y V O
X E E H I I I R A M D P O U
U I J V L B J O F I W X É R X
N I V L R O A N V F G R S C G
F F E M M E E T Q D A K L E V
N R I R T S Y D A P E S I R A
F K Z L T O R B É I G D F D E
J R F I L I K S M G R F Z J B
E Q T F J E I R P U P E H S Z
R E O S X O F Y P F H Y B S F
P G R A N D S P A R E N T S C
S T N E R A P I B X Z X V N W
J G A I I Q I F M X M X C L H
```

célibataire	grands-parents
divorcer	mari
époux	neveu
famille	parents
femme	petits-enfants
fiancé	séparé
fille	veuf
fils	voisin

4 **Complétez** Complete these analogies according to the model.

> **Modèle**
> demi-frère : demi-sœur = frère : *sœur*

1. cousine : cousin :: sœur : _____
2. marié : séparé :: épouser : _____
3. épouse : époux :: femme : _____
4. neveu : oncle :: nièce : _____
5. parents : grands-parents :: enfants : _____
6. mère : fille :: père : _____

5 **Écrivez** Read this e-mail from your French pen-pal. Then describe your family in your response.

Bonjour,
Ma mère s'appelle Sandrine et mon père s'appelle Vincent. J'ai un frère aîné, Raphaël, et une sœur cadette, Céline. Nous habitons à Paris. Ma tante Thérèse et mon oncle Philippe ont deux enfants. Mes cousins, Karim et Jacques, ont 7 et 12 ans. Ils habitent à Lyon. Ma grand-mère Camille est veuve. Elle habite avec nous à Paris. C'est la mère de mon père. Mes grands-parents Yves et Mathilde sont les parents de ma mère. Ils habitent à Nîmes. Comment est ta famille?
Bisous, Sylvie.

_____
_____
_____
_____
_____

STRUCTURES

3A.1 Descriptive adjectives

1 **Les accords** Kim is describing her sister, Nathalie, and her cousin, Chan. Complete the sentences with the correct forms of the adjectives.

1. Ma sœur est _____ (grand) et elle a les cheveux _____ (roux).

2. Mon cousin Chan a les cheveux _____ (brun) et _____ (court).

3. Nathalie est _____ (joli). Elle n'est pas _____ (laid).

4. Mon cousin est _____ (naïf). Il n'est pas _____ (vieux).

5. Ma sœur est _____ (fier). Son fils est _____ (beau).

6. Le _____ (nouveau) étudiant dans la classe de Chan est _____ (curieux).

7. Les étudiants de l'école de Chan sont _____ (brillant) et _____ (sérieux).

8. Moi, j'ai les yeux _____ (bleu). Je suis _____ (sociable).

2 **Complétez** Create complete sentences using the fragments below. Remember to make any necessary agreements.

> **Modèle**
> ma / grand / sœur / être / de taille moyenne
> **Ma grande sœur est de taille moyenne.**

1. je / avoir / grand / famille _____

2. mon / nouveau / appartement / être / petit _____

3. grand / salle de classe / être / vieux _____

4. ma / jeune / voisine / être / français _____

5. joli / actrice / avoir / bon / rôle _____

6. gros / chat / avoir / yeux / vert _____

3 **Les contraires** Write an antonym for each adjective. Make the antonyms agree in gender and number with the adjectives provided.

> **Modèle**
> actives ≠ **paresseuses**

1. grand ≠ _____   5. jeune ≠ _____

2. courtes ≠ _____   6. bruns ≠ _____

3. laids ≠ _____   7. réservées ≠ _____

4. mauvaise ≠ _____   8. malheureux ≠ _____

4 **Une lettre** Adam is writing his first letter to his pen-pal in Guadeloupe. Help him find the right adjectives to complete his letter. Don't forget to make the necessary agreements.

> **Modèle**
>
> Ma sœur est _____ (≠ petit) et _____(intellectuel).
> Ma sœur est **grande** et **intellectuelle**.

Ma mère est de taille moyenne et elle est (1) _____ (≠ laid). Elle a les cheveux

(2) _____ (brun) et (3) _____ (raide). Elle a les yeux

(4) _____ (≠ noir). Mon père est (5) _____ (≠ petit). Il a les

cheveux (6) _____ (noir) et (7) _____ (court). Mes parents sont

(8) _____ (≠ malheureux). Nous habitons dans un (9) _____

(≠ nouveau) appartement à Paris. J'ai un (10) _____ (nouveau) petit chien. Il

s'appelle Médor. Il est (11) _____ (beau). Ma grand-mère habite avec nous. C'est

une (12) _____ (vieux) femme. Elle est (13) _____ (sympathique)

et (14) _____ (sociable).

5 **Les mots croisés** Read these definitions and fill in the crossword puzzle. Use the Garneau-Laval family tree on pages 82–83 in your textbook as a reference when needed.

Across:
3. L'examen de Virginie Garneau dure (*lasts*) cinq heures. Il est…
4. Marie et Juliette Laval n'ont pas les cheveux châtains. Elles sont…
6. C'est la couleur du tee-shirt d'Isabelle Garneau.
7. Avant (*Before*) un examen, Virginie Garneau est…
9. Matthieu Laval a deux ans. Il est…
11. Bambou pèse (*weighs*) 50 kilos. C'est un… chien.

Down:
1. Les cheveux de Sophie Garneau sont…
2. Mes cousins sont heureux. Ils ne sont pas…
4. La première bande (*stripe*) du drapeau (*flag*) français est…
5. Le livre de Jean Garneau a trente pages. Il est…
8. Luc Garneau, le grand-père, est…
10. Les cheveux d'Isabelle Garneau sont…

3A.2 Possessive adjectives

1 Choisissez Mariam is introducing you to her family. Choose the correct possessive adjective to complete each sentence.

> **Modèle**
>
> Je cherche ((mon), ma, mes) frère, Thomas.

1. Je vous présente (mon, ma, mes) amie, Catherine.
2. Elle adore (ton, leurs, vos) frère!
3. Catherine et moi parlons en français avec (notre, nos, ton) parents.
4. Voici (ma, mon, leurs) oncle, Amadou.
5. Amadou aime (sa, son, leurs) chat.
6. Amadou et son épouse aiment (son, ses, leurs) enfants.
7. Maintenant, nous cherchons (ma, notre, nos) ami Charles.
8. La petite amie de Charles est (mon, ma, leurs) cousine.

2 Qui est-ce? Here are some bits of conversation overheard at Georges and Elsa's wedding. Complete each sentence with the appropriate possessive adjective.

1. _____ (*My*) grand-mère est française, mais _____ (*my*) grand-père est canadien.

2. _____ (*Their*) cousins habitent en France.

3. Comment s'appelle _____ (*your, formal*) époux?

4. _____ (*Your, informal*) parents sont jeunes.

5. _____ (*My*) amie adore _____ (*her*) frère.

6. _____ (*His*) oncle est espagnol.

7. _____ (*Our*) professeurs sont intéressants.

8. _____ (*My*) enfants sont jeunes. Ils adorent _____ (*their*) chat.

3 Complétez Complete each sentence with the form of the possessive adjective that agrees with the subject.

> **Modèle**
>
> Vous avez _____vos_____ livres de français?

1. J'aime _____ université et _____ camarades de classe.

2. Ma grand-mère adore _____ petits-enfants et _____ nièces.

3. Tu parles souvent à _____ cousins et à _____ nouvelle camarade de chambre.

4. Nous aimons _____ cours et _____ professeur.

5. Ils cherchent _____ cahiers et _____ carte de restaurant universitaire.

6. Vous étudiez avec _____ ami pour _____ examens.

7. Annie a _____ sac à dos et _____ calculatrice.

8. Je ne trouve pas _____ montre. Je cherche aussi _____ feuilles de papier.

4 **Décrivez** Complete these descriptions of Hassan's family with the appropriate possessive adjectives.

> **Modèle**
>
> C'est le père d'Hassan. _____Son_____ père
> s'appelle Hamed.

1. Les frères d'Hassan s'appellent Hamid et Zinédine. _____ frères sont jeunes.

2. Ils parlent souvent avec des amis. _____ amis sont sympathiques.

3. Hassan a des parents brillants. Il adore _____ parents.

4. Hamid et Zinédine aiment la fac. _____ fac est grande.

5. Hassan est marié avec Sofiane. _____ femme est petite.

6. Zinédine et Hamid étudient l'économie. _____ études sont importantes.

7. Les voisins de sa sœur sont étrangers. _____ voisins sont vieux.

8. Je suis un(e) ami(e) d'Hassan. Hassan est _____ ami.

5 **Répondez** Answer these questions in complete sentences using possessive adjectives and the clues provided.

> **Modèle**
>
> Est-ce que vous aimez votre chien? (aimer beaucoup)
> *Oui, j'aime beaucoup mon chien. / Oui, nous aimons beaucoup notre chien.*

1. Est-ce que tu aimes ton université? (adorer)

   _____

2. Stéphanie, comment est ton frère? (grand et brun)

   _____

3. Monsieur Lafarge, comment vont vos parents (*how are your parents doing*)? (très bien)

   _____

4. La belle-sœur de Marc est de quelle origine? (italienne)

   _____

5. À quelle heure est-ce que vos cousines arrivent? (à sept heures du soir)

   _____

6. Est-ce que tes parents aiment les chats? (aimer beaucoup)

   _____

7. Est-ce que les amis de Daniel sont timides? (sociables)

   _____

8. Comment est mon neveu? (poli et sympa)

   _____

Unité 3

CONTEXTES

1 Chassez l'intrus Circle the word or expression that does not belong with the others.

1. actif, paresseux, sportif, rapide
2. doux, gentil, modeste, cruel
3. pénible, antipathique, ennuyeux, gentil
4. triste, ennuyeux, méchant, génial
5. architecte, étranger, avocat, médecin
6. faible, athlète, fort, sportif
7. fou, généreux, jaloux, antipathique
8. prêt, fatigué, inquiet, triste

2 Les professions What professions might these people choose?

1. Benjamin adore l'art et la sculpture. Il va être _____.
2. Tatiana est très rapide et elle aime le sport. Elle va être _____.
3. Olivier aime écrire (to write) des articles et voyager. Il va être _____.
4. Barbara aime les mathématiques et la physique. Elle va être _____.
5. Julien étudie l'économie et la gestion. Il va être _____.
6. Chakir étudie le droit. Il va être _____.
7. Marie étudie la biologie. Elle va être _____.
8. Nathalie aime étudier les styles de maison. Elle va être _____.

3 Les accords Maxine is describing the people she met while an exchange student in Montreal. Complete the sentences with the correct forms of the adjectives.

1. Mélanie est avocate. Elle est toujours _____ (prêt) à travailler. Elle est très _____ (actif).
2. Son mari, Jeff, est ingénieur. Il est _____ (étranger); il est anglais. Son actrice française _____ (favori) est Catherine Deneuve.
3. Mes camarades de classe, Jean-Philippe et Sofiane, sont _____ (fou). C'est _____ (pénible).
4. La femme de Jean-Philippe est très _____ (jaloux). C'est _____ (triste).
5. Le propriétaire de mon restaurant préféré n'est pas _____ (paresseux). C'est un homme _____ (travailleur).
6. Les chiens du voisin sont _____ (méchant) et _____ (cruel).
7. Mon professeur de littérature est _____ (génial), mais il donne beaucoup d'examens. C'est _____ (pénible).
8. Ma coiffeuse est très _____ (gentil) et _____ (modeste).

4 **Complétez** Give a synonym or an antonym for each adjective, as indicated. Make the synonyms and antonyms agree in gender and number with the adjectives provided.

> **Modèle**
> antipathique (*fem.*) = *cruelle*

1. forte ≠ _____

2. méchant = _____

3. paresseuse ≠ _____

4. rapides (*masc.*) ≠ _____

5. modeste (*fem.*) = _____

6. ennuyeux (*sing.*) ≠ _____

5 **Comment sont-ils?** You're discussing various people you know with a friend. Describe them using the correct forms of the adjectives. Write complete sentences.

> **Modèle**
> **(pénible, cruel)**
> L'ingénieur: *L'ingénieur est pénible et cruel.*

(généreux, modeste)

1. Le dentiste et le médecin: _____

2. L'avocate: _____

(étranger, sympathique)

3. L'artiste (*fem.*): _____

4. L'architecte (*masc.*): _____

(ennuyeux, antipathique)

5. La journaliste et l'homme d'affaires: _____

6. L'avocat: _____

6 **Les descriptions** Complete each sentence with the word or expression from **CONTEXTES** that is illustrated. Don't forget to make the necessary agreements.

1. Ma sœur est très (a) _____. Elle est (b) _____.

Son mari est (c) _____. Il est (d) _____

pour sa femme. 2. Je ne suis pas (e) _____ mais ma (f)

_____ est (g) _____ et (h) _____.

STRUCTURES

3B.1 Numbers 61–100

1 **Les itinéraires** Write the numeral to show how far each city is from Paris.

> **Modèle**
> Gisors : soixante-quatorze kilomètres   74

1. Provins: quatre-vingt-onze kilomètres _____
2. Fontainebleau: soixante-six kilomètres _____
3. Beauvais: soixante-dix-huit kilomètres _____
4. Évreux: quatre-vingt-seize kilomètres _____
5. Épieds: quatre-vingt-quatre kilomètres _____
6. Pithiviers: quatre-vingt-quatorze kilomètres _____
7. Chartres: quatre-vingt-huit kilomètres _____
8. Soissons: cent kilomètres _____

2 **Quel est le prix?** Write out the prices of these items.

> **Modèle**
> des feuilles de papier   *douze euros soixante-cinq*

1. un cahier _____
2. une chaise _____
3. des crayons _____
4. un sac à dos _____
5. une horloge _____
6. des stylos _____

3 **Complétez** Fill in the blanks by writing out the missing numbers.

> **Modèle**
> Cent moins (*minus*) trente-deux font (*makes*) soixante-huit.

1. Quatre-vingt-dix-neuf moins _____ font vingt-cinq.
2. Trente-trois plus quarante-cinq font _____.
3. Cinquante-sept plus quarante et un font _____.
4. Quatre-vingt-neuf moins _____ font vingt-huit.
5. Soixante-seize plus vingt-quatre font _____.
6. Quatorze plus _____ font quatre-vingt-dix-neuf.
7. Vingt-six plus cinquante-sept font _____.
8. Trente-deux plus soixante font _____.

4 **Les coordonnées** Write sentences to say where these people live. Follow the model and spell out the numbers.

Modèle

> (Jean) 75, rue Victor Hugo
> *Jean habite au soixante-quinze, rue Victor Hugo.*

1. (Malika) 97, rue Bois des cars

   _____

2. (Amadou) 66, avenue du Général Leclerc

   _____

3. (Martine) 73, rue Vaugelas

   _____

4. (Jérôme) 81, rue Lamartine

   _____

5. (Guillaume) 100, rue Rivoli

   _____

6. (Nordine) 91, rue Molière

   _____

7. (Géraldine) 67, avenue Voltaire

   _____

8. (Paul) 78, rue de l'Espérance

   _____

5 **Les mots croisés** Complete this crossword puzzle. Run the words together without hyphens or spaces.

Across:
4. 50 + 41
6. 61 + 21
7. 49 + 14
8. 67 + 22
9. 37 + 39

Down:
1. 52 + 36
2. 19 + 51
3. 61 + 38
5. 60 + 40
6. 50 + 40

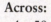

3B.2 Prepositions of location

1 **Complétez** Henri is helping customers at the bookstore where he works. Complete each sentence with the appropriate preposition of location.

1. Les sacs à dos sont _____ (*next to*) des stylos.

2. Les cahiers sont _____ (*behind*) les livres.

3. Les cartes sont _____ (*to the right of*) l'ordinateur.

4. La bibliothèque est _____ (*close to*) du restaurant universitaire.

5. La librairie est _____ (*across from*) l'université.

6. Les calculatrices sont _____ (*on*) la table.

7. Les feuilles de papier sont _____ (*in*) le bureau.

8. Les sacs à dos sont _____ (*under*) la fenêtre.

2 **Choisissez** Barbara has sent some pictures of her life on campus to her sister, Régine. She has written a short description on the back of each one. Complete each description by choosing the most logical preposition.

1. Mon chien est _____ (sur, sous, devant, à côté) la maison.

2. Mon dictionnaire est _____ (dans, entre, en, par) le bureau.

3. Mon ordinateur est _____ (loin, sur, par, en) le bureau.

4. La corbeille à papier est _____ (devant, entre, à côté, près de) du bureau.

5. La bibliothèque est _____ (par, en, sur, près de) l'université.

6. Le lycée est _____ (loin de, près, entre, en face) l'université.

7. La télévision est _____ (à côté, entre, loin, près) la fenêtre et le bureau.

8. Le stylo est _____ (en face, à côté, dans, en) mon sac à dos.

3 **C'est où?** Choose the prepositions that logically complete this letter from a student in Dakar, Senegal.

| chez | en | juste à côté | près |
| dans | entre | loin de | sur |

(1) _____ moi, c'est tout petit. Nous habitons (2) _____ un appartement

(3) _____ du Café de la Place. Nous sommes heureux ici. Ma grande sœur, Adama, habite

(4) _____; nous nous voyons (*we see each other*) tous les jours. (5) _____ Adama

et moi, il y a dix ans de différence. La vie (6) _____ Afrique est formidable! J'adore la fac de

Dakar. Elle est (7) _____ la côte (*coast*) atlantique.

4 **Le plan** Write the name of each place on the map below, according to the clues provided. Each clue is from the reader's point of view. The first item has been done for you.

le café   la librairie

1. Le café est dans la librairie.
2. Le lycée est derrière la librairie.
3. La bibliothèque est à droite du lycée.
4. L'université est en face de la bibliothèque.
5. Chez moi, c'est en face du café, à gauche de l'université.
6. J'habite entre l'université et le restaurant «Chez Léon».
7. Le restaurant universitaire est loin de l'université, mais près du lycée.
8. Le dentiste est près du restaurant «Chez Léon».

5 **Les prépositions** Give a synonym or an antonym of these prepositions of location.

1. sur ≠ _____
2. devant ≠ _____
3. à droite de ≠ _____
4. près de ≠ _____
5. en = _____
6. juste à côté = _____

6 **Où est le livre?** Look at these pictures and tell where the book is located in relation to the desk.

Modèle **1.** **2.** **3.**

4. **5.** **6.** **7.**

Modèle

Le livre est sur le bureau.

1. _____.
2. _____.
3. _____.
4. _____.
5. _____.
6. _____.
7. _____.

Unité 3

PANORAMA **Savoir-faire**

1 **Vrai ou faux?** Indicate whether these statements about Belgium are **vrai** or **faux**.

	Vrai	Faux
1. La ville de Bruxelles est très vieille. On l'a fondée au 7ᵉ siècle.	○	○
2. On parle français dans le nord de la Belgique et flamand dans le sud.	○	○
3. La monnaie de la Belgique est le franc belge.	○	○
4. La partie sud du pays s'appelle la Wallonie.	○	○
5. Bruges se trouve en Wallonie.	○	○
6. Les pays voisins de la Belgique sont la France, la Suisse, l'Allemagne et les Pays-Bas.	○	○

2 **Identifiez** Write a short caption identifying what each of these photos represents.

1. _____ 2. _____ 3. _____

4. _____ 5. _____

3 **La capitale de l'Europe** Complete this passage on Brussels by choosing the appropriate expressions.

Bruxelles est une ville très (1) _____ (géographique / cosmopolite). Elle attire (*attracts*)
les touristes avec son architecture et (2) _____ (sa cuisine / son siège). Les touristes se
sentent peut-être très à l'aise (*comfortable*) dans cette ville parce qu'on y rencontre beaucoup
(3) _____ (de Belges / d'étrangers). Bruxelles est aussi le siège (4) _____
(des Nations unies / de l'Union européenne). On l'a choisie pour sa situation (5) _____
(au centre de l'Europe / près de la Grand-Place). Pour la même raison, on a choisi Bruxelles pour être
le siège de (6) _____ (l'URSS / la C.E.E.), en 1958. C'est également le siège de
(7) _____ (l'OTAN / l'O.N.U.). À Bruxelles se trouve la branche législative de l'U.E.,
(8) _____ (la Grand-Place / le Parlement européen).

_____

4 **Nommez-en trois** Name three things associated with Switzerland for each category.

Villes principales: **Domaines de l'industrie:**   **Langues officielles:**

1. _____   1. _____   1. _____

2. _____   2. _____   2. _____

3. _____   3. _____   3. _____

_____

5 **Vrai ou faux?** Indicate whether each statement about Jean-Jacques Rousseau is **vrai** or **faux**.

	Vrai	Faux
1. Il a vécu (*lived*) entre la France et la Suisse.	○	○
2. Il a inventé la montre.	○	○
3. Il est né à Paris.	○	○
4. Ses écrits ont inspiré la Révolution française.	○	○
5. Il est contre la liberté de pensée et de religion.	○	○
6. Il a vécu (*lived*) pendant la Révolution française (1789–1799).	○	○
7. Il croit que l'homme était bon de nature.	○	○
8. Il croit aussi que la société avait une mauvaise influence sur l'homme.	○	○
9. Il s'intéresse à la philosophie, à la politique et à la musique.	○	○
10. Il est autodidacte; il a reçu une très bonne éducation traditionnelle.	○	○
11. Il joue de la musique.	○	○
12. Parmi ses œuvres, on compte (*counts*) *Du contrat social* et *Les Confessions*.	○	○

Unité 4

CONTEXTES

Workbook

1 **Cherchez** In the grid, circle the words or phrases listed, looking backward, forward, vertically, horizontally, and diagonally. One of them has been done for you.

bavarder
bureau
centre-ville
déjeuner
endroit
épicerie
fréquenter
grand magasin
~~gymnase~~
inviter
piscine
terrasse de café

```
F  R  É  Q  U  E  N  T  E  R  E  Y  O  É  N
E  T  M  C  B  U  D  I  J  N  T  K  T  P  I
S  S  N  K  B  A  S  W  I  A  U  F  I  I  S
L  M  A  J  J  N  V  C  Q  V  A  E  O  C  A
F  Y  K  N  N  M  S  A  E  X  L  H  R  E  G
P  D  D  C  M  I  I  D  R  L  J  P  D  R  A
Q  P  L  Q  P  Y  É  S  I  D  N  K  N  I  M
Y  B  N  D  H  J  G  V  E  G  E  S  E  E  D
É  F  A  C  E  D  É  S  S  A  R  R  E  T  N
C  D  H  U  M  R  E  T  I  V  N  I  V  J  A
K  D  N  I  T  O  V  X  C  H  W  P  A  Z  R
W  E  P  N  D  B  U  R  E  A  U  K  K  W  G
R  Z  E  E  K  C  U  P  U  D  G  T  D  U  G
V  C  U  S  H  P  Z  P  O  M  O  P  U  J  N
D  B  C  F  V  X  Y  N  P  O  I  E  Y  Z  M
```

2 **Associez** Match the expressions in the left column with the locations on the right. Then write a complete sentence for each one to describe Marie's activities.

> **Modèle**
> travailler / un bureau   *Elle travaille dans un bureau.*

____ 1. danser _____   a. un cinéma

____ 2. marcher (*to walk*) _____   b. une maison

____ 3. manger un couscous _____   c. une piscine

____ 4. regarder un film français _____   d. une boîte de nuit

____ 5. nager _____   e. un parc

____ 6. habiter _____   f. un restaurant

____ 7. acheter des fruits _____   g. un kiosque

____ 8. trouver un magazine de mode _____   h. une épicerie

3 **Chassez l'intrus** Circle the word or expression that does not belong.

1. une épicerie, un marché, un magasin, un musée
2. un parc, une piscine, un café, un gymnase
3. un bureau, un magasin, un centre commercial, un grand magasin
4. un restaurant, un café, une église, une épicerie
5. un marché, une épicerie, une piscine, un restaurant
6. une ville, une banlieue, un centre-ville, une montagne

Workbook

4 **L'après-midi** Marc is thinking about the errands he needs to run this afternoon. Look at the vocabulary on pages 122–123 of your textbook and complete each sentence with the most logical word or expression.

1. Il y a _____ sur la place. C'est parfait, j'ai besoin d'un magazine.

2. Après, j'ai besoin d'aller à l' _____ à côté du café, sur la place.

3. Je me demande (*wonder*) quels films il y a au _____ en ce moment.

4. La _____ de Fatima est à côté. Pourquoi ne pas _____ elle?

5. J' _____ Fatima au restaurant.

6. Avant, j'ai besoin de passer au _____ pour voir (*see*) quels sports sont proposés (*offered*).

7. J'aime bien _____, mais est-ce qu'il y a une grande piscine?

8. Ma voisine est sur la place. Pourquoi ne pas _____ un petit peu avec elle?

5 **Complétez** To find out more about a typical day for a student in Angers, complete these sentences with the words illustrated. Be sure to make all the necessary agreements.

Le matin, je vais au (1) _____ pour faire (*do*) du sport, ou à la

(2) _____ pour nager pendant (*for*) une heure. Après, je rentre à la

(3) _____ . J'étudie l'économie et le droit pendant quatre

heures. À midi, j'aime bien manger au (4) _____ sur la place,

mais je n'aime pas dépenser de l' (5) _____ . L'après-midi, je travaille au

(6) _____ David d'Angers. Le week-end, j'aime aller au (7) _____

ou bien (8) _____ en boîte avec des amis.

STRUCTURES

4A.1 The verb aller

1   **Conjuguez**   Complete this conversation with the correct forms of the verb **aller**.

FATIMA   Qu'est-ce que tu (1) _____ faire dimanche?

ÉRIC   Je (2) _____ étudier à la bibliothèque. Mon camarade de chambre (3) _____ passer chez ses parents.

FABIEN ET THUY   Nous (4) _____ explorer le parc national de la Vanoise.

FATIMA   Vous (5) _____ quitter la maison à quelle heure?

FABIEN   Je (6) _____ passer chez Thuy à 7h00. Pourquoi?

FATIMA   J'aime la montagne, et mon frère aussi. Je (7) _____ lui parler. Peut-être que nous pouvons (*can*) (8) _____ au parc avec vous.

THUY   Bonne idée!

2   **Choisissez**   New students are attending orientation this week. Complete their agenda by writing the correct prepositions.

1. Vous allez rencontrer vos professeurs _____ (sur, au, en, à la) terrasse du café.

2. Votre professeur va vous demander d'aller _____ (à la, au, en, à) ville.

3. Vous allez déjeuner _____ (à la, au, sur) restaurant avec d'autres étudiants.

4. Le soir, vous pouvez (*can*) aller _____ (au, à la, en) cinéma ou _____ (à la, à l', au) piscine.

5. Lundi, vous allez _____ (au, en, à la) kiosque.

3   **Complétez**   Complete this letter from your Senegalese pen pal, Kaba, with à (au), **dans**, or **sur**. Include articles or form contractions as needed.

Je pense étudier (1) _____ l'Université du Sénégal, (2) _____ Dakar. L'université est (3) _____ centre-ville. Je pense aussi habiter (4) _____ la maison de ma sœur. Dakar, c'est loin (*far away*) de mon village. C'est une grande ville. J'aime étudier (5) _____ la bibliothèque pour préparer mes examens.

J'aime bien passer (6) _____ musée de Dakar. Il est intéressant. Le samedi matin, je vais (7) _____ la piscine municipale et après, je déjeune (8) _____ la terrasse d'un restaurant avec des amis. Je préfère le restaurant (9) _____ la place Kermel.

4 **L'emploi du temps** Here is your schedule (**emploi du temps**) for next week. Write complete sentences to tell what you are going to do.

	lundi	mardi	mercredi	jeudi	vendredi	samedi	dimanche
matin		chercher des oranges/marché		parler/ professeurs	rencontrer Théo/café	aller/ centre-ville	
après-midi	étudier/ bibliothèque		aller/cinéma			téléphoner/ mes parents	commencer/ étudier

> **Modèle**
> Lundi, je vais nager à la piscine.

1. Lundi, _____.

2. Mardi, _____.

3. Mercredi, _____.

4. Jeudi, _____.

5. Vendredi, _____.

6. Samedi, _____.

7. Samedi, _____.

8. Dimanche, _____.

5 **Où vont-ils?** Indicate where the students are going and an activity they might do there, using the illustrations as a guide.

> **Modèle**
> Serge et Martin Ils vont à la librairie. Ils vont chercher des livres.

1. Nous _____

2. Véronique _____

3. Hélène et Marc _____

4. Annie et Sarah _____

4A.2 Interrogative words

1 **Déchiffrez** Pascal just received an e-mail from a classmate in his French class. Unfortunately, his classmate is not very good at French, and the questions are all jumbled. Rewrite each question correctly.

1. vous / appelez / vous / comment / ?

   _____

2. est-ce que / où / habitez / vous / ?

   _____

3. favori / votre / est / cours / quel / ?

   _____

4. commencent / à / est-ce que / quelle heure / les cours / ?

   _____

5. votre restaurant / préféré / chinois / quel / est / ?

   _____

6. est-ce que / allez / marché / vous / quand / au / ?

   _____

7. vous / au / le mardi soir / est-ce que / allez / pourquoi / gymnase / ?

   _____

2 **L'entrevue** Fill in the correct interrogative words or expressions to complete this interview with Hassan, a student at a French university.

Combien	Où	Quels	Quoi
Comment	Pourquoi	Qu'est-ce que	Qui

JÉRÔME (1) _____ vous appelez-vous?

HASSAN Je m'appelle Hassan.

JÉRÔME (2) _____ habitez-vous?

HASSAN J'habite en ville.

JÉRÔME (3) _____ vous étudiez?

HASSAN J'étudie l'économie.

JÉRÔME (4) _____ étudiez-vous l'économie?

HASSAN Parce que je veux (*want*) être homme d'affaires.

JÉRÔME (5) _____ cours aimez-vous?

HASSAN J'aime le cours de français.

JÉRÔME (6) _____ d'étudiants y a-t-il dans la classe?

HASSAN Il y a seize étudiants dans la classe.

3 **Choisissez** Complete each question with the correct form of **quel**.

1. _____ musée fréquentez-vous?

2. À _____ heure les cours commencent-ils?

3. _____ est le nom de la bibliothèque?

4. _____ sont tes restaurants favoris?

5. _____ étudiantes ont les yeux marron?

6. _____ cinéma fréquentez-vous?

7. _____ magasins sont ouverts (*open*) le dimanche?

8. _____ montagnes explorez-vous le week-end?

4 **Complétez** Complete this dialogue with logical questions.

JASMINE Bonjour Nathalie. (1) _____

NATHALIE Bien. Et toi?

JASMINE Bien, merci. (2) _____

NATHALIE Les cours commencent le 24 septembre.

JASMINE (3) _____

NATHALIE J'ai physique, chimie et biologie.

JASMINE (4) _____

NATHALIE Mon professeur de chimie est Madame Lessieur.

JASMINE Ah, oui! Et tu as déménagé (*you moved*), n'est-ce pas? (5) _____

NATHALIE J'habite en ville, à côté du café, sur la place. Dis, (6) _____

JASMINE Il est 11h30. On va bavarder au café demain, n'est-ce pas?

NATHALIE Parfait (*Perfect*). Au revoir.

5 **Les questions** Write two questions that would prompt each of these statements.

> **Modèle**
> Laëtitia va au marché dimanche.
> *Qui va au marché dimanche?*
> *Où est-ce que Laëtitia va dimanche?*

1. Il y a trois étudiants à la terrasse du café.

_____

_____

2. Mes amis vont manger au restaurant avec les nouveaux étudiants.

_____

_____

3. Tu vas en boîte samedi soir.

_____

_____

Unité 4

CONTEXTES

1 **Classez** Classify these foods in the appropriate category.

baguette	eau minérale	limonade
beurre	éclair	pain de campagne
boisson gazeuse	fromage	sandwich
café	jambon	soupe
chocolat	jus d'orange	sucre
croissant	lait	thé

Boissons

_____

_____

_____

_____

_____

_____

Pains/desserts

_____

_____

_____

_____

**Produits
laitiers** (*dairy*)

_____

_____

_____

Autres

_____

_____

_____

_____

2 **Complétez** Complete each sentence with the most logical option.

1. J'aime boire (*drink*) de l'eau _____.

   a. éclair   b. minérale   c. sucre

2. Avant de partir (*before leaving*), nous _____ un pourboire.

   a. apportons   b. coûtons   c. laissons

3. Ma sœur est végétarienne. Elle ne mange pas de _____.

   a. jambon   b. sandwich   c. frites

4. Je mets (*put*) toujours du _____ dans mon café.

   a. beurre   b. fromage   c. sucre

5. Je vais demander _____ à la serveuse.

   a. un pourboire b. l'addition   c. apporter

6. J'ai _____. Je vais manger un sandwich et une soupe.

   a. faim   b. soif   c. quelque chose

7. J'aime les produits laitiers (*dairy*). Je vais manger un sandwich au _____.

   a. jambon   b. fromage   c. chocolat

8. Je me demande (*wonder*) quel est le _____ du jus de pomme.

   a. addition   b. coûter   c. prix

3 **Qu'est-ce que c'est?** Write the name of each item pictured using an indéfini or partitive article.

1. _____   2. _____   3. _____

4. _____   5. _____   6. _____

4 **C'est quoi?** Write the name of the item that each statement describes.

1. Il est fait (*made*) avec des pommes (*apples*) ou des oranges. C'est _____.

2. Il rend (*makes*) le thé ou le café plus doux (*sweeter*). C'est _____.

3. Le serveur/La serveuse l'apporte à la fin du dîner. C'est _____.

4. Il est au jambon ou au fromage. C'est _____.

5. Aux États-Unis, on mange ça avec du ketchup. Ce sont _____.

6. C'est le pain avec lequel (*with which*) on fait (*makes*) les sandwichs. C'est _____.

7. C'est un homme qui travaille dans un restaurant. C'est _____.

8. C'est l'argent qu'on laisse pour le serveur/la serveuse. C'est _____.

5 **Choisissez** Complete this dialogue with the best phrases from the list. Make any necessary changes and do not repeat expressions.

| une bouteille de | pas assez de | plusieurs | tous les |
| un morceau de | un peu de | une tasse de | un verre de |

MAI J'ai très soif. Je vais boire (*drink*) (1) _____ eau minérale.

PAUL Vraiment? C'est trop! Tu ne veux pas (2) _____ limonade ou (3) _____ thé?

MAI D'accord, j'adore la limonade.

PAUL Moi, j'ai faim. Il y a (4) _____ types de soupe.

MAI Moi, je vais prendre (*take*) (5) _____ soupe à la tomate et (6) _____ pain.

PAUL Bonne idée, moi aussi. J'aime le thé, mais il n'y a (7) _____ sucre.

MAI Tu ne vas pas prendre (8) _____ morceaux de sucre!

PAUL Et pourquoi pas?

STRUCTURES

4B.1 The verbs prendre and boire

1 **Le dimanche matin** Complete this paragraph with the correct forms of the verbs **boire** or **prendre**.

Le dimanche matin, nous allons au café. Pour aller au café, je (1) _____ (prendre) toujours

la ligne A du métro. Mes parents aiment mieux (2) _____ (prendre) leur voiture. Ma sœur et

moi, nous (3) _____ (prendre) une baguette et du beurre. Mes parents (4) _____

(boire) du café mais nous, nous ne (5) _____ (boire) pas de café. Moi, je (6) _____

(boire) un thé et ma sœur (7) _____ (boire) un chocolat. Mes parents (8) _____

(prendre) des croissants. Et vous, qu'est-ce que vous (9) _____ (prendre) et qu'est-ce que vous

(10) _____ (boire) le matin?

2 **Des phrases complètes** Write complete sentences using the elements given.

1. Je / comprendre / le français et l'espagnol

_____

2. Fatima et Mourad / ne... pas / apprendre / le français

_____

3. Jacques / boire / un café / le matin

_____

4. Abdel et Amandine / boire / du thé / le soir

_____

5. Vous / apprendre / l'italien

_____

6. Tu / ne... pas / comprendre / le professeur de français

_____

3 **Au café** Complete each sentence with the correct form of **prendre** or **boire**.

1. Nous _____ du café le matin.

2. Ils _____ un sandwich au fromage à midi.

3. Je _____ une soupe.

4. Je ne _____ pas de boissons gazeuses.

5. Mes parents _____ du pain et du fromage.

6. Tu _____ des frites avec ton sandwich.

7. Elle ne _____ pas assez d'eau.

8. Vous _____ un éclair.

4 **Qu'est-ce que vous prenez?** Look at these illustrations and use the correct form of the verb prendre to write a sentence describing what each person is having.

1. je

_____

2. vous

_____

3. elles

_____

4. tu

_____

5. nous

_____

6. il

_____

5 **Répondez** Answer these questions in complete sentences using the cues given.

1. Qu'est-ce que vous prenez pour aller à l'université? (ma voiture)

_____

2. Qu'est-ce que vous prenez au restaurant universitaire? (un sandwich et une boisson gazeuse)

_____

3. Qu'est-ce que vos amis boivent au restaurant universitaire? (un café ou un thé)

_____

4. Qui boit une limonade? (Vincent et Élise)

_____

5. Est-ce que vous apprenez le français? (oui)

_____

6. Qui comprend le français? (mes parents)

_____

7. Est-ce que vous comprenez le russe (*Russian*)? (non)

_____

8. Combien de cours prenez-vous? (quatre)

_____

4B.2 Partitives

1 **Un peu** You want to try the items below, but you only want some of each. Write the appropriate partitive article.

> **Modèle**
> une soupe → *de la soupe*

1. un fromage → _____ fromage

2. le beurre → _____ beurre

3. le jambon → _____ jambon

4. le sucre → _____ sucre

5. un thé → _____ thé

6. une limonade → _____ limonade

7. une eau minérale → _____ eau minérale

8. le lait → _____ lait

2 **Et pour vous?** Reconstruct these conversations that you might hear in a café. First write the question, then answer it.

> **Modèle**
> boire / café? (non)
> **Est-ce que vous buvez du café? Non, je ne bois pas de café.**

1. boire / thé? (oui)

   _____

2. prendre / croissants? (non)

   _____

3. prendre / soupe? (oui)

   _____

4. boire / eau? (oui)

   _____

5. prendre / sandwich? (non)

   _____

6. prendre / frites? (oui)

   _____

7. boire / chocolat chaud? (non)

   _____

8. boire / jus d'orange? (oui)

3 **Complétez** Complete this conversation with the appropriate articles (indefinite, definite, or partitive).

SOPHIE Tu as (1) _____ lait?

MARINA Désolée, non je n'ai pas (2) _____ lait mais j'ai (3) _____ eau minérale et (4) _____ jus d'orange. Tu prends (5) _____ croissants avec (6) _____ beurre ou bien (7) _____ éclair?

SOPHIE Je vais simplement prendre (8) _____ jus d'orange avec un morceau (9) _____ pain.

MARINA Pas de problème. Tu es sûre? Tu ne prends pas un peu (10) _____ fromage aussi?

SOPHIE Non, merci. Je n'aime pas (11) _____ fromage. Tu as (12) _____ pain de campagne?

MARINA Oui, voilà.

SOPHIE Merci.

4 **Vos préférences** You received a letter from the host family you will be staying with during your exchange program. Read it and write a reply.

Voici ce que nous mangeons à la maison. Le matin, nous prenons du pain avec du beurre. Nous buvons du café avec du lait. Le week-end, nous prenons des croissants. À midi, au café, nous prenons un sandwich avec des frites. Nous aimons les sandwichs au jambon et les sandwichs au fromage. Nous n'aimons pas beaucoup le pain de campagne. Nous ne buvons pas de boisson gazeuse. Le soir, nous prenons souvent de la soupe avec beaucoup de fromage. Et vous, quelles sont vos préférences?

Chère famille,

_____
_____
_____
_____
_____
_____
_____
_____

Unité 4

PANORAMA

Savoir-faire

1   **Photos du Québec** Label each photo.

1. _____

2. _____

3. _____

4. _____

2   **Les chiffres et les dates** Complete each sentence with the appropriate date or number.

1. La population française s'installe à Québec en _____.

2. Quinze personnes travaillent pendant _____ mois pour le carnaval d'hiver de la ville de Québec.

3. Il y a eu deux référendums sur l'indépendance du Québec en _____ et en _____.

4. La ville de Montréal a été fondée en _____.

5. _____ % de la population de Montréal est bilingue.

6. Le festival de jazz de Montréal compte _____ concerts gratuits.

7. La ville de Québec a été fondée en _____.

8. Les Français ont perdu le contrôle du Canada en _____.

3   **Répondez** Answer these questions in complete sentences.

1. D'où vient la majorité des Français qui se sont installés au Québec?

_____

2. Comment est le français parlé par les Québécois?

_____

3. Quelle est la monnaie du Québec?

_____

4. Qui est Julie Payette?

_____

5. Que font les souverainistes?

_____

6. Pourquoi y a-t-il de nombreux étudiants à Montréal?

_____

7. D'où viennent les musiciens du festival de jazz de Montréal?

_____

8. Où les Britanniques ont-ils vaincu les Français et pris le contrôle du Canada?

_____

4 **Vrai ou faux?** Indicate whether these statements are **vrai** or **faux**.

1. Les Français qui se sont installés au Québec parlaient uniquement le français de la cour du roi.
_____

2. Toronto fait partie du Québec.
_____

3. Bonhomme Carnaval est la mascotte du carnaval d'hiver de la ville de Québec.
_____

4. Le mouvement souverainiste n'existe plus au Québec aujourd'hui.
_____

5. Montréal est la deuxième ville francophone du monde après Paris.
_____

6. Montréal est située sur un rocher au bord du fleuve Saint-Laurent.
_____

7. Le français est la langue maternelle de 68% des Montréalais.
_____

8. La ville de Québec est la seule ville d'Amérique du Nord à avoir conservé ses fortifications.
_____

5 **Les mots en désordre** Unscramble the words according to the cues.

1. RISITIVORSÈRE- _____

   (C'est le nom d'une des trois grandes villes du Québec.)

2. NOIVAUSTEIRES _____

   (C'est l'autre nom du mouvement indépendantiste du Québec.)

3. GLEIBUIN _____

   (C'est la particularité de 57% de la population montréalaise.)

4. PERENILAIN _____

   (C'est là où les concerts gratuits du festival de jazz de Montréal ont lieu.)

5. TACFROITOISNIF _____

   (Québec est la seule ville d'Amérique du Nord à les avoir conservées.)

6. SLEIRTTANNAU- _____

   (C'est le nom du célèbre fleuve québécois.)

7. AHÂUCETTANCRONEF _____

   (C'est le nom du célèbre hôtel de la ville de Québec.)

8. MAARHAB _____

   (C'est le nom d'une plaine où une bataille importante dans l'histoire du Québec a eu lieu.)

Unité 5

CONTEXTES

Leçon 5A

1 Cherchez In the grid, find the eleven other words listed. Look backward, forward, vertically, horizontally, and diagonally.

bande dessinée
échecs
équipe
joueuse
loisir
match
passe-temps
pratiquer
skier
spectacle
sport
temps libre

```
L O B F E C K Ô D S V T Z F U
P O B A A L V E A E C P Q V
A L I K N V C M W M D B G A M
S V U S D D B A P P B S K M W
S B F R I T E S T É C H E C S
E M C P J R L D Q C V I P W S
T H J È I I Z A E E E L H E C
E H K U B W J G M S E P P K S
M R H R T H B A F D S I S A K
P R E U Q I T A R P U I L P I
S L W Y Z C V P M Q E L N J E
F A X B H F F F É W U W F É R
S I Y T R O P S S Z O E Q K E
Y G N K B W F E U B J S M L M
P X F D W I J W Q S T M L É R
```

2 Le sport Look at this list of sports and activities, and indicate whether people generally practice them à l'extérieur (*outside*), à l'intérieur (*inside*), or both.

aller à la pêche   le basket   le football   marcher   le tennis
le baseball   les échecs   le golf   skier   le volley-ball

à l'extérieur   à l'intérieur

_____   _____
_____   _____
_____   à l'intérieur et à l'extérieur
_____   _____
_____   _____

3 Chassez l'intrus Circle the word that does not belong in each group.
1. pratiquer, le baseball, le tennis, la bande dessinée
2. indiquer, un loisir, un passe-temps, le temps libre
3. une fois, rarement, souvent, presque jamais
4. déjà, souvent, parfois, jamais
5. un jeu, les cartes, skier, les échecs
6. gagner, le cinéma, un jeu, un match
7. bricoler, skier, le tennis, le volley-ball
8. jouer, gagner, aller à la pêche, pratiquer
9. rarement, maintenant, parfois, jamais
10. chanter, gagner, aider, rarement

Workbook

4 **Quoi?** Complete this paragraph according to the illustrations to find out what Dalil and his friends are planning to do this weekend. Don't forget to use a preposition or an article when necessary.

Ce week-end, je vais jouer (1) _____ _____ avec des amis. Nous allons

(2) _____ _____ à 15h00. Nous allons aussi jouer (3) _____ _____.

J'aime les sports de plein air (*outdoors*), mais je n'aime pas (4) _____. Je n'aime pas

(5) _____ non plus. Ce soir, nous allons jouer (6) _____

(je n'aime pas (7) _____ _____).

5 **Les célébrités** What sports do these people play?

1. Shaquille O'Neil _____   4. Tiger Woods _____

2. Derek Jeter _____   5. Peyton Manning _____

3. Misty May-Treanor _____   6. Venus et Serena Williams _____

6 **Les loisirs** Write a sentence indicating what these people do and how often they do it, based on the cues provided.

> **Modèle**
> Stéphane / once a month
> *Stéphane aime lire (to read) une bande dessinée une fois par mois.*

Sandrine / often

David and Rachid / twice a week

1. _____   2. _____

David and Rachid / right now

David and Sandrine / sometimes

3. _____   4. _____

STRUCTURES

5A.1 The verb **faire**

1 **La famille de Karine** Complete this paragraph with the correct forms of the verb **faire**.

Ma famille est très active. Moi, je (1) _____ de l'aérobic le week-end. La semaine, ma sœur

et moi, nous (2) _____ du jogging dans le parc. Mon frère n'aime pas (3) _____

de la gym, mais il (4) _____ la cuisine. Mes parents (5) _____ aussi attention à

leur santé (*health*). Ils (6) _____ souvent du vélo. Et dans ta famille, qu'est-ce que vous

(7) _____? Est-ce que tu (8) _____ du sport?

2 **Choisissez** Complete this conversation with the correct prepositions or articles.

SOPHIE Quels sont vos passe-temps préférés?

KHALED Je fais (1) _____ aérobic tous les week-ends. Et toi, Luc?

LUC Je fais (2) _____ cheval ou (3) _____ planche à voile.

SOPHIE Moi, je ne fais pas beaucoup (4) _____ sport, mais j'aime bien faire (5) _____

camping. Maintenant, je vais faire (6) _____ promenade dans le parc. Qui veut venir (*wants to*

come) avec moi?

KHALED Moi, pourquoi pas! Il faut bien faire (7) _____ sport.

SOPHIE Parfait. Tu vas faire (8) _____ connaissance de ma sœur, Frédérique.

LUC Ma sœur et moi, nous y allons aussi. On va faire un pique-nique!

3 **Le mot juste** Complete this brochure with **jouer** or **faire** and the appropriate articles or prepositions.

De nombreux sports sont proposés à nos étudiants. Dans notre nouveau gymnase, vous pouvez (*can*)

(1) _____ aérobic ou (2) _____ basket ou (3) _____ volley.

Dans notre stade, vous pouvez (4) _____ jogging, (5) _____ vélo ou

(6) _____ baseball.

Il y a également des clubs qui organisent des activités en dehors de (*outside of*) l'université. Vous pouvez

(7) _____ ski ou (8) _____ randonnée selon (*according to*) la saison. Vous pouvez

également (9) _____ échecs, (10) _____ planche à voile ou (11) _____

football.

Avec toutes les activités proposées, vous allez (12) _____ connaissance de beaucoup de personnes!

4 **Que font-ils?** Look at these pictures and say what these people are doing using the verb **faire**.

> *Modèle*
> Il fait un tour en voiture.

1. _____

2. _____

3. _____

4. _____

5. _____

6. _____

5 **Qu'est-ce qu'il faut faire?** Give these people advice about activities they might enjoy.

> *Modèle*
> J'aime les animaux.   Il faut faire du cheval.

1. J'aime la montagne et marcher.

_____

2. Je suis nouvelle à l'université.

_____

3. J'aime courir (*run*).

_____

4. J'adore le cyclisme (*cycling*).

_____

5. J'aime dîner chez moi avec des amis.

_____

Workbook

5A.2 Irregular -ir verbs

1 **Les vacances** Complete this paragraph with the correct forms of the verbs in parentheses to say what Miriam does when she is on vacation.

Pendant les vacances (*vacation*), si je ne voyage pas, je (1) _____ (dormir) toujours tard le matin, mais mes parents (2) _____ (sortir) tôt pour aller marcher dans le parc. En général, je (3) _____ (sortir) de la maison à 11h00 et je (4) _____ (courir) un peu avec des amis. Ils (5) _____ (courir) très vite. Le parc (6) _____ (sentir) bon avec toutes les fleurs (*flowers*).

Pour les vacances d'hiver (*winter*), je vais (7) _____ (partir) en Algérie. Nous (8) _____ (partir) la semaine prochaine. Je (9) _____ (sentir) que le voyage va être intéressant. J'adore un petit restaurant à Alger où on (10) _____ (servir) un excellent couscous.

2 **Décrivez** Describe what the people in these pictures are doing using irregular -ir verbs. Write in complete sentences and use a dictionary if necessary.

1.

2.

3.

4.

5.

6.

1. _____

2. _____

3. _____

4. _____

5. _____

6. _____

3 **Que font-ils?** For each sentence, choose the logical verb from those in parentheses. Then complete the sentence by writing the verb in the present.

1. Vous _____ (sortir, dormir, sentir) de l'université à 6h00 du soir.

2. Nous _____ (servir, partir, sentir) pour Paris pour aller visiter les musées.

3. Maintenant, le département de français _____ (dormir, sentir, servir) du café et du thé après les conférences.

4. Les athlètes _____ (servir, courir, partir) dans le stade tous les matins.

5. Ton camarade de chambre ne _____ (dormir, servir, sentir) pas assez parce qu'il étudie beaucoup.

6. Je _____ (servir, sentir, partir) que mon examen de physique va être facile.

7. Tu ne _____ (servir, sentir, sortir) plus avec Hélène.

8. Caroline _____ (servir, partir, courir) pour la France le mois prochain.

4 **Répondez** Answer these questions in complete sentences.

1. Partez-vous pour un lieu intéressant cette année? Où allez-vous?

_____

2. Combien d'heures votre camarade de chambre dort-il/-elle? Et vous?

_____

3. Sortez-vous souvent pendant le week-end?

_____

4. Que servez-vous à vos amis?

_____

5. Qui sort avec vous en boîte, le week-end?

_____

6. Courez-vous dans le parc? Avec qui?

_____

Unité 5

CONTEXTES

1 **Les saisons** Name the season that best matches each description.

1. Nous allons à la plage. _____

2. Il neige et nous faisons du ski. _____

3. Il fait très chaud. _____

4. Il pleut souvent. _____

5. Il fait frais et il fait du vent. _____

6. C'est la fin des cours à l'université. _____

7. Il faut utiliser un imperméable et un parapluie. _____

8. Les cours commencent à l'université. _____

9. C'est la fin de l'année. _____

10. Nous célébrons la fête (*holiday*) nationale en France et aux États-Unis. _____

2 **Le temps** Here is a weather forecast. Say what the weather is like and what the highest and lowest temperatures are.

> **Modèle**
>
> Il fait froid et le temps est nuageux à New York.
> La température minimum est de 1 degré.
> La température maximum est de 15 degrés.

New York
1°C / 15°C

Chambéry   Abidjan   Papeete   Marseille

1. 2°C / 5°C   2. 22°C / 25°C   3. 27°C / 31°C   4. 12°C / 20°C

1. _____

   _____

2. _____

   _____

3. _____

   _____

4. _____

   _____

3 **Les vacances** Farida and Thomas are going to visit Paris. Complete their conversation with the words and expressions from the list.

anniversaire	beau	degrés	imperméable	soleil
avril	date	frais	printemps	temps

FARIDA Quel (1) _____ fait-il à Paris demain?

THOMAS Il fait beau. Il fait 17 (2) _____.

FARIDA J'ai besoin d'un (3) _____?

THOMAS Non, il ne va pas pleuvoir. Il va faire (4) _____ toute la journée.

FARIDA Parfait. C'est vrai que c'est le (5) _____.

THOMAS N'oublie pas que le matin, il fait (6) _____. Nous sommes en (7) _____.

FARIDA Quelle est la (8) _____ de l' (9) _____ de ton oncle?

THOMAS C'est le 5.

FARIDA J'espère (*hope*) qu'il va faire (10) _____.

THOMAS Oui, moi aussi.

4 **Vrai ou faux?** Read these statements and indicate whether they are **vrai** or **faux**. Correct the false statements.

1. Quand il pleut, j'utilise un imperméable.

_____

2. Il fait un temps épouvantable en été.

_____

3. Quand le temps est nuageux, il fait soleil.

_____

4. En hiver, il fait froid et il neige.

_____

5. La Saint-Valentin est en février.

_____

6. Avril, c'est en hiver.

_____

7. Quand il fait 30 degrés, il fait froid.

_____

8. Mars est ma saison préférée.

_____

STRUCTURES

5B.1 Numbers 101 and higher

1 **Les prix** Write out these prices in words.

1. _____ 5. _____

2. _____ 6. _____

3. _____ 7. _____

4. _____ 8. _____

2 **Québec** Read these sentences about the French-speaking province of Quebec, Canada. Write the digits for the numbers in each sentence.

1. Jacques Cartier arrive à Gaspé en mille cinq cent trente-quatre. _____

2. La province du Québec est établie en mille sept cent quatre-vingt-onze. _____

3. La population francophone du Québec est de cinq millions huit cent mille personnes. _____

4. La population anglophone du Québec est de cinq cent quatre-vingt-onze mille personnes. _____

5. La superficie de la province du Québec est d'un million cinq cent quarante mille six cent quatre-vingt-dix kilomètres carrés. _____

6. La population totale du Québec est de sept millions cinq cent quarante-deux mille huit cents habitants. _____

7. Le Québec produit (*makes*) quatre-vingt-six millions quatre cent seize mille cinquante-sept livres (*pounds*) de sirop d'érable (*maple syrup*). _____

8. Il y a cent trois mille huit cent treize étudiants à l'Université du Québec, à Montréal. _____

3   **Résolvez**   Solve these math problems. Use **plus** to add, and **moins** to subtract.

> **Modèle**
>
> 200 + 350   Deux cents plus trois cent cinquante font cinq cent cinquante.

1. 199 + 801

   _____

   _____

2. 28.000 – 13.000

   _____

   _____

3. 1.248.391 + 1.609

   _____

   _____

4. 576 + 424

   _____

   _____

4   **L'inventaire**   You are working in the bookstore on campus. To make sure the inventory is accurate, you have been asked to spell the numbers.

> **Modèle**
>
> Il y a cent trente-sept livres de Jules Verne.

Articles	Nombre d'articles
Livres de Jules Verne	137
Livres d'Ampâté Bâ	101
Dictionnaires français-anglais	299
Crayons	2.435
Cahiers	3.123
Stylos	6.782

1. _____

2. _____

3. _____

4. _____

5. _____

5   **La loterie**   Imagine that you have won a million euros. List what you would like to buy and how much each item costs. Write out the prices.

_____

_____

_____

5B.2 Spelling change -er verbs

1 **À la fac** To complete Jean's e-mail, choose the logical verb for each sentence and write its correct form in the space provided.

Salut!

Ça va? Moi, je vais bien, mais il y a beaucoup de choses à faire cette semaine. Je/J' (1) _____ (espérer, nettoyer, acheter) beaucoup de livres pour mes cours. Bien sûr, mes professeurs (2) _____ (envoyer, répéter, préférer) les étudiants qui travaillent beaucoup, alors je suis toujours à la bibliothèque. Les étudiants (3) _____ (employer, payer, célébrer) beaucoup leur ordinateur pour étudier.

Matthieu, mon camarade de chambre ne/n' (4) _____ (acheter, emmener, nettoyer) jamais la chambre. C'est pénible! Mais il (5) _____ (amener, espérer, protéger) avoir une bonne note en français, alors nous étudions ensemble. Je/J' (6) _____ (envoyer, célébrer, employer) mon anniversaire la semaine prochaine avec le club de français, et je vais inviter Matthieu.

Comment allez-vous? Est-ce que vous (7) _____ (envoyer, payer, acheter) mes CD préférés? Est-ce que vous (8) _____ (répéter, posséder, essayer) de venir ici bientôt?

Merci et à bientôt!

Jean

2 **Que font-ils?** Write sentences to describe what the people in the photos are doing. Use a variety of verbs from the list.

acheter	essayer	payer
envoyer	nettoyer	répéter

 1.   2.   3.   4.

1. _____

2. _____

3. _____

4. _____

3 **La lettre** A classmate from your French class asks you to help with the letter he or she is writing to a pen-pal. Help by filling in the blanks with the appropriate verbs in the present tense.

acheter	considérer	espérer	payer	protéger
célébrer	envoyer	essayer	préférer	répéter

Bonjour!

J'étudie le français à l'université. J' (1) _____ que tu vas comprendre la lettre que j' (2) _____. Ici, les autres étudiants (3) _____ utiliser leur e-mail, mais je pense qu'une lettre est plus personnelle.

Moi, j'aime la musique. J'adore chanter. Mes amis et moi, nous (4) _____ dans une salle de la résidence universitaire. Nous (5) _____ de préparer un concert pour la fin de l'année. Mes parents (6) _____ que ce n'est pas important, mais je ne suis pas d'accord. En plus, l'université va (7) _____ pour le concert!

J'aime aussi la nature. Est-ce que tu (8) _____ la nature aussi? Ici, nous (9) _____ la journée de l'environnement.

Et toi, quand est-ce que tu (10) _____ ton billet d'avion pour venir me rendre visite?

Bon, au revoir!

4 **Répondez** Answer these questions using the cues provided.

1. À qui est-ce que vous envoyez des e-mails? (à mes amis et à mes professeurs)

_____

2. Qui vous amène à la fac tous les jours? (mes camarades de chambre)

_____

3. Qu'est-ce que votre professeur emploie? (des livres en français)

_____

4. Qui préfère étudier à la bibliothèque? (les étudiants sérieux)

_____

5. Qui achète des CD de musique française? (mon camarade de chambre et moi)

_____

6. Qui essaie d'avoir un bon accent? (tu)

_____

7. Qui envoie des lettres à votre frère? (mes parents)

_____

8. Qui célèbre la Révolution française? (nous)

_____

Unité 5

PANORAMA   **Savoir-faire**

---

1 **La carte** Label the map from **les Antilles**. Write the name of each numbered place.

CUBA
Porto Rico 2.
3.
LA
JAMAÏQUE 1.
4.
5.
LE
VENEZUELA
LE SURINAM
6.
LA
COLOMBIE
LA GUYANA

1. _____
2. _____
3. _____
4. _____
5. _____
6. _____

---

2 **Les chiffres et les dates** Complete these sentences with the appropriate date or number from **Panorama**.

1. La montagne Pelée est entrée en éruption en _____.

2. L'éruption de la montagne Pelée a laissé _____ survivants.

3. Paul Gauguin a déménagé à Tahiti en _____.

4. Paul Gauguin est mort en _____.

5. Toussaint Louverture a mené une rébellion en _____.

6. Haïti gagne son indépendance en _____.

7. Maryse Condé a commencé sa carrière d'écrivain en _____.

8. On trouve une perle noire dans une huître sur _____.

---

3 **L'agence de voyages** Complete this conversation you overheard at a travel agency with words or expressions from the section **Panorama**.

AGENT DE VOYAGES Si vous allez en Polynésie, vous pouvez voir des courses (1) _____.

CLIENT Et où est-ce que je peux voir les paysages que (2) _____ a peints?

AGENT DE VOYAGES Ça, c'est à Tahiti. Vous savez que vous pouvez aussi faire du wakeboard dans les îles de la (3) _____ et peut-être même rencontrer (4) _____.

CLIENT Fantastique!

AGENT DE VOYAGES Si vous vous intéressez à l'industrie (5) _____, vous pourrez acheter des perles noires à Tahiti. Vous savez que (6) _____ est un grand centre de la perliculture.

CLIENT Et la Martinique?

AGENT DE VOYAGES C'est magnifique. Vous pouvez explorer (7) _____.

CLIENT Ce n'est pas dangereux?

AGENT DE VOYAGES Non, les éruptions sont rares, même si (8) _____ a été dévastée en 1902.

---

4 **Vrai ou faux?** Indicate whether these statements are **vrai** or **faux**. Correct the false statements.

1. L'île de Saint-Martin est entièrement française.

   _____

2. Les historiens doutent de l'authenticité de l'histoire d'un homme qui dit que la prison l'a protégé de l'éruption de la montagne Pelée.

   _____

3. Gauguin a fini sa vie en Polynésie française.

   _____

4. Gauguin est inspiré par la vie et la science modernes.

   _____

5. Les îles Marquises font partie de l'archipel des Antilles.

   _____

6. Toussaint Louverture est élu gouverneur d'Haïti et de Saint-Domingue.

   _____

7. Haïti est la première République noire du monde.

   _____

8. L'industrie perlière a poussé des gens à abandonner certains endroits ruraux pour aller en ville.

   _____

5 **Les personnalités** Fill in the crossword puzzle with the names of famous people from **les Antilles** and **la Polynésie française**.

1. C'est le nom d'un ancien esclave qui a mené une rébellion pour l'abolition de l'esclavage.
2. Elle a écrit le roman *Moi, Tituba Sorcière*.
3. C'est le nom d'un chanteur de rap.
4. C'est le nom de la personne qui a proclamé l'indépendance d'Haïti.
5. C'est le nom d'un grand poète des Antilles.
6. Ce peintre est connu pour ses peintures de femmes.
7. Cette actrice est également célèbre aux États-Unis.
8. C'est le nom d'un écrivain martiniquais.

Unité 6

CONTEXTES

1 **Trouvez des paires** List pairs of words that are related in meaning. Do not repeat the items from the model.

la bière	un gâteau	la mort
un biscuit	un hôte	la vie
célibataire	des invités	la vieillesse
~~le divorce~~	~~le mariage~~	le vin
l'enfance	marié(e)	

Modèle
le mariage, le divorce

1. _____   4. _____

2. _____   5. _____

3. _____   6. _____

2 **Logique ou illogique?** Indicate whether each one of these sentences is **logique** or **illogique**.

	Logique	Illogique
1. Noémie va faire une surprise à sa sœur pour son anniversaire.	○	○
2. Gilles est amoureux d'une feuille de papier.	○	○
3. Abdel et Nora ne sont plus ensemble; ils sont divorcés.	○	○
4. M. Lominé va prendre rendez-vous avec sa copine pour aller au cinéma.	○	○
5. On prend sa retraite à l'âge de 13 ans.	○	○
6. Quel est votre état civil: célibataire, marié(e), veuf/veuve ou divorcé(e)?	○	○
7. Y a-t-il des glaçons pour le punch?	○	○
8. La fiancée du chat est un oiseau.	○	○

3 **Les étapes de la vie** Label each of these drawings with the appropriate stage of life.

1. _____   2. _____   3. _____

4. _____   5. _____   6. _____

4 **Une invitation** Laurent is organizing a celebration for his birthday. Complete the e-mail he wrote to his friend Marguerite, making any necessary changes.

bière	cadeau	fêter	gâteau
bonheur	férié	fiancé	organiser

Marguerite,

Vendredi est un jour (1) _____ et donc, c'est l'occasion de (2) _____ mon anniversaire. C'est moi qui (3) _____, alors, est-ce que tu peux apporter des cannettes (*cans*) de Coca et des bouteilles de (4) _____? Eh, pas besoin d'apporter un (5) _____ ou un (6) _____, d'accord?

Merci d'avance et à bientôt,

Laurent

tél. 01.87.95.23.41

5 **Proverbes et citations** Choose an appropriate word from the list to complete each saying.

___ 1. L'argent ne fait pas le _____.

___ 2. L'amour est le poison de la vie. L' _____ est son remède.

___ 3. L' _____ est aveugle (*blind*).

___ 4. Le mariage est un dîner (*dinner*) qui commence par le _____.

___ 5. La _____ semble bien moins (*seems a lot less*) terrible quand on est fatigué.

___ 6. La _____ est courte. C'est la vie qui est longue.

___ 7. C'est facile comme de prendre un _____ à un bébé.

a. jeunesse

b. amitié

c. amour

d. bonheur

e. mort

f. bonbon

g. dessert

6 **Des questions** Answer these questions in complete sentences.

1. Est-ce que vous faites souvent la fête en semaine (*on weekdays*)?

_____

2. Est-ce que vous organisez des fêtes pour vos copains?

_____

3. Comment fêtez-vous votre anniversaire?

_____

4. Buvez-vous du champagne? Quand?

_____

5. Est-ce que vous avez parfois des invités chez vous? Quand?

_____

STRUCTURES

6A.1 Demonstrative adjectives

1 **Vive la retraite!** Complete Annick and Pascal's conversation about an upcoming retirement party for their grandfather by selecting **ce, cet, cette,** or **ces.**

ANNICK Et si on fêtait la retraite de pépé avec ses amis?

PASCAL C'est génial comme idée! Il faut aussi inviter maman et papa à (1) _____ (ce/cette) fête.

ANNICK Ah, oui, bien sûr. Alors, quand? (2) _____ (Ce/Cette) week-end?

PASCAL Bon, d'accord. On va faire une surprise! Samedi après-midi, à quatre heures?

ANNICK À (3) _____ (cet/cette) heure-là, on n'a pas faim. Pourquoi pas à six heures du soir?

PASCAL Bonne idée. Si on invitait (*What if we invited*) son ami du bureau?

ANNICK (4) _____ (Cet/Ce) ami, il s'appelle Laurent Tallieu, non? Je vais téléphoner au bureau.

PASCAL Tous les invités peuvent lui donner (*can give him*) des cadeaux.

ANNICK Ah, non, tous (5) _____ (ce/ces) cadeaux! C'est trop! Tout le groupe va acheter un cadeau collectif.

PASCAL D'accord. Mais c'est toi qui va faire la collecte auprès de (*collect from*) tous (*everybody*) (6) _____ (ces/cet) invités!

2 **Impressions sur la fête** Complete what people are saying at a party with an expression using a form of **ce** and a noun. Refer to the photos for clues about which nouns to use.

> **Modèle**
> *Cette fête* est super! Il y a plein de monde (*lots of people*) ici.

1. Et _____-ci, c'est pour Apolline?

2. Beurk! _____ n'est pas bonne!

3. _____-ci a l'air très bonne!

4. _____ sont des caramels.

5. _____ sont gazeuses.

6. _____ est vraiment extraordinaire.

3 **Ci et là** Complete each sentence with either ci or là.

1. Cette année-_____, on va fêter l'anniversaire de Nino au Café Cézanne.

2. Vous payez le loyer (*rent*) de ce mois- _____ ou du mois prochain?

3. Sandra, quel gâteau est-ce que tu préfères: ce gâteau-ci ou ce gâteau- _____?

4. Nous achetons cette glace-_____, au chocolat; non, cette glace-là, à la vanille.

5. Ce champagne-ci est bon, mais ce champagne-_____ est mauvais.

4 **Faites des phrases** Use the expressions in the columns to write logical sentences. Use each entry at least once.

ce	après-midi	on va fêter l'anniversaire d'Hervé
cet	cadeau	vont sur la table
cette	choses	est petit mais il est sympa
ces	glace	est parfumée (*flavored*) au chocolat
	glaçons	sont pour les boissons

1. _____

2. _____

3. _____

4. _____

5. _____

5 **À vous!** Answer the questions with information about yourself. Write complete sentences.

1. Est-ce que vous allez fêter votre anniversaire cette année?

_____

2. Sortez-vous avec des copains ce week-end?

_____

3. Est-ce que vous allez assister à une fête cette semaine?

_____

4. Invitez-vous des copains chez vous ce soir?

_____

5. Est-ce que vous allez suivre (*take*) des cours, travailler ou faire la fête cet été?

_____

6A.2 The passé composé with avoir

1 **À la fête de Julie** Decide whether each sentence describes something that could have happened at Julie's party or if it is more likely to have happened elsewhere (**ailleurs**).

C'est arrivé…	à la fête de Julie	ailleurs
1. Sylvain et Cristelle ont dansé toute la nuit.	○	○
2. Julie a adoré ses cadeaux d'anniversaire.	○	○
3. Julie a passé un examen.	○	○
4. David a joué de la guitare et moi, j'ai chanté.	○	○
5. Tu as nettoyé toutes les fenêtres de la maison.	○	○
6. Nous avons fait du ski.	○	○
7. Vous avez rencontré tous les amis de Julie.	○	○
8. J'ai laissé un pourboire à Julie.	○	○
9. Augustin a pris des photos de tout le monde.	○	○
10. Quelle surprise! Julie n'a pas compris tout de suite que c'était (*it was*) une fête pour elle.	○	○

2 **À votre tour** Now say what else happened at Julie's party, using the drawings as clues.

> **Modèle**
>
> Rémy et Dylan n'ont pas *bu de champagne.*

1. Nous avons _____ à Julie.

2. Tu n'as pas _____.

3. Marguerite a _____ dans la chambre de Julie pendant que nous dansions (*while the rest of us danced*).

4. Il a _____ toute la nuit. On n'a pas pu (*couldn't*) sortir dans le jardin.

5. Vous avez _____ de Martine et d'Angèle.

6. Théo et Jean-Paul ont trop _____.

3 **La sortie catastrophique** Complete the paragraph with appropriate past participles from the list.

cherché	été	organisé	payé
couru	fait	oublié	pris

J'ai (1) _____ une sortie (*outing*) pour mes copains, samedi dernier. Pour commencer, Fred a

(2) _____ jusqu'au restaurant parce qu'il était en retard (*was late*). On a tous

(3) _____ des pizzas. Josiane et Simon n'ont pas aimé. Nous avons (4) _____

une surprise à Fred avec un gâteau au chocolat pour son anniversaire. Et bien, il paraît (*it appears*)

qu'il est allergique au chocolat. C'est moi qui ai (5) _____ ce gâteau et ces pizzas. Après

(*Afterwards*), Chloé a (6) _____ son sac au restaurant et nous avons (7) _____

ce sac pendant (*for*) une heure! Marlène n'a pas (8) _____ très sympa avec Chloé, et puis

(*then*) tout le monde est rentré (*returned*) en colère (*angry*) à la maison.

4 **Des questions** Write out a question that could elicit each response.

> **Modèle**
> *Vous n'avez pas aimé la fête de l'année dernière?*
> Mais si! J'ai beaucoup aimé cette fête.

1. _____

   J'ai apporté une bouteille de champagne et des glaçons pour le refroidir (*to chill it*).

2. _____

   On a dîné dans un resto, et puis (*then*) on a regardé un film au ciné.

3. _____

   Ah, non, malheureusement. Et j'ai eu une mauvaise note!

4. _____

   Oui, nous avons nettoyé toute la maison.

5. _____

   Non, j'ai pris une part (*piece*) de gâteau.

6. _____

   Oui, mais il a plu cet après-midi.

Unité 6

CONTEXTES

1   **Chassez l'intrus** In each set, two of the articles of clothing usually touch each other when they're being worn. Circle the item in each set that doesn't normally touch the others.

1. des baskets, un sac à main, des chaussettes
2. une ceinture, un pantalon, des lunettes de soleil
3. une casquette, un jean, un tee-shirt
4. une jupe, un chemisier, une chaussure
5. un chapeau, un sous-vêtement, une robe
6. des gants, un manteau, des chaussettes

2   **En quelle saison?** Name five articles of clothing that you would typically wear in the summer and five that you would typically wear in the winter.

En été, on porte...

1. _____
2. _____
3. _____
4. _____
5. _____

En hiver, on porte...

1. _____
2. _____
3. _____
4. _____
5. _____

3   **Qu'est-ce que vous portez?** Say what items of clothing you would wear to these places. List as many articles as you can.

> **Modèle**
>
> sur le campus: un short, un *tee-shirt*, des chaussettes, des baskets, une montre et un sac à dos

1. au bureau: _____
   _____

2. à l'église: _____
   _____

3. à la piscine: _____
   _____

4. sur les pistes (*slopes*) de ski: _____
   _____

5. à une fête: _____
   _____

6. au gymnase: _____
   _____

4 **Une personne raisonnable** Indicate whether a reasonable person likes or doesn't like these things.

	Elle aime...	Elle n'aime pas...	
1.	○	○	les soldes.
2.	○	○	les vêtements bon marché.
3.	○	○	les vêtements trop chers.
4.	○	○	porter un pull trop large avec un blouson serré.
5.	○	○	les vendeurs polis.
6.	○	○	porter des vêtements à sa taille.

5 **De quelle couleur?** Complete each description with a logical color.

1. Les ballons de basket sont _____.

2. Le chocolat est _____.

3. Les ordinateurs sont souvent _____.

4. Les canaris sont souvent _____.

5. Le lait est _____.

6. Les fruits sont souvent _____.

7. Le ciel (*sky*) est _____.

8. Les fleurs sont parfois _____.

6 **Les goûts des autres** Describe what Mme Blay and M. Morande are wearing at the park today. Do you think they have good taste (**bon goût**) or bad taste (**mauvais goût**)? Justify your opinion. Write at least six complete sentences using the expressions from the list.

aller avec	trop	court(e)	large	porter	laid	long

_____

_____

_____

_____

_____

_____

_____

Workbook

STRUCTURES

6B.1 Indirect object pronouns

1 **Des devinettes** Solve these riddles (**devinettes**). Answers may be used more than once.

_____ 1. Vous leur envoyez des e-mails.

_____ 2. On lui pose des questions.

_____ 3. Ils vous donnent des cadeaux d'anniversaire.

_____ 4. Vous leur demandez d'apporter des vêtements.

_____ 5. Elle vous a donné le jour (*brought you into the world*).

_____ 6. Il vous donne des notes.

_____ 7. Ils vous prêtent de l'argent parfois.

_____ 8. Vous leur donnez de l'argent pour payer vos vêtements.

a. vos amis

b. des vendeurs

c. votre mère

d. le prof de français

2 **Des objets indirects** Circle the indirect objects in these sentences. If a sentence has an indirect object (not all of them do), rewrite it using the appropriate indirect object pronoun.

1. Chaque hiver, j'envoie un pull à ma sœur par la poste (*mail*).

_____

2. Isabelle et moi, nous essayons parfois des robes de mariées à la Boutique Blanche.

_____

3. Nous posons des questions aux vendeurs.

_____

4. Il faut payer les vêtements à la caisse (*at the register*).

_____

5. Tu montres ton nouveau pantalon à ta mère?

_____

6. Je donne cette montre à mon père pour son anniversaire.

_____

3 **Des extraits de conversations** Complete these conversations in a department store with appropriate indirect object pronouns.

1. **LE PÈRE** Ah, non, il n'est pas beau, ce pantalon!

   KEVIN Et bien, je ne _____ ai pas demandé ton avis (*opinion*).

2. **VIRGINIE** Non, c'est non. Je ne vais pas te prêter de l'argent pour acheter ça!

   RODRIGUE Mais tu _____ as prêté de l'argent hier, pourquoi pas aujourd'hui?

3. **LA MÈRE** Alors, tu lui demandes de _____ apporter une taille plus grande (*larger*).

   KEVIN Mais, non, maman! Je ne vais pas lui demander de faire ça.

4. **MÉLANIE** Mais, maman, papa! Vous ne m'achetez pas la jupe? Pourquoi?

   LA MÈRE Tu _____ as parlé hier d'une jupe, non d'une micro-jupe!

5. **LA VENDEUSE** Madame, est-ce que je _____ montre la robe en taille 40?

   MME NOIRET Oui. J'aimerais (*I would like*) l'essayer.

6. **LE VENDEUR** Vous _____ avez posé une question, Monsieur?

   M. PINEAU Ah, oui. Je voulais savoir si (*I wanted to know if*) vous avez ça en 48?

4 **Méli-mélo** Unscramble each of these sentences.

1. téléphones / ne / souvent / pas / tu / très / me

_____

2. va / expliquer / il / le / nous / problème

_____

3. tu / parles / lui / ne / pourquoi / pas

_____

4. Rodrigue / n' / prêter / de / aime / l' / pas / argent / leur

_____

5. ne / laissé / pourboire / Mireille / a / pas /de / lui

_____

6. quelque chose / je / montrer / te / vais

_____

5 **Vos habitudes** Answer these questions about your personal habits. In each sentence, use the expression depicted by the illustration, and replace the indirect object with an indirect object pronoun.

1. Est-ce que vous souvent à vos parents?

_____

2. Est-ce que vous à votre meilleur(e) (*best*) ami(e)?

_____

3. Est-ce que vous à vos amis?

_____

4. Est-ce que vous au prof de français quand vous êtes en classe?

_____

6 **Victimes de la mode?** Carine and Lolo are talking about how they and their friends like to dress. Complete their conversation with appropriate disjunctive pronouns.

1. Tu kiffes (*like*) les blousons en jean? _____ aussi, je kiffe!

2. Sylvain, il est vachement (*terribly*) beau avec son pantalon en cuir! Tu ne trouves pas, _____?

3. Marie-Line? C'est bien _____ qui porte cette jupe hyper mignonne?

4. Mais leurs tee-shirts sont débiles (*lame*)! Ils n'ont aucun goût (*no taste*), _____!

5. Sylvain a plein de trucs (*lots of things*) sympas! Il a bon goût, _____.

6. Ouais (*Yeah*), Stéphanie et Christine ont des fringues (*threads*) géniales, _____.

6B.2 Regular and irregular -re verbs

1 **À l'arrêt de bus** Guillaume is talking to Mme Lominé at the bus stop. Decide whether these sentences could be a logical part of their conversation (**oui**) or not (**non**).

	Oui	Non
1. Ça fait 45 minutes qu'on attend ici!	○	○
2. Ils ne répondent pas au téléphone avant 10h00 du matin.	○	○
3. Vous vendez des boissons, Madame?	○	○
4. Mais il n'arrive pas! Nous perdons notre temps ici.	○	○
5. On m'a dit qu'il est souvent en retard.	○	○
6. Je rends souvent visite à mon grand-père qui habite au Canada.	○	○

2 **Le samedi d'Adama** The illustrations show what Adama did last Saturday. Complete each description with the past participle of a verb.

1.   2.   3.   4.

1. Il a _____ un blouson avant de sortir.

2. Il a _____ l'horaire (*schedule*) des bus devant sa maison.

3. Il a _____ le bus pendant une heure mais il n'est pas venu (*didn't come*).

4. Il a _____ jusqu'à la maison de sa tante.

3 **Qu'est-ce qu'on met?** Complete each sentence with an appropriate form of **mettre** and an article of clothing.

> **Modèle**
> Quand il neige, je *mets un manteau.*

1. Quand il fait du soleil, Nadège _____.

2. Quand il pleut, Farid et moi _____.

3. Quand vous sortez avec des copains, vous _____.

4. Quand il fait froid, les filles _____.

5. Quand tu as une mauvaise coupe de cheveux (*haircut*), tu _____.

6. Quand je vais à la piscine, je _____.

Workbook

4 **C'est fou!** Choose a verb from the list for each sentence about crazy things people do. Then give the appropriate present-tense form of the verb to complete the sentence. Each verb may be used more than once.

conduire	détruire	réduire
construire	produire	traduire

1. Ma grand-mère ne met pas ses lunettes quand elle _____.

2. Nous _____ une voiture en plastique dans notre garage.

3. Vous _____ un dictionnaire pour apprendre le français?

4. Ce n'est pas le mois des soldes, mais le grand magasin _____ ses prix.

5. Les enfants _____ leur petite maison dans un arbre (tree)?

6. On _____ ta maison pour construire un parking?

7. Marlène permet à ses enfants de _____ sa voiture.

8. Nous _____ 50 piñatas par jour dans notre maison.

5 **Qu'est-ce qui vous fait sourire?** Complete each statement about what makes people smile by filling in the appropriate present-tense form of **sourire**.

1. Nous _____ quand nous jouons avec notre chat, Minou.

2. Les étudiants _____ quand ils ont de bonnes notes.

3. Le bébé _____ quand ses parents lui sourient.

4. Vous _____ quand il fait beau le samedi.

5. Je _____ quand je regarde des sitcoms à la télé.

6 **Forum questions-réponses** Answer these questions about yourself in complete sentences.

1. Est-ce que vous vendez vos affaires (possessions) sur eBay?

_____

2. Quelle sorte de voiture conduisez-vous?

_____

3. Répondez-vous souvent aux questions du prof de français?

_____

4. Est-ce que vous riez parfois quand vous ne devez pas (shouldn't) rire?

_____

5. Vous prenez le bus, n'est-ce pas?

_____

6. Est-ce que vous rendez visite à vos amis qui habitent dans d'autres villes (that live in other towns)?

_____

Unité 6

PANORAMA

Savoir-faire

1   **La carte**   Label the map of West Africa. Write the name of the country and its capital city.

1. _____
   _____

2. _____
   _____

3. _____
   _____

4. _____
   _____

5. _____
   _____

2   **Complétez**   Complete these sentences with words or expression from **Panorama**.

1. Angélique Kidjo est née au _____.

2. _____ est le plus célèbre des chanteurs ivoiriens de reggae.

3. Ismaël Isaac dénonce _____ dans le monde.

4. Le FESPACO a été créé en _____.

5. En 2003, Bineta Diop crée un _____ au Mozambique.

6. Bineta Diop a appris _____ de sa mère.

7. Le bogolan est un tissu en _____ fait à la main.

3   **Vrai ou faux?**   Indicate whether these statements are **vrai** or **faux**.

1. Yamoussoukro est la capitale du Sénégal.

2. Didier Drogba est né en Côte d'Ivoire.

3. Le tissu bogolan est une tradition originaire du Mali, du Burkina Faso et de Guinée.

4. Le FESPACO est le Festival Panafricain du Cinéma et de la télévision à Ouagadougou.

5. Alpha Blondy fait souvent des commentaires sociopolitiques dans sa musique.

6. Le reggae africain est identique au reggae jamaïcain.

4 **Les mots en désordre** Unscramble the words according to the cues.

1. ETUAMIANRI _____

   (C'est le nom d'un pays d'Afrique de l'Ouest.)

2. GHOUONBO _____

   (C'est un des noms de la capitale du Bénin.)

4. UVEUTORRE _____

   (C'est la cérémonie qui réunit 40.000 spectateurs.)

5. BJNADAI _____

   (C'est une ville en Côte d'Ivoire.)

6. TSNGVUROEAN _____

   (Critiqués souvent par Tiken Jah Fakoly dans sa musique.)

5 **L'Afrique de l'Ouest** Answer these questions in complete sentences.

1. Quand est Malouma Mint El Meidah née (*born*)?

   _____

2. Combien y a-t-il d'habitants au Togo?

   _____

3. Quelle est la couleur de la teinture du tissu bogolan?

   _____

4. Quels autres noms donne-t-on à la capitale du Bénin?

   _____

5. Qui nomme Bineta Diop comme l'une des cent personnalités les plus influentes au monde en 2011?

   _____

6. Quel est le nom du plus grand festival de cinéma africain du monde?

   _____

Unité 6

PANORAMA

Savoir-faire

1 **Qu'est-ce que c'est?** Label each photograph in French.

1. _____

2. _____

3. _____

4. _____

2 **L'Afrique centrale** Write the name of the capital of each country. Note that not all words will be used.

Bangui	Bujumbura	Kigali	Libreville	Port-Gentil
Brazzaville	Douala	Kinshasa	N'Djamena	Yaoundé

1. le Burundi: _____

2. le Cameroun: _____

3. le Congo: _____

4. le Gabon: _____

5. la République centrafricaine:

_____

6. la République démocratique du Congo:

_____

7. le Rwanda: _____

8. le Tchad: _____

3 **Complétez** Complete these sentences with words or expression from **Panorama**.

1. Françoise Mbango-Etone est née au _____.

2. _____ est le plus ancien parc d'Afrique.

3. La civilisation Sao perdure jusqu'au _____ siècle.

4. La _____ existe depuis 1973.

5. Les masques du Gabon sont des objets _____.

6. Le parc national des Virunga se trouve en _____.

7. Il y a 4.620.000 d'habitants au _____.

4 **Vrai ou faux?** Indicate whether these statements are **vrai** or **faux**.

	Vrai	Faux
1. Libreville est la capitale Rwanda.	○	○
2. Samuel Eto'o est né en 1986.	○	○
3. Les masques du Gabon ont des formes très variées.	○	○
4. La SAPE est une véritable philosophie de vie.	○	○
5. le Mont Cameroun est le plus haut point de la région.	○	○
6. Les sapeurs ont un comportement raciste.	○	○

5 **Des mots associés** Match each entry on the left with the one that is associated with it on the right.

_____ 1. des hippopotames   a. Tchad

_____ 2. Bangui   b. mosaïque de couleurs

_____ 3. Rwanda   c. parc national des Virunga

_____ 4. Lacs d'Ounianga   d. masques du Gabon

_____ 5. musées européens   e. République centrafricaine

_____ 6. SAPE   f. personnes bien habillées

_____ 7. 42 kilomètres   g. Sonia Rolland

_____ 8. N'Djamena   h. Course de l'espoir

6 **L'Afrique central** Answer these questions in complete sentences.

1. Combien d'habitants y a-t-il au Burundi?

_____

2. Quelles sont les formes des masques du Gabon?

_____

3. Qui organise la Course de l'espoir?

_____

4. Combien d'athlètes participent à la Course de l'espoir en 2016?

_____

5. Quand commence la colonisation européenne en Afrique centrale?

_____

6. Quelle est l'originalité des lacs d'Ounianga?

_____

Unité 7

Leçon 7A

CONTEXTES

1 Chassez l'intrus Circle the item that does not belong in each set.

1. un arrêt de bus, une sortie, une station de métro, un aéroport
2. la station de ski, la mer, la plage, bronzer
3. un départ, une arrivée, un vol, un journal
4. faire les valises, bronzer, acheter un billet, prendre un train
5. la ville, la campagne, les vacances, la mer
6. le voyage, l'aéroport, la douane, l'avion
7. partir en vacances, prendre un jour de congé, travailler, faire un séjour
8. la douane, l'aéroport, le plan, le billet aller-retour

2 Des mots brouillés Unscramble the letters to reveal a nationality or country. Write each unscrambled name on the line after the clue.

> **Modèle**
> Au sud, le pays voisin des États-Unis, c'est le **EQMXIEU**. MEXIQUE

1. On associe les pandas et Jackie Chan à la **IHCEN**. _____
2. Aux **TSÉAT-SUIN**, on fête le 4 juillet. _____
3. Les habitants de l'**AILIET** mangent beaucoup de spaghettis. _____
4. Berlin est la capitale de l'**LAEGNAMLE**. _____
5. Au **PNAJO**, on prend des trains ultramodernes pour visiter des temples anciens. _____
6. Madrid est la capitale de l'**EPENGSA**. _____
7. La **ESSISU** est connue (*known*) pour ses montres, sa fondue et ses pistes (*slopes*) de ski.

   _____
8. Les **SAILARDNI** ont souvent les cheveux roux. _____
9. L'**LNIARDE** est une île (*island*) très verte, située à l'ouest de l'Angleterre. _____
10. La **QEBLEIGU** est un petit pays situé au nord-est (*northeast*) de la France. _____
11. Les **GSLBEE** apprécient beaucoup la bière, le chocolat, les moules (*mussels*) et les frites.

    _____
12. Les **NSIOIHC** ont inventé l'acuponcture. _____
13. Les **RISBNÉSLIE** fêtent leur célèbre carnaval à Rio, chaque année. _____
14. Le **LBSIÉR** est un pays d'Amérique du Sud où l'on parle portugais. _____
15. Le **NDACAA** est situé au nord des États-Unis. _____
16. En **EREETRNGLA**, on mange du «*fish and chips*», mais aussi du curry. _____

3 **Les moyens de transport** Write the means of transportation the Lefèvres took while on vacation. Use the drawings as cues.

Ils ont pris...

1. _____ 2. _____ 3. _____ 4. _____ 5. _____

4 **Une carte postale** Complete the postcard from Alexis with the logical expressions in parentheses.

Je t'écris (I'm writing you) de Cassis! On est en (1) _____ (valises / vacances) depuis vendredi matin. On a (2) _____ (perdu / pris) le train jusqu'à Marseille, et puis on a (3) _____ (roulé / pris) en voiture jusqu'ici. On s'est bien perdus (We got really lost) sur l'autoroute! On a utilisé un (4) _____ (journal / plan), mais bon... Les (5) _____ (gens / pays) d'ici sont sympas! Il n'y a pas de métro ici et donc, on prend le (6) _____ (bus / voiture) quand on n'a pas envie de conduire. Demain, on va visiter les fameuses calanques (inlets) et puis après-demain, on va visiter les plages de St-Tropez, en (7) _____ (voiture / voyage). Mercredi après-midi, on va faire du (8) _____ (shopping / séjour) à Nice.

À plus!

Alexis

5 **En vacances, que préférez-vous?** Complete each of these statements with information about your preferences.

1. J'ai envie de visiter _____.
   deux pays à l'étranger

2. Quand je suis en vacances, j'aime _____
   trois activités

   _____

3. Pour faire des voyages, je préfère prendre _____
   moyen de transport

4. Je n'aime pas prendre _____
   moyen de transport

5. Cette année, on a une semaine de congé du _____ au _____
   date   date

6. Cette semaine-là, je vais _____
   une activité

STRUCTURES

7A.1 The passé composé with être

1 **Avoir ou être?** Decide whether to use **avoir** or **être** as an auxiliary for each of the verbs in Gisèle's e-mail about her spring break.

Je (1) _____ (suis / ai) allée à Marseille, avec Micheline, pour les vacances de printemps. Samedi matin, on (2) _____ (est / a) passé au moins trois heures dans de beaux embouteillages (*traffic jams*) sur l'autoroute! Tout le monde (3) _____ (est / a) quitté Paris pour la province. On (4) _____ (est / a) arrivé chez mon cousin Régis, samedi soir. Il habite au centre-ville de Marseille, donc on en a profité (*took advantage of it*) pour visiter le Vieux Port et la basilique Notre-Dame de la Garde. Le système de transports publics à Marseille est très développé et donc, on (5) _____ (a / est) pris le métro tous les jours. On (6) _____ (est / a) fait plusieurs sorties (*outings*) dans la région, pendant la deuxième semaine des vacances. On (7) _____ (est / a) visité les gorges du Verdon et Saint-Paul de Vence, par exemple. On (8) _____ (est / a) rentré dimanche soir et nous voilà de retour.

---

2 **Ah, les belles vacances!** Complete each sentence using the auxiliary verb **être**. Then indicate whether each statement would describe something that probably happened during vacation (**lors des vacances**) or at another time (**à un autre moment**).

	lors des vacances	à un autre moment
1. Nous _____ parties pour la plage samedi matin.	○	○
2. L'auteur _____ né à Marseille le 22 mai 1986.	○	○
3. Karine et Christine _____ retournées au parc Disneyland.	○	○
4. Nico _____ resté chez lui mais il a passé la semaine à dormir et à bronzer dans son jardin (*yard*).	○	○
5. Vous _____ resté à l'hôtel Caron de Beaumarchais pour être près du bureau?	○	○
6. Je _____ allée à Venise, où j'ai passé trois superbes journées en gondole.	○	○

3 **Les rumeurs qui courent** Surya is not the type to gossip, but her friends sure are! She knows what's really going on, so she corrects them. For each piece of gossip, write Surya's response.

> **Modèle**
> J'ai entendu dire qu'Ahmed est allé en Tunisie pour rendre visite à sa copine!
> *Sa copine habite à Montpellier. Ahmed n'est pas allé en Tunisie pour lui rendre visite.*

1. Le président est mort hier soir!
_____

2. Josette est partie pour l'Espagne ce matin. Elle a quitté son mari.
_____

3. Jean-Marie est tombé dans un trou (*hole*) la semaine dernière. Il est à l'hôpital maintenant.
_____

4. Et tu sais (*And you know*), Vincent est le premier d'une famille de dix enfants!
_____

5. L'année dernière, Samuel est sorti avec la copine de Luc.
_____

6. Émilie n'est pas rentrée hier soir.
_____

4 **Méli-mélo** Unscramble each of the sentences, taking care to put the adverb in the correct place.

1. nous / sont / chez / Olivier / pas / encore / passés / ne / et / Joëlle
_____

2. tes / tu / fait / devoirs / bien / as
_____

3. rentrés / vacances / sont / de / élèves / les / déjà
_____

4. sortie / Mathilde / est / pas / de / école / n' / encore / l'
_____

5. Samia / vite / appris / a / leçon / la
_____

5 **Que de questions!** Answer these questions in complete sentences.

1. À quelle heure êtes-vous sorti(e) de la maison aujourd'hui?
_____

2. À quelle heure êtes-vous arrivé(e) à la fac?
_____

3. Êtes-vous passé(e) par un café sur le chemin (*on the way*)?
_____

4. Si oui, combien de minutes avez-vous passées au café?
_____

5. Êtes-vous entré(e) dans un magasin aujourd'hui?
_____

6. À quelle heure êtes-vous rentré(e) chez vous hier soir?
_____

Workbook

7A.2 Direct object pronouns

1 **Des échanges** Complete these exchanges with appropriate direct object pronouns.

1. **AMÉLIE** Nous avons faim, papa.

   LE PÈRE Je _____ invite à partager une pizza, les filles!

2. **CAROLINE** Serge, est-ce que tu _____ aimes?

   SERGE Je ne t'aime pas, je t'adore!

3. **LA MÈRE** Marie-Louise, je te parle!

   MARIE-LOUISE Je _____ entends, maman.

4. **M. NOTHOMBE** Je _____ ai rencontrée quelque part (*somewhere*), Madame?

   MME HAN Ah, non, Monsieur. Je ne pense pas.

5. **NATHALIE** Je _____ ai attendu pendant deux heures au café, Alex.

   ALEX Désolé, j'ai oublié notre rendez-vous.

6. **M. LESAGE** C'est vous qui adorez la photographie, M. Descombes?

   M. DESCOMBES Ah oui, je _____ adore.

2 **Des énigmes** The direct object pronouns in these sentences are underlined. Suggest an antecedent (the noun that the pronoun refers to) for each sentence. There are no set answers, so be creative.

> **Modèle**
>
> Sébastien, tu la regardes trop!   la télévision

1. C'est Cédric qui me le donne, pour mon anniversaire! _____

2. Est-ce que vous les faites tous les jours (*every day*)? _____

3. Vous les rendez aujourd'hui? Mais la bibliothèque est fermée. _____

4. Tu ne la mets pas? Mais il fait froid dehors (*outside*)! _____

5. Où est-ce qu'il les achète? _____

6. Régine la nettoie une fois par semaine. _____

3 **Transformez** Rewrite these sentences with direct object pronouns in place of the direct objects.

1. Nous préférons faire les valises mercredi matin.

   _____

2. On ne va pas visiter le musée Matisse?

   _____

3. Au Café Grenoblois, on va essayer la fameuse fondue au chocolat.

   _____

4. Il faut regarder le film de Truffaut pour notre cours de français.

   _____

5. Vous aimez fréquenter ce café, Mademoiselle?

   _____

4 **Des énigmes (suite)** Match each caption with its photo. Use each answer only once.

a.   b.   c.   d.

e.   f.   g.   h.

_____ 1. On l'a visitée l'année dernière.   _____ 5. Je l'ai perdue à l'école.

_____ 2. Tu l'as déjà regardé?   _____ 6. Nous l'avons pris pour aller au musée.

_____ 3. On les a mangés!   _____ 7. Hélène les a invités.

_____ 4. On les a faites avant de partir.   _____ 8. C'est Hector qui les a bues.

5 **Faites l'accord** Two twins, Robert and Richard, are about to leave on a trip together. Complete their conversation by writing the appropriate endings for the past participles. If no change is required, leave a blank line.

ROBERT Où sont les billets?

RICHARD Je les ai (1) oublié _____ dans mon bureau.

ROBERT Ah, non! Bon, on va passer par ton bureau sur le chemin de l'aéroport.

RICHARD Tu as fait les valises, au moins (*at least*)?

ROBERT C'est toi qui as promis de les faire.

RICHARD Mais non. C'est toi qui as promis. Ah non, tu ne les as pas (2) fait _____!

ROBERT Bon, moi, je vais mettre quelques trucs (*things*) pour nous deux dans une valise, et puis on part!

RICHARD Je vais mettre mon écharpe noire pour le voyage.

ROBERT C'est mon écharpe à moi, ça! Mais tu l'as (3) mis _____, toi? Bon, je te la donne. On part!

RICHARD Heureusement que tu as promis d'apporter le plan.

ROBERT Quel plan? Je n'ai pas de plan, moi.

RICHARD Tu ne l'as pas (4) pris _____? Bon, on va trouver un plan là-bas.

ROBERT Je n'ai pas eu le temps de regarder la météo (*weather report*) avant de partir. Tu ne l'as pas (5) regardé _____ non plus?

RICHARD Mais non. Tu sais (*You know*) que je n'aime pas la télé.

ROBERT Tu n'as pas oublié ton passeport, j'espère?

RICHARD Euh…

ROBERT Mais bien sûr que tu l'as (6) oublié _____.

RICHARD Ce n'est pas possible.

ROBERT Mais je rêve! (*I must be dreaming!*)

Workbook

Unité 7

CONTEXTES

1 **À l'hôtel** Label this illustration of a hotel lobby with appropriate French words.

1. _____
2. _____
3. _____
4. _____
5. _____
6. _____

2 **Vrai ou faux?** Indicate whether each statement about the illustration of the hotel lobby in **Activité 1** is **vrai** or **faux**.

	Vrai	Faux
1. C'est la réception d'une auberge de jeunesse.	○	○
2. C'est une chambre d'hôtel.	○	○
3. C'est la réception d'un hôtel.	○	○
4. La réception est au rez-de-chaussée.	○	○
5. Il y a un lit au rez-de-chaussée.	○	○
6. Il y a des chambres au premier étage.	○	○
7. L'hôtelier redonne (*is giving back*) son passeport à la femme.	○	○
8. Un passager prend la valise du client.	○	○

3 **À l'agence de voyages** There are five strange details in this passage about Charles' trip to a travel agency. Rewrite the passage with corrections so that it makes sense.

Ce matin, Charles est passé par une agence de voyages pour faire des réservations. Un hôtelier très sympa l'a aidé à organiser le voyage. Pour commencer, ils ont trouvé des billets aller-retour Paris-Nice et ils les ont annulés. Puis, l'agent a téléphoné à des hôtels à Grenoble pour demander s'il y avait (*if there were*) des chambres complètes pour son client et il a fait une réservation pour une chambre individuelle à l'hôtel Matisse. Après, Charles a demandé le numéro de téléphone de l'auberge de jeunesse et l'agent le lui a donné. Finalement, Charles est reparti (*left*) très content. Une semaine à Nice!

_____
_____
_____
_____
_____
_____

4   **Une petite histoire**   Complete the sentences below with appropriate expressions from the list. The words may be used more than once. Some do not have to be used at all.

alors	avant	donc	ensuite	pendant	tout à coup
après	d'abord	enfin	finalement	puis	tout de suite

(1) _____ d'aller chez sa grand-mère, le Petit Chaperon Rouge (*Little Red Riding Hood*) fait une promenade dans le bois (*woods*). (2) _____ qu'elle regarde de belles fleurs, un grand méchant loup (*wolf*) arrive. (3) _____, le loup commence à lui parler. Elle trouve le loup beau et charmant. Il lui fait des compliments (il adore sa cape rouge!) et il l'invite à partir avec lui. Elle lui explique qu'elle est désolée, mais qu'elle va rendre visite à sa grand-mère cet après-midi. Le loup trouve ça intéressant et demande où habite la grand-mère. Elle lui donne l'adresse de sa grand-mère, (4) _____ elle reprend sa route (*continues walking*). (5) _____ sa rencontre avec le grand loup, le Petit Chaperon Rouge commence à avoir des doutes. Mais elle oublie ces sentiments (*feelings*) bizarres quand elle voit (*sees*) la maison de sa grand-mère. Elle ouvre la porte et elle laisse son panier plein de (*basket full of*) fleurs à côté du lit. Elle se met au (*gets in*) lit avec sa grand-mère qui n'a pas l'air d'aller très bien aujourd'hui. Elle ne remarque (6) _____ pas (*doesn't notice*) que la grand-mère ressemble fort à un grand méchant loup. Elle lui parle de sa journée quand, (7) _____, elle s'aperçoit (*perceives*) qu'elle est au lit avec un loup déguisé en grand-mère! (8) _____, le grand méchant loup la mange et met son petit chaperon (*hooded cape*) rouge pour faire une balade dans le bois (*to take a walk in the woods*).

5   **À quel étage?**   Use the building directory as a reference to tell which floor each business is on. Write out each ordinal number in letters.

0	EUROPOSTE	19	CADORAMA	38	EUROENTREPRISE
1	ALLÔPORTABLE	20	AFSA LIMITÉE	39	CÉDÉROM.COM
2	CRÉDI-BANQUE	21	B.B. INTERNATIONAL	40	CÉDÉROM.COM
3	COGITO ERGO COM	22	NICE MULTISERVICES	41	AMNESTIE.FR
4	GIRAUD ET CIE	23	AGENCE EUROVOYAGES	42	SOCIÉTÉ FRANÇAISE
5	ACTISPORT	24	COMPTOIRS DE NICE	43	ENFANTILLAGES
6	NUTRITEL	25	NOSTALGIE ET CIE	44	FONDATION NATHAN
7	BOUVARD ET ASSOCIÉS	26	ÉDITIONS DU NORD	45	MÉDICO-TAXI
8	GROUPE ALITEL	27	SUPER-LOTO	46	GIRAUD PÈRE ET FILS
9	GALERIES DUFAYEL	28	BANQUE GÉNÉRALE	47	SERVEUR INTERNET
10	CRÉMAUX ET FILS	29	NOUVEAU MILLÉNAIRE	48	SERVEUR INTERNET

1. Crémaux et Fils est au _____ étage.

2. Europoste est au _____.

3. Le serveur Internet est au _____ et au _____ étages.

4. B.B. International est au _____ étage.

5. Éditions du Nord est au _____ étage.

6. Nostalgie et Compagnie est au _____ étage.

7. Cadorama est au _____ étage.

8. Allôportable est au _____ étage.

9. Comptoirs de Nice est au _____ étage.

10. Enfantillages est au _____ étage.

STRUCTURES

7B.1 Regular -ir verbs

1 **Les résolutions du Nouvel An** Decide whether each New Year's resolution is a good one (**une bonne résolution**) or a bad one (**une mauvaise résolution**).

	une bonne résolution	une mauvaise résolution
1. Cette année-ci, je vais étudier pour réussir le bac.	○	○
2. Je suis déjà un peu gros et j'ai le sentiment que je vais encore grossir.	○	○
3. Je vais finir mes études en droit pour avoir mon diplôme.	○	○
4. Je vais réfléchir avant de parler quand je suis énervée (*angry*).	○	○
5. J'ai trop maigri cette année. Cette année, je vais manger un peu plus pour grossir.	○	○
6. Cette année, je vais faire la fête! Je ne vais pas finir mes devoirs avant de sortir avec mes copains.	○	○
7. Mes amis du lycée n'ont pas été très sympas avec moi. Je vais bien choisir mes amis à la fac.	○	○
8. Tous mes pantalons sont trop serrés! Je vais maigrir un peu cette année.	○	○

2 **Le bon mot** Write the appropriate present tense forms of **choisir** to say what everyone is about to order at the restaurant today.

1. Samira et moi _____ le sandwich au fromage. On va partager.

2. Pour le dessert, je _____ l'éclair au chocolat.

3. Les Ricci ont très soif! Ils _____ des boissons: une limonade et deux cocas.

4. Léna, tu _____ quoi, déjà, comme dessert? Le gâteau aux noisettes?

5. Vous _____ votre plat habituel (*usual dish*), M. Théveneau?

6. Jamel a super froid! Il _____ le chocolat chaud parfumé à la cannelle (*cinnamon*).

3 **Choisissez** Choose the appropriate and most logical verb form for each sentence.

choisissons	grossissez	maigrissent	réussir
finissent	grossit	réfléchir	réussis
finit	maigris	réfléchissez	réussissons

1. On _____ quand on mange trop.

2. Est-ce que les bons _____ derniers?

3. Je _____ quand je fais beaucoup d'exercice.

4. On n'a pas besoin de gagner beaucoup d'argent pour _____ dans la vie.

5. Vous _____ à quoi, Madame?

6. Nous _____ la glace au chocolat pour le dessert!

7. Tu _____ à travailler quand ta camarade de chambre met sa musique très fort?

8. Il faut _____ avant de choisir.

4 **Qu'est-ce qu'ils ont fait?** Complete the caption for each illustration with the past participle of a regular -ir verb.

1. Thierry, tu as _____.

2. Nathalie n'a pas _____ une voiture pratique (*practical*).

3. Maman, j'ai _____ mon dîner!

4. Mais Jean-Yves, tu n'as pas _____ à dormir cette nuit?

5. Thierry, tu as _____.

6. Luc est déjà parti. Il a _____ de travailler plus tôt.

5 **Questions-réponses** Write a logical question including an -**ir** verb that would prompt each response. Use the **passé composé**.

1. _____

Ah, oui. Je ne mange pas beaucoup en ce moment. C'est le stress!

2. _____

Finalement, j'ai opté (*opted*) pour les chaussures rouges.

3. _____

Ah, non, nous n'avons pas encore complété le document.

4. _____

Oui, vers trois heures du matin, j'ai réussi à les trouver.

5. _____

Non, je ne dors pas très bien en ce moment.

6. _____

Je ne grossis pas, ce sont mes vêtements qui rétrécissent (*shrink*)!

7B.2 The impératif

1 **Des suggestions** Complete these exchanges with the appropriate command forms of the verbs in the list. Make sure to pay attention to the person or people (**tu, vous,** or **nous**) for each verb. There may be more than one correct answer.

acheter	avoir	être	finir	mettre
aller	donner	faire	marcher	prendre

1. **FRÉDÉRIQUE** Je vais sortir maintenant, maman.

   LA MÈRE Frédérique, _____ ton manteau et ton écharpe.

2. **ÉRIC** Je n'ai pas de cadeau pour Matthieu.

   LE PÈRE _____ ce stylo pour lui.

3. **MARIANNE** Francine, on va être en retard.

   FRANCINE _____ plus vite (*faster*) alors!

4. **SOPHIE** Il y a une piscine à l'hôtel!

   LE PÈRE _____ vos maillots de bain, les filles.

5. **SAMIR** On fait quelque chose cet après-midi?

   ABDEL _____ au cinéma.

6. **APOLLINE** Papy a été très désagréable ce soir.

   LE PÈRE _____ sympa avec lui. Il ne va pas bien en ce moment.

2 **Des conseils** Give a piece of advice using a command form of the verb given for each image.

> **Modèle**
> **faire** *Faisons de la gym!*

acheter

1. _____

   _____

(ne pas) manger

2. _____

   _____

aller

3. _____

   _____

prendre

4. _____

   _____

(ne pas) arriver

5. _____

   _____

commander

6. _____

   _____

3 Toujours des conseils Sophie is about to go on a trip. Rewrite each piece of advice that her friends give her using a direct or indirect object pronoun.

1. Fais tes valises la veille (*day before*) de ton départ.

   _____

2. Ne parle pas à des gens bizarres.

   _____

3. N'oublie pas tes billets.

   _____

4. Téléphone à tes parents une fois par semaine.

   _____

5. Prends ton sac quand tu quittes ta chambre.

   _____

6. Demande à l'hôtelier s'il y a (*if there is*) un ascenseur à l'hôtel.

   _____

4 Lire ou dire? Choose the verb that correctly completes each sentence.

1. Tu _____ des journaux en ligne (*online*) parfois?
   a. lisons   b. lis   c. disons   d. dis

2. Mes fils ne _____ pas beaucoup, malheureusement (*unfortunately*). Ils préfèrent la télé aux livres.
   a. lisent   b. lit   c. disent   d. dit

3. Mais, qu'est-ce qu'il _____? Il ne parle pas assez fort.
   a. lit   b. lisent   c. dit   d. disent

4. Je _____ au lit quand il pleut.
   a. dis   b. dit   c. lis   d. lit

5. Je t' _____ que je suis allergique au chocolat, et tu m'as fait un gâteau au chocolat?
   a. avons lu   b. ai lu   c. avons dit   d. ai dit

5 Écrire ou décrire? Write the correct forms of **écrire** and **décrire** to complete these sentences. Pay close attention to whether the verbs should be in the present or the **passé composé**.

1. La semaine dernière, Sam m' _____ une lettre.

2. Je/J' _____ des e-mails à mes copains plusieurs fois par semaine.

3. S'il vous plaît, _____ le suspect que vous avez vu (*saw*) dans le train, M. Jouvet.

4. Le passage _____ la vie des Français sous l'Occupation.

5. Vous _____ des guides de voyages?

6. Je te/t' _____ la voiture que je vais acheter, non?

Unité 7

PANORAMA

Savoir-faire

1 Sélectionnez les légendes Select an appropriate caption for each photo.

 a.

 b.

 c.

 d.

 e.

_____ 1. Le Théâtre d'Oran est entré en activité depuis 1907.

_____ 2. Les Touareg ont une vie traditionnellement nomade.

_____ 3. On apprécie beaucoup les terrasses de café en Tlemcen.

_____ 4. La Casbah d'Alger est patrimoine mondial de l'Unesco depuis 1992.

_____ 5. Le couscous est le plat traditionnel de la cuisine algérienne.

2 Vrai ou faux? Indicate whether these statements are **vrai** or **faux**.

	Vrai	Faux
1. L'Algérie fait partie de l'Organisation internationale de la Francophonie.	○	○
2. Le fennec est plus grand qu'un chat.	○	○
3. Assia Djebar présente le point de vue féminin dans ses œuvres.	○	○
4. Les Touareg ne sont pas un peuple nomade.	○	○
5. Le couscous se prépare toujours avec des légumes.	○	○
6. La Casbah d'Alger est située au nord de la ville d'Alger.	○	○
7. L'Algérie est le second plus grand pays francophone du monde	○	○

3   **Choisissez**   Choose the name of the famous Algerian person or tradition described in each statement.

_____ 1. C'est un chanteur.
   a. Mohamed Fellag   b. Khaled   c. Assia Djebar   d. Albert Camus

_____ 2. C'était une écrivaine et cinéaste qui donnait le point de vue des Algériennes dans ses œuvres.
   a. Mohamed Fellag   b. Khaled   c. Assia Djebar   d. Albert Camus

_____ 3. C'est l'animal symbolique de l'Algérie.
   a. Le couscous   b. Le fennec   c. Le chameau (*camel*)   d. La Casbah d'Alger

_____ 4. C'est un des foyers de la culture populaire algérienne.
   a. Le couscous   b. Le fennec   c. Le chameau (*camel*)   d. La Casbah d'Alger

4   **L'Algérie**   Answer these questions in complete sentences.

1. Quel est le nom du désert situé au sud du territoire?
   _____

2. Quelles sont les principales industries du pays?
   _____

3. Quelles sont les langues parlées en Algérie?
   _____

4. Quelle est la monnaie?
   _____

5. Quel quartier est le symbole de la ville d'Alger?
   _____

6. Quand est né Albert Camus?
   _____

7. Où est-ce que les Touareg emmènent leurs troupeaux pendant l'été?
   _____

8. Quelle est l'origine du couscous?
   _____

Unité 7

PANORAMA

Savoir-faire

1 **Complétez** Complete these sentences with words or expression from **Panorama**.

1. Nezha Chekrouni est née en _____ au Maroc.

2. _____ est décrit comme le Jerry Seinfeld français.

3. Le _____ a été classé au patrimoine mondial de l'Unesco depuis 1989.

4. _____ est un des plus importants centres urbains d'Afrique.

5. Albert Memmi est un _____ tunisien.

6. Les hammams ou _____ sont des bains de vapeur.

2 **Le Maghreb** Answer these questions on the Maghreb in complete sentences.

1. Dans quelle partie de l'Afrique se trouve le Maghreb?

_____

2. De quels pays le Maghreb se compose-t-il?

_____

3. À quelle époque les Arabes se sont-ils installés au Maghreb?

_____

4. En quelle année les pays du Maghreb ont-ils retrouvé leur indépendance?

_____

5. Avant de gagner leur indépendance, les pays du Maghreb étaient des colonies de quel pays?

_____

6. La population du Maghreb se compose de quels groupes ethniques?

_____

7. Qui étaient les premiers résidents du Maghreb?

_____

8. Comment s'appelle l'union politique et économique du Grand Maghreb?

_____

3 **Nommez-en quatre** Name four examples for each category.

Des villes du Maghreb:	Des industries du Maghreb:	Des sites touristiques du Maghreb:
1. _____	1. _____	1. _____
2. _____	2. _____	2. _____
3. _____	3. _____	3. _____
4. _____	4. _____	4. _____

4 **Sélectionnez les légendes** Select an appropriate caption for each photo.

 a.   b.   c.

 d.   e.

_____ 1. La Tour Hassan se trouve à Rabat, au Maroc.

_____ 2. Humoriste et acteur né à Casablanca

_____ 3. On vend de tout sur ce marché à Douz, en Tunisie.

_____ 4. Site archéologique sur la côte de la Tunisie.

_____ 5. Bains de vapeur inventés par les Romains

5 **Le Maroc et la Tunisie** Answer these questions in complete sentences.

1. Où est-ce que Gad Elmaleh a fait des études de sciences politiques?

_____

2. Quelles sont les principales industries des deux pays?

_____

3. Qui a réussi à détruire la ville de Carthage dans l'Antiquité?

_____

4. Quelle est la monnaie au Maroc?

_____

5. Quelle est la plus grande métropole du Maghreb?

_____

6. Quand est né Hicham El Guerrouj?

_____

Unité 8

CONTEXTES

Leçon 8A

1 **La maison** Label the rooms and items indicated.

1. _____ 6. _____

2. _____ 7. _____

3. _____ 8. _____

4. _____ 9. _____

5. _____ 10. _____

2 **Les règles** Complete each of these rules (**règles**) for the French language house on your campus with the most appropriate option.

RÈGLES DE LA MAISON

- Les étudiants (1) _____ (emménagent, déménagent, louent) dans la résidence au début du mois de septembre.

- Leur (2) _____ (chambre, loyer, studio) est payé le premier de chaque mois.

- Le week-end, tous les étudiants se réunissent dans (3) _____ (le balcon, le garage, le salon) pour parler français.

- Chaque étudiant partage (4) _____ (sa commode, sa chambre, sa pièce) avec un autre étudiant.

- Il y a (5) _____ (une salle de bains, une salle de séjour, une salle à manger) pour deux étudiants.

- Les étudiants peuvent (*can*) utiliser la piscine dans (6) _____ (le garage, le jardin, le sous-sol), derrière la maison, de 8h00 à 18h00.

- Il est interdit (*forbidden*) de laisser les vélos dans le jardin. Si vous avez un vélo, il y a (7) _____ (un quartier, un escalier, un garage) pour tous les étudiants.

- Si vous avez d'autres questions, il y a du papier et un crayon dans (8) _____ (le fauteuil, le tiroir, le rideau) sur votre droite.

3 **La résidence** Complete this conversation with logical words and expressions.

DJAMILA Quand vas-tu (1) _____ dans la résidence?

FRÉDÉRIC La semaine prochaine, mais j'ai déjà la clé.

DJAMILA Et quand (2) _____-tu de la maison de tes parents?

FRÉDÉRIC Demain.

DJAMILA Parfait. Je vais t'aider. On va voir (*see*) ta (3) _____ maintenant?

FRÉDÉRIC Oui. Voilà.

DJAMILA Oh! Elle est grande. Cette (4) _____ est idéale pour tous tes livres.

FRÉDÉRIC Oui, mais l' (5) _____ pour mes vêtements est un peu petite. J'aime bien la douche dans la (6) _____.

DJAMILA Où est-ce que tu vas préparer tes repas (*meals*)?

FRÉDÉRIC La (7) _____ est au rez-de-chaussée.

DJAMILA Et pour ta voiture. Qu'est-ce que tu vas faire?

FRÉDÉRIC Je (8) _____ un garage pas très loin d'ici.

4 **Où ça?** Read these statements and say in which part of the house the action is most likely taking place.

Modèle

Je prends une douche.
Je suis dans la salle de bains.

1. Sarah prépare le dîner.

_____

2. Farid dort.

_____

3. Catherine et Jacques lisent des romans et étudient.

_____

4. Jean-Philippe sort de sa voiture.

_____

5. Amadou cherche une bouteille de vin.

_____

6. Le petit Cédric joue dans la baignoire.

_____

7. Vous célébrez l'anniversaire de votre ami.

_____

8. Nous nageons dans la piscine.

_____

STRUCTURES

8A.1 Adverbs

1 Associez Match each item with a synonym or antonym from the list.

activement	discrètement	intelligemment	méchamment
dernièrement	généreusement	mal	vite

1. bien ≠ _____

2. brillamment = _____

3. égoïstement ≠ _____

4. modestement = _____

5. paresseusement ≠ _____

6. poliment ≠ _____

7. premièrement ≠ _____

8. rapidement = _____

2 Ma nouvelle vie Complete this e-mail by choosing the logical adverbs.

Chère Nathalie,

La vie à l'université, c'est génial. Pour te parler (1) _____ (absolument, franchement, évidemment), j'adore ma nouvelle vie ici. Dans la classe de français, nous parlons (2) _____ (agréablement, gentiment, constamment) en français. J'espère parler (3) _____ (fortement, couramment, activement) à la fin de l'année.

Ma chambre est (4) _____ (joliment, indépendamment, heureusement) décorée.
La vue (*view*) est (5) _____ (faiblement, absolument, seulement) magnifique.
Mes voisins sont sympas; je parle (6) _____ (discrètement, fortement, souvent) avec eux. Ma voisine Annette m'a invité au club de randonnée, et maintenant, je participe (7) _____ (absolument, facilement, activement) au club.

Viens (8) _____ (heureusement, bien, vite) me voir.

Bon, @+!*
Louis

@+! *À plus tard*!

3 **Déchiffrez** Unscramble these questions and answer them with the cues provided.

1. vous / fréquemment / est-ce que / parlez / français / ? (tous les jours)

_____

_____

2. avec / - / étudiez / vos amis / vous / à la bibliothèque / ? (de temps en temps)

_____

_____

3. étudiez / pour / sérieusement / est-ce que / l'examen / vous / ? (très)

_____

_____

4. trouvé / un appartement / avez / facilement / - / vous / ? (vite)

_____

_____

5. vous / la fête / fréquemment / faites / vos voisins / - / avec / ? (rarement)

_____

_____

6. votre petit-déjeuner / - / dans la cuisine / rapidement / prenez / vous / ? (quelquefois)

_____

_____

4 **La résidence universitaire** Complete the sentences by changing the adjective in the first sentence into an adverb in the second.

> **Modèle**
>
> Olivier est très lent. Il travaille *lentement*.

1. Les étudiants sont nerveux. Ils attendent _____ leur professeur dans le couloir.

2. C'est vrai que le tapis est beau. Le tapis est _____ beau.

3. Elles étudient de manière indépendante. Elles étudient _____.

4. La lampe est de mauvaise qualité. Elle éclaire (*lights*) _____.

5. C'est un bon quartier. Il est _____ situé.

6. L'emménagement des étudiants est rapide. Ils emménagent _____.

5 **Mon studio** Complete the sentences with the adverbs from the list. Not all the adverbs will be used.

| activement | difficilement | malheureusement | rapidement | récemment* |
| bien | fortement | modestement | rarement | sérieusement |

J'ai (1) _____ emménagé dans un studio. (2) _____, le loyer a (3) _____ augmenté et je peux (*can*) (4) _____ le payer maintenant. Je vais (5) _____ chercher un autre endroit, parce que mes parents me donnent (6) _____ de l'argent. Je vais vivre plus (7) _____. J'espère (8) _____ trouver un autre appartement.

*recently

8A.2 The **imparfait**

1 Quand j'étais jeune Complete this story by conjugating the verbs in parentheses in the imparfait.

Quand nous (1) _____ (être) jeunes, il n'y (2) _____ (avoir)

pas beaucoup d'étudiants à l'université. Beaucoup de personnes (3) _____ (finir)

leurs études à la fin du collège ou du lycée parce qu'elles (4) _____ (aller) travailler.

À l'université, j' (5) _____ (étudier) tout le temps. J'ai rencontré ta maman là-bas.

Elle (6) _____ (travailler) à la bibliothèque. Elle (7) _____

(être) sympathique. Nous (8) _____ (parler) beaucoup ensemble. Mes parents

(9) _____ (dire) qu'il (10) _____ (falloir) finir mes études

avant d'épouser ta mère. Ils (11) _____ (avoir) tort, mais ils

(12) _____ (penser) à mon avenir (*future*).

2 Les vacances Your friends are telling you what they used to do on vacation. Complete each of these sentences with the **imparfait** of a logical verb from the list.

aller à la pêche	emmener	pleuvoir
apprendre	faire une randonnée	regarder un film
bavarder	louer	skier
dormir	passer	travailler

1. Ma sœur et moi, nous _____ en montagne
    tous les jours.

2. Je _____ jusqu'à midi parce que j'étais très fatigué(e).

3. Jasmine _____ dans un magasin du centre commercial.

4. En hiver, nous _____ tous les jours.

5. Marc _____, car (*because*) il aime manger
    du poisson frais.

6. J'_____ quelque chose de nouveau.

7. Quand il _____, je _____
    à la télévision.

8. Je _____ chez mes amis et
    nous _____.

Workbook

3 **L'enfance** Your roommate would like to know you better and has asked you to talk about your childhood. Complete this paragraph with the cues provided. Conjugate the verbs in the **imparfait**.

Quand j'étais petit(e), je (1) _____ beaucoup, surtout des croissants

avec du beurre. Je (2) _____ toujours du chocolat chaud avec ça.

Je n' (3) _____ pas beaucoup à l'école. Pendant mon temps libre,

je (4) _____ à la piscine de mon quartier ou bien je (5)

_____ avec des amis. Je (6) _____ de temps

en temps. Je (7) _____ aussi, mais je n'étais pas très bon(ne). Et toi,

qu'est-ce que tu faisais quand tu étais petit(e)?

4 **Répondez** You want to participate in an exchange program. Answer these questions about your past using the cues provided. Use the present and **imparfait** tenses.

> **Modèle**
>
> Où habitez-vous? (Boston / New York)
> Maintenant, j'habite à Boston. Avant, j'habitais à New York.

1. Qu'est-ce que vous étudiez? (le français / l'économie)
   _____

2. Combien de langues parlez-vous? (le français et l'espagnol / seulement le français)
   _____

3. Comment êtes-vous? (travailleur/travailleuse / naïf/naïve)
   _____

4. Qu'est-ce que vous aimez faire pendant vos loisirs? (faire des randonnées / patiner)
   _____

5. Pourquoi souhaitez-vous (*do you wish*) partir? (avoir envie de connaître [*to know*] le Sénégal / avoir peur de voyager)
   _____

6. Que pensez-vous du Sénégal? (être un pays intéressant / être un pays comme les autres)
   _____

7. Qui paie vos études? (je / mes parents)
   _____

8. Quand finissez-vous l'année universitaire? (en mai / en juin)

Unité 8

CONTEXTES

Leçon 8B

1 **Chassez l'intrus** Circle the item that does not belong in each group.

1. balayer, passer l'aspirateur, un balai, salir
2. débarrasser la table, enlever la poussière, faire la vaisselle, faire la cuisine
3. faire la lessive, repasser le linge, faire le ménage, un lave-linge
4. un oreiller, une couverture, les draps, un frigo
5. un appareil électrique, une cafetière, un oreiller, un grille-pain
6. un congélateur, un frigo, une cuisinière, une tâche ménagère
7. un balai, un évier, faire la vaisselle, laver
8. une cafetière, un grille-pain, un four à micro-ondes, un sèche-linge

2 **Que font-ils?** Write a sentence describing the domestic activity in each drawing.

1. _____   2. _____

3. _____   4. _____

3 **Les tâches ménagères** Tell who does what in Farid's household by completing the sentences below.

1. Après le dîner, ma sœur _____.
   a. fait la poussière   b. met la table   c. fait la vaisselle
2. Pour faire la cuisine, ma mère n'utilise jamais de _____.
   a. frigo   b. four à micro-ondes   c. congélateur
3. Je _____ ma chambre une fois par semaine.
   a. salis   b. range   c. repasse
4. Après la lessive, mon frère _____ ses vêtements.
   a. lave   b. repasse   c. balaie
5. Ma sœur change _____ toutes les semaines.
   a. la couverture   b. l'oreiller   c. les draps
6. Mon père _____ avant le dîner.
   a. met la table   b. sort la poubelle   c. passe l'aspirateur
7. Pour faire la vaisselle, j'utilise toujours _____.
   a. le lave-linge   b. le balai   c. le lave-vaisselle
8. Quand la poubelle est pleine, mon père la _____.
   a. range   b. sort   c. débarrasse

Workbook

4 **Mots croisés** Complete the crossword puzzle. Some of the words will have accents missing; write out those words with their accents in place in the spaces provided.

1. C'est l'action de nettoyer quand on n'utilise pas de balai.

2. On met sa tête dessus pour dormir.

3. Quand votre chambre est en désordre, il faut la…

4. Utiliser un balai, c'est…

5. On le fait au moins une fois par semaine quand il y a beaucoup d'ordures (*garbage*).

6. Après la lessive, on l'utilise. _____

7. C'est le contraire de sale.

8. On l'utilise pour conserver (*keep*) longtemps la nourriture. _____

9. On l'utilise pour faire du café. _____

10. C'est le contraire de mettre la table. _____

11. Quand vous avez fait la vaisselle, il faut l'…

12. Si vous n'aimez pas avoir de plis (*folds*) sur vos vêtements, vous l'utilisez. _____

5 **Racontez** You are getting a new roommate. Write a letter explaining how you are going to divide up the housework. Suggest who should do each chore and how frequently.

_____

_____

_____

_____

_____

_____

_____

_____

STRUCTURES

8B.1 The passé composé vs. the imparfait

1 **Comme d'habitude?** There have been some changes in the organization of the chores in your dorm. Complete each pair of sentences by using the **imparfait** or the **passé composé** of the verb in parentheses.

1. D'habitude, je/j' _____ le couloir.   (balayer)

2. Hier, Serge _____ le couloir avant moi.

3. Je/J' _____ de temps en temps.   (faire le ménage)

4. Mardi, Hassan _____.

5. La nouvelle étudiante _____ deux fois.   (mettre la table)

6. Deux étudiantes _____ tous les jours.

7. Je/J' _____ toujours ma chambre avant de partir.   (ranger)

8. Ce matin, Sylvain _____ la chambre.

9. Ils _____ ce matin, à 6h00.   (sortir la poubelle)

10. Autrefois, mon camarade de chambre _____.

2 **Que faisaient-ils?** Complete these descriptions of what the people in the photos were doing yesterday afternoon and where each activity took place.

 1.   2.   3.

 4.   5.   6.

1. Hier, avant de venir me voir (*to see*), ils _____

_____.

2. Comme tous les après-midi, ils _____

_____.

3. Quand je l'ai appelé, il _____

_____.

4. Il _____ pour la première fois dans la piscine.

_____.

5. Quand je l'ai vu, il _____

_____.

6. Comme elle fêtait l'anniversaire de ses parents, elle _____

_____.

3 **Quoi de neuf?** Complete Marc's letter to his parents by selecting the appropriate form of each verb in parentheses.

La semaine dernière, quand je (1) _____ (rentrais / suis rentré) à la résidence universitaire, il (2) _____ (faisait / a fait) très froid. Il (3) _____ (neigeait / a neigé). Ma chambre (4) _____ (était / a été) sale et en désordre, et mon camarade de chambre (5) _____ (passait / a passé) l'aspirateur. Je lui (6) _____ (demandais / ai demandé) ce qui s'était passé (*had happened*). Il me/m' (7) _____ (disait / a dit) que nos voisins avaient fait la fête dans notre chambre. J' (8) _____ (étais / ai été) très inquiet car (*because*) il (9) _____ (fallait / a fallu) tout ranger rapidement avant la nuit. Les voisins nous (10) _____ (aidaient / ont aidés) quand même un peu. Quelle histoire!

4 **Racontez** There was a burglary in your dorm and the police have asked you what people were doing when it happened. Write questions and answers based on the cues provided. Ask where these people were or what they were doing that night.

> **Modèle**
>
> Tao   Jules / téléphoner // dans sa chambre / faire le ménage
> *Que faisait Tao quand Jules (lui) a téléphoné?*
> *Elle était dans sa chambre. Elle faisait le ménage.*

1. Karim   Éric / sortir la poubelle à 9h00 // dans la cuisine / nettoyer l'évier
_____

2. vous   Tao / sortir avec ses amis // dans le salon / repasser le linge
_____

3. Xavier   Amadou / aller au cinéma // dans la bibliothèque / lire
_____

4. Françoise   Stéphanie / partir pour le gymnase // dans sa chambre / faire la poussière
_____

5. Maïté   Anne / balayer le garage pour la première fois // dans le salon / ranger les magazines
_____

6. Béatrice   Malika / essuyer rapidement la table // dans le garage / faire la lessive
_____

7. Jacques   Tristan / rentrer // dans la cuisine / balayer
_____

8. Hassan   Véronique / quitter la résidence // dans la salle de bains / laver la baignoire
_____

5 **Une aventure** Here is the account of what happened to Cédric during his stay in Yamoussoukro in **Côte d'Ivoire**. Complete his story by conjugating the verbs in parentheses in the **imparfait** or the **passé composé**.

L'été dernier, je/j' (1) _____ (être) en Côte d'Ivoire. Je/J' (2) _____ (rendre) visite à mon ami Amadou. Le jour de mon arrivée, je/j' (3) _____ (passer) sept heures dans l'avion. Comme il (4) _____ (faire) très chaud à Yamoussoukro, nous (5) _____ (décider) de visiter la basilique. C'est la plus grande du monde! Ça/C'(6) _____ (être) formidable. Malheureusement, nous (7) _____ (ne pas tout visiter) parce que nous (8) _____ (ne pas avoir) assez de temps. Ensuite, nous (9) _____ (aller) au café, et puis nous (10) _____ (rentrer) à la maison.

8B.2 The verbs savoir and connaître

1 **Savoir ou connaître?** Describe what these people know using the verbs **savoir** and **connaître**.

1. Il _____.   2. Il _____.   3. Il _____.

4. Rachid _____.   5. Elle _____.   6. Ils _____.

2 **Choisissez** Complete these sentences using the present tense of **savoir** or **connaître**.

1. Ma camarade de chambre _____ où sont les draps.
2. Hassan _____ quand il faut sortir la poubelle.
3. Je _____ le fonctionnement du congélateur.
4. Vous _____ les étudiants des autres chambres.
5. Ils _____ comment repasser le linge.
6. Elle _____ conduire.
7. Tu _____ le propriétaire de la maison.
8. Nous _____ bien le quartier et le supermarché.

3 **Écrivez** Write sentences with **savoir** or **connaître** based on the cues provided.

1. Chuyên / mon camarade de chambre, Marc

_____

2. mon camarade de chambre / conduire

_____

3. je / le garage où il gare (*parks*) sa voiture

_____

4. Marc / le propriétaire du garage

_____

5. le propriétaire du garage / parler français et vietnamien

_____

6. Chuyên / le centre franco-vietnamien

_____

7. je / nager

_____

8. nous / Tûan

_____

4 **Mon correspondant** Complete this paragraph by selecting the appropriate verbs in parentheses.

Quand je suis arrivé(e) en France, je (1) _____ (savais, connaissais) un peu Paris,

mais je ne (2) _____ (savais, connaissais) pas bien parler français et je ne

(3) _____ (savais, connaissais) pas non plus mon correspondant. Je

(4) _____ (savais, connaissais) seulement qu'il était grand et brun et que nous

avions le même âge. Les premiers jours, j'ai visité les grands monuments. Mon correspondant

(5) _____ (savait, connaissait) où aller. Je (6) _____ (savais,

connaissais) déjà les monuments, mais je ne (7) _____ (savais, connaissais) pas

qu'il y aurait (*would be*) des centaines de touristes là-bas. Heureusement que mon correspondant était

avec moi parce que je ne (8) _____ (savais, connaissais) pas le quartier et je ne

(9) _____ (savais, connaissais) pas qu'il était difficile de trouver certains endroits.

Maintenant, je (10) _____ (sais, connais) bien Paris et mon correspondant.

5 **Un accident** Séverine and Malika run into their friend, Bénédicte. Complete their conversation with the correct forms of the verbs **savoir**, **connaître**, or **reconnaître** in the present or the **imparfait**.

BÉNÉDICTE Est-ce que vous (1) _____ ce qui s'est passé?

SÉVERINE Non, raconte.

BÉNÉDICTE Eh bien, vous (2) _____ Yannick, n'est-ce pas?

SÉVERINE Oui, je le/l' (3) _____ en cours de français l'année dernière. Et toi,

Malika, tu le/l' (4) _____?

MALIKA Non, je ne pense pas.

BÉNÉDICTE Il a eu un accident et il ne (5) _____ plus personne. Il a perdu

la mémoire!

MALIKA Je ne/n' (6) _____ pas que ça arrivait comme ça.

SÉVERINE Tu (7) _____ dans quel hôpital il est?

BÉNÉDICTE Oui, mais je ne/n' (8) _____ pas les heures de visite.

SÉVERINE et MALIKA Appelons l'hôpital.

Unité 8

1 **Vrai ou faux?** Indicate whether each statement is **vrai** or **faux**. Correct the false statements.

1. On peut visiter Paris très facilement à pied.

   _____

2. Paris est divisée en vingt arrondissements.

   _____

3. Il y a cent cinq musées à Paris.

   _____

4. Charles Baudelaire est un célèbre chanteur français.

   _____

5. Les catacombes sont sous les rues de Paris.

   _____

6. La tour Eiffel a été construite en 1889 pour l'Exposition universelle.

   _____

7. Paris-Plages consiste en trois kilomètres de sable et d'herbe installés sous la tour Eiffel.

   _____

8. L'architecte américain I. M. Pei a créé le musée du Louvre.

   _____

9. Des entrées du métro sont construites dans le style rococo.

   _____

10. Le métro est un système de transport très efficace.

   _____

2 **Qu'est-ce que c'est?** Label each image shown below.

1. _____   3. _____   5. _____

2. _____   4. _____   6. _____

3 **Complétez** Complete these sentences about Paris with the correct information from **Panorama**.

Paris est la (1) _____ de la France. Sa population est de plus de

(2) _____ d'habitants. Paris est divisée en vingt (3) _____.

Le Louvre, un des plus grands musées du monde, est un ancien palais royal. L'œuvre la plus célèbre de

sa collection est (4) _____.

Avec plus de six millions de visiteurs par an, (5) _____ est un autre monument

célèbre. Elle attire le plus grand nombre de visiteurs en France.

(6) _____ les rues de Paris, dans (7) _____, il y a environ

(8) _____ de squelettes provenant d' (9) _____ de Paris et de ses environs.

Pour visiter Paris, le métro est un système de transport efficace. Les premières entrées du métro de style

Art Nouveau datent de (10) _____. Elles sont l'œuvre de l'architecte Hector Guimard.

4 **Déchiffrez** Use what you've learned about Paris in **Panorama** on pages 322–323 of your textbook to decipher the code and fill in the missing letters. Then, use the code to discover three of France's main industries.

A	B	C	D	E	F	G	H	I	J	K	L	M	N	O	P	Q	R	S	T	U	V	W	X	Y	Z
					10									1											

1. C'est le nom d'un écrivain et activiste célèbre.

   __ __ __ __ __ __   __ __ __ __
   15 8 24 13 1 12   25 23 20 1

2. Chaque arrondissement en a un (*has one*).

   __ __   __ __ __ __ __
   23 11   17 14 8 12 7

3. C'est le nom d'un célèbre sculpteur.

   __ __ __ __ __
   12 1 3 8 11

4. Dans les catacombes, il y a…

   __ __ __   __ __ __ __ __ __ __ __ __ __
   3 7 2   2 26 23 7 16 7 13 13 7 2

5. La tour Eiffel a été construite (*was built*) pour cette (*this*) occasion.

   __ __ __ __ __ __ __ __ __ __ __   __ __ __ __ __ __ __ __ __ __
   16 7 22 5 1 2 8 13 8 1 11   23 11 8 15 7 12 2 7 16 16 7

6. C'est le nom du style de certaines (*some*) entrées du métro.

   __ __ __   __ __ __ __ __ __ __
   14 12 13   11 1 23 15 7 14 23

7. Voici trois des industries principales de la France:

   __ __ __   __ __ __ __ __ __ __ __
   16 7 2   10 8 11 14 11 24 7 2

   __ __   __ __ __ __ __ __ __ __ __ __ __
   16 14   13 7 24 25 11 1 16 1 20 8 7

   __ __   __ __ __ __ __ __ __ __
   16 7   13 1 23 12 8 2 17 7

116   **Unité 8** Workbook Activities

Unité 8

PANORAMA

Savoir-faire

1 **Les photos** Label each photo.

1. _____   2. _____   3. _____   4. _____

2 **Les Pays de la Loire** Answer these questions in complete sentences.

1. Quand le château de Chambord est-il construit (*built*)?

   _____

2. Combien de pièces le château de Chambord possède-t-il?

   _____

3. Quelle est la caractéristique des deux escaliers du logis central?

   _____

4. Quel est l'autre nom de la vallée de la Loire?

   _____

5. Qui inaugure le siècle des «rois voyageurs»?

   _____

6. Quel est le nom des trois châteaux les plus visités (*the most visited*)?

   _____

3 **Les attractions** Complete the sentences with the correct words.

1. Le Printemps de _____ est un festival de musique.

2. À ce festival de musique, il y a des _____ de spectacles et des _____

   de spectateurs.

3. Les 24 heures du _____ est une course d'_____.

4. Cette course existe depuis _____.

5. La vigne est cultivée dans la vallée de la Loire depuis l'an _____.

6. Les vignerons produisent _____ de bouteilles par an.

4 **Vrai ou faux?** Indicate whether these statements are **vrai** or **faux**. Correct the false statements.

1. La viticulture est l'industrie principale du Centre.

_____

2. La ville des Sables-d'Olonne est située dans un département des Pays de la Loire.

_____

3. George Sand est un homme. C'est un inventeur.

_____

4. Louis XIV influence l'architecture du château de Chambord.

_____

5. François Ier va de château en château avec sa famille.

_____

6. Au Printemps de Bourges, tous les styles de musique sont représentés.

_____

7. Yves Montand est un écrivain.

_____

8. 75% des vins français sont produits dans la vallée de la Loire.

_____

5 **Le mot mystère** Complete these definitions and fill in the corresponding spaces in the grid to find out the mystery word.

1. C'est le nom d'une dynastie de rois.
2. C'est une célèbre marque de voiture; ce n'est pas Ferrari.
3. C'est une femme écrivain du XIXe siècle.
4. C'est le style de nombreux châteaux de la vallée de la Loire.
5. C'est le mois du Printemps de Bourges.
6. C'est l'industrie principale du Centre.
7. C'est un acteur célèbre.
8. C'est une ville dans la région du Centre.
9. C'est le nom d'un chanteur au Printemps de Bourges.
10. C'est une sorte de vin.
11. C'est le nom d'un château de la Loire.
12. C'est le nom de la personne qui fait le vin.

Mot mystère: C'est le nom d'un célèbre peintre du XVIe siècle. Il a travaillé (*worked*) pour François Ier.

Unité 9

CONTEXTES

1 **Qu'est-ce que c'est?** Read these definitions and write the appropriate words or expressions in the spaces provided.

1. C'est un plat typiquement français. On les prépare avec du beurre et de l'ail. Ce sont _____.

2. C'est un fruit. On boit souvent son jus au petit-déjeuner. C'est _____.

3. Ce sont des légumes orange et longs. Ce sont _____.

4. On les utilise pour faire des omelettes. Ce sont _____.

5. Ce sont de petits légumes verts et ronds. Ce sont _____.

6. On l'utilise comme condiment. C'est petit et blanc. C'est _____.

7. C'est un fruit long et jaune. C'est _____.

2 **Chassez l'intrus** Circle the word that does not belong in each group.

1. une salade, une laitue, une tomate, l'ail
2. le bœuf, le porc, le pâté, le riz
3. un poivron, une carotte, des petits pois, des haricots verts
4. un petit-déjeuner, une pomme de terre, un pâté, les fruits de mer
5. une poire, une pomme, une pêche, un champignon
6. faire les courses, une cantine, un supermarché, une épicerie
7. un déjeuner, un aliment, un repas, un goûter
8. une pomme de terre, une fraise, une poire, une pêche

3 **Au marché** The new employee can't get anyone's order right. Say what each customer asked for and what the employee gave him or her instead.

> **Modèle**
> je / des frites
> *J'ai demandé des frites, mais il m'a donné du pain.*

1. Malika / une pêche

_____

3. Daniel / du pâté

_____

2. Soraya / une tomate

_____

4. Raphaël / un poivron rouge

_____

4 **Cherchez** In the grid, find eleven more food-related words from the list, looking backward, forward, vertically, horizontally, and diagonally.

| aliment |
| cuisiner |
| escargot |
| fraise |
| fruits de mer |
| haricots verts |
| nourriture |
| oignon |
| pâté de campagne |
| petit-déjeuner |
| pomme de terre |
| repas |

```
E  E  F  U  T  N  S  C  T  P  V  S  L  S  O
C  N  V  R  O  N  U  V  R  G  G  F  R  T  V
C  X  G  N  U  I  E  Y  U  Z  Z  E  N  R  W
Q  V  G  A  S  I  X  M  Y  W  N  E  E  E  N
E  I  T  I  P  Z  T  J  I  U  E  S  K  V  O
O  F  N  D  T  M  G  S  E  L  I  I  L  S  U
R  E  P  A  S  B  A  J  D  P  A  A  P  T  R
R  S  C  I  E  A  É  C  N  E  F  R  F  O  R
X  V  S  Z  G  D  M  A  E  J  M  F  H  C  I
T  H  O  D  T  J  E  A  K  D  O  E  Q  I  T
Q  B  P  I  V  H  N  E  O  I  É  E  R  R  U
F  O  T  T  O  G  R  A  C  S  E  T  W  A  R
X  E  E  N  P  A  E  Y  R  K  I  W  Â  H  E
P  O  M  M  E  D  E  T  E  R  R  E  W  P  Z
X  F  X  B  G  L  L  D  K  D  Z  O  A  Y  E
```

5 **Complétez** Complete this conversation by choosing the most appropriate words from the list below.

bœuf	escargots	poivrons	tarte
champignons	haricots	salade	thon
cuisiner	poires	supermarché	tomate

FRANCK J'adore la (1) _____ que tu as préparée. Qu'est-ce que tu utilises?

MARINA De la laitue, une (2) _____ et des (3) _____

de Paris.

FRANCK Vraiment? Et tu n'utilises pas de (4) _____ rouges?

MARINA Non, mais tu peux ajouter (*can add*) du (5) _____ si tu aimes

le poisson. Dis, qu'est-ce que tu vas (6) _____ pour la fête de

la semaine prochaine?

FRANCK Je pensais servir des (7) _____ pour commencer et puis, comme viande,

du (8) _____ avec des (9) _____ verts. En dessert,

je pensais à une (10) _____ aux (11) _____.

MARINA Mmm! Ça a l'air vraiment délicieux. Je vais aller au (12) _____

et acheter quelque chose à apporter.

FRANCK Merci, c'est gentil.

STRUCTURES

9A.1 The verb venir and the passé récent

1 **Quel était le menu?** You are reviewing some local restaurants for the student association. Say what the diners have just eaten using the cues provided.

Modèle

Karim et Nadia   *Karim et Nadia viennent de manger des champignons.*

1.   2.   3.   4.

1. Sonia _____

2. Vous _____

3. Tu _____

4. Thomas et Sylvia _____

2 **Hier et aujourd'hui** Fill in the blanks with the correct forms of the verb **venir (de)**. Pay particular attention to the cues and the context to determine whether you should use the infinitive, the present tense, the **passé composé**, or the **imparfait**.

Quand j'étais plus jeune, je (1) _____ souvent rendre visite à mes grands-parents qui habitent à côté du campus. Ils (2) _____ me chercher à la gare et on allait faire une promenade sur le campus. Un jour, je (3) _____ en voiture: je (4) _____ acheter ma première voiture. Cette année, avant de (5) _____ étudier à l'université, j'ai décidé d'habiter chez mes grands-parents. Le problème, c'était qu'ils (6) _____ transformer mon ancienne chambre en salle de gym. Maintenant que je (7) _____ emménager dans ma résidence universitaire, mes amis et moi, nous (8) _____ les voir (*to see*) souvent.

3 **La bibliothèque** Fill in each blank with a correct form of one of these verbs: **venir, venir de, devenir, revenir,** or **tenir.** Choose from these tenses: present, **imparfait,** and **passé composé.**

1. Quand nous _____ de vacances il y a quelques semaines, la bibliothèque était toujours fermée (*closed*).

2. Je _____ interviewer le président de l'université ce matin, à 9h00.

3. Le président a annoncé que la bibliothèque avait tellement de (*so many*) problèmes de fondation (*structure*) qu'elle _____ dangereuse pour les étudiants.

4. _____, prenez la section des livres étrangers. C'est une catastrophe!

5. Ce matin, le président de l'université _____ annoncer qu'il a reçu beaucoup d'argent pour la réparation de la bibliothèque.

6. La bibliothèque va _____ la plus grande du campus.

4 **Souvenirs de Côte d'Ivoire** Soulimane is thinking about his life since he left Abidjan. Write complete sentences with the elements provided. Use the cues and the context to determine whether you should use the present or the **passé composé**.

1. je / étudier / à l'Université d'Abidjan-Cocody / pendant trois ans

   _____

2. je / décider / de venir ici / il y a quatre ans

   _____

3. je / étudier / ici / depuis deux ans

   _____

4. je / retourner / chaque année / en vacances chez moi / depuis deux ans

   _____

5. je / téléphoner à / mes amis d'enfance / tous les week-ends / depuis septembre

   _____

6. mes amis / promettre / de venir me rendre visite / depuis mon départ

   _____

7. nous / choisir / la date de leur visite / il y a deux mois déjà

   _____

8. mon camarade de chambre / apprendre le baoulé (*une langue ivoirienne*) / pendant le semestre dernier

   _____

5 **L'entretien** You have applied for an exchange program between your home university and a university in Nice. You need to prepare for the upcoming interview. Here are some sample questions for you to practice. Answer using the cues provided. Use the same tense as in the questions.

1. Depuis combien de temps étudiez-vous le français? (quatre ans)

   _____

2. Quand avez-vous entendu parler de notre programme? (il y a deux mois)

   _____

3. Pendant combien de temps étudiez-vous chaque jour? (plusieurs heures)

   _____

4. Pendant combien de temps avez-vous habité dans un pays francophone? (un mois)

   _____

5. Quand avez-vous décidé de partir en France? (il y a un mois)

   _____

6. Depuis combien de temps attendez-vous votre entretien? (une demi-heure)

   _____

Workbook

STRUCTURES

9A.2 The verbs **devoir, vouloir, pouvoir**

1 **Que se passe-t-il?** You are trying to see if your friends want to go to the French film festival. Complete the sentences with the present-tense forms of the verbs in parentheses.

1. Jean _____ (ne pas vouloir) venir parce qu'il _____ (devoir) préparer l'examen de maths.

2. Thao et Jun _____ (vouloir) venir, mais ils _____ (ne pas pouvoir) rester longtemps.

3. Mathilde me _____ (devoir) de l'argent et elle _____ (devoir) faire des courses.

4. Vous _____ (bien vouloir) venir, mais vous _____ (devoir) rentrer tôt.

5. Tu _____ (pouvoir) venir et tu _____ (vouloir) inviter ta petite amie.

6. Ils _____ (devoir) rester ici parce qu'ils _____ (vouloir) finir leurs devoirs.

2 **La camarade de chambre** Here is the account of what happened this morning to Sylvie's roommate, Farida. Complete the paragraph by choosing the correct verbs.

Je (1) _____ (devais / pouvais) faire des courses ce matin au supermarché, mais je (2) _____ (n'ai pas dû / n'ai pas pu) y aller parce que ma camarade de chambre était malade. J' (3) _____ (ai dû / ai pu) rester avec elle. Elle (4) _____ (n'a pas dû / n'a pas voulu) appeler le docteur. Elle n'aime pas les médecins. Heureusement, j' (5) _____ (ai pu / ai voulu) cuisiner une bonne soupe pour elle. Elle (6) _____ (a bien dû / a bien voulu) la manger. Après, elle (7) _____ (devait / a pu) dormir pendant quelques heures. Je pense qu'elle (8) _____ (a dû / devoir) trop travailler.

3 **Les hypothèses** Look at the pictures and tell what the people must have done or what they must be doing. Use the expressions from the list.

Modèle
être amies   Elles *doivent être amies.*

faire du sport
regarder un film amusant
regarder avant de traverser
  (*to cross*) la rue
revenir de vacances

 1.   2.   3.   4.

1. _____

2. _____

3. _____

4. _____

4 **Les absents** Many students were missing from your French class today. You are now trying to find out why. Create sentences to say what happened or must have happened.

1. Laëtitia / devoir / partir / à 7h00 / pour rendre visite à ses parents

   _____

2. Marc / devoir / venir / mais / il / être malade

   _____

3. Charlotte et Vincent / devoir / faire un exposé (*presentation*) / mais / ils / ne pas étudier

   _____

4. vous / ne pas vouloir / venir / parce que / vous / être fatigués

   _____

5. elles / ne pas pouvoir / arriver à l'heure / parce que / le train / être / en retard

   _____

6. tu / vouloir / venir / mais / tu / ne pas entendre / le réveil (*alarm clock*)

   _____

7. Hakhmed / pouvoir / venir / mais / il / oublier

   _____

8. Karine / vouloir / venir / mais / elle / manquer le bus (*miss the bus*)

   _____

5 **Le repas** You have been talking with friends about an upcoming dinner. Here are some of the questions they asked you. Answer in complete sentences using the cues provided. Use the present tense or the **passé composé**.

1. Que veut dire «aliment»? («nourriture»)

   _____

2. Qu'est-ce que tu dois faire avant de cuisiner? (faire les courses)

   _____

3. Qu'est-ce qui doit être délicieux? (les fruits)

   _____

4. Qu'est-ce que vous avez dû oublier d'acheter? (des oignons)

   _____

5. Qui a dû trop manger hier? (Fatima et Karim)

   _____

6. Qui n'a pas voulu manger les escargots? (Marc)

   _____

7. Est-ce qu'ils veulent bien dîner avec Chloé? (oui)

   _____

8. Quand pouvons-nous manger? (à 7h00)

   _____

Workbook

Unité 9

Leçon 9B

CONTEXTES

1   **Qu'est-ce que c'est?**   Look at this illustration and label the numbered items.

1. _____   4. _____

2. _____   5. _____

3. _____   6. _____

2   **Dans quels magasins?**   Where can you buy these items? Fill in this chart with words from the list.

une baguette	un éclair	un gâteau	du pâté	une saucisse
du bœuf	des fruits de	du jambon	du porc	un steak
un croissant	mer	du pain	un poulet	du thon

à la boucherie	à la boulangerie	à la charcuterie	à la pâtisserie	à la poissonnerie
_____	_____	_____	_____	_____
_____	_____	_____	_____	_____
_____	_____	_____	_____	_____

3 Chassez l'intrus Circle the word that does not belong in each group.

1. la crème, l'huile, la mayonnaise, être au régime
2. une carte, une entrée, un hors-d'œuvre, un plat
3. une charcuterie, une boucherie, une poissonnerie, une pâtisserie
4. un morceau, un menu, un kilo, une tranche
5. le sel, le poivre, une nappe, la moutarde
6. un bol, un couteau, une fourchette, une cuillère
7. un menu, commander, une carte, une serviette
8. une nappe, une serviette, une tranche, une carafe

4 Le repas Complete these sentences with words from the list. Not all the words will be used.

À table	une carte	une cuillère	une pâtisserie
une boîte de	commander	une entrée	régime
conserve	compris	une nappe	une serviette

1. Avant de manger, les parents disent toujours «_____».
2. Pour protéger la table, on met _____.
3. Pour m'essuyer la bouche (mouth) après le repas, j'ai besoin d' _____.
4. On commence le repas avec _____.
5. Pour manger de la soupe, j'ai besoin d' _____.
6. Pour finir le repas, on peut manger _____.
7. S'il n'y a pas de légumes frais, on peut utiliser _____.
8. Demain, au restaurant, je vais _____ du thon.
9. Au restaurant, le service est _____, n'est-ce pas?
10. J'aime beaucoup manger. Heureusement que je ne suis pas au _____.

5 Au restaurant Complete these conversations in a restaurant with the appropriate words or expressions.

1. —Voici (a) _____, Madame.

   —Merci.

   —Voulez-vous commencer par (b) _____?

   —Non, merci.

   —Qu'est-ce que vous allez boire?

   —Juste (Only) (c) _____, s'il vous plaît.

2. —Tenez, faites attention. (d) _____ est très chaude.

   —Merci. Est-ce que je peux avoir de (e) _____ de Dijon et quelques

   (f) _____ de pain ?

   —Oui, bien sûr.

3. —Mademoiselle, excusez-moi. Est-ce que je peux avoir (g) _____ pour ma viande?

   —Oui, bien sûr. Tout de suite. ... Voici le couteau. Autre chose?

   —(h) _____ et du poivre, s'il vous plaît.

STRUCTURES

9B.1 Comparatives and superlatives of adjectives and adverbs

1 **Les achats** You are new in town and you don't quite know where to shop. To help you reach a decision, you are comparing the supermarket to your local grocery store. Choose the correct words to compare the different items.

1. Le supermarché est plus grand _____ (de / que / plus / moins) l'épicerie.

2. L'épicerie a une _____ (plus / de / moins / meilleur) grande sélection que le supermarché.

3. Je pense quand même que le service est _____ (plus / mal / meilleur / que) à l'épicerie. Le commerçant connaît mon nom.

4. Les fruits sont _____ chers à l'épicerie _____ (plus … qu' / moins … de / meilleur … qu' / meilleures … qu') au supermarché.

5. L'épicerie est le magasin _____ (le plus / plus / moins / le mieux) petit du quartier.

6. L'épicerie est _____ (mal / bien / aussi / pire) fréquentée que le supermarché.

7. Le supermarché est moins cher _____ (que / de / plus / mal) l'épicerie.

8. L'épicerie est le magasin _____ (plus / moins / mieux / le plus) proche de mon appartement.

2 **L'université** Your friend is telling you about her experience at a university in Tunisia and at your university. Fill in the blanks with words from the list. Do not use the same word twice.

aussi	facilement	longtemps	mieux	que/qu'
bien	la plus	meilleur(e)	pays	Tunisie

L'Université de Tunis est (1) _____ grande que mon université ici. Chacune a près de 30.000 étudiants. Cependant, l'Université de Tunis n'est pas (2) _____ grande du

(3) _____. C'est celle de Tunis El Manar. Ici, les étudiants ont plus

(4) _____ un travail qu'en (5) _____, mais ils étudient aussi

(6) _____. J'aime (7) _____ l'Université de Tunis, mais

j'aime (8) _____ l'université ici. La vie ici est plus facile

(9) _____ en Tunisie. Néanmoins (*However*), beaucoup de mes amis tunisiens

pensent que la vie en Tunisie est (10) _____.

3 **Ma famille** Compare your family to your friend Thao's. Write sentences based on the elements provided. Note: Thao is a girl.

1. La famille de Thao est petite. Ma famille est petite aussi.
   _____

2. La grand-mère de Thao a 80 ans. Ma grand-mère a 86 ans.
   _____

3. Thao mesure 1m69. Je mesure 1m69.
   _____

4. Thao a les cheveux longs. J'ai les cheveux courts.
   _____

5. La maison de Thao a huit pièces. Ma maison a cinq pièces.
   _____

6. Les parents de Thao boivent du café une fois par jour. Mes parents boivent du café trois fois par jour.
   _____

7. La famille de Thao est très heureuse. Ma famille est très heureuse.
   _____

4 **Comparez** Look at these pictures and write as many comparisons as possible using the adjectives or verbs provided. Use the comparative and superlative forms.

1. (grand)   2. (sportif)   3. (manger vite)   4. (courir rapidement)

1. _____
   _____
   _____

2. _____
   _____
   _____

3. _____
   _____
   _____

4. _____
   _____
   _____

9B.2 Double object pronouns

1   **Au restaurant** Here are some statements you overheard at a restaurant. Match the underlined pronouns with the nouns they might refer to.

_____ 1. Je <u>vous la</u> recommande.

_____ 2. Apporte-<u>le-moi</u>.

_____ 3. Je viens de <u>le lui</u> montrer.

_____ 4. Il <u>nous les</u> a commandées.

_____ 5. Donne-<u>la-lui</u>.

_____ 6. Je vais <u>le leur</u> servir.

a. à Jacques; le menu

b. à vous; la soupe

c. à Mme Colbert; la serviette

d. à Bertrand et Sabine; le café

e. à nous; les entrées

f. à moi; le sel

2   **Les plats** You and your friends are trying to plan your meals before going grocery shopping. Rewrite each sentence, replacing the direct objects with direct object pronouns.

1. Lundi, Caroline me prépare les escargots. _____

2. Mardi, Fatima t'offre le déjeuner. _____

3. Mardi, Nadine lui apporte le dîner. _____

4. Mercredi, Nordine nous cuisine les fruits de mer. _____

5. Jeudi, Marc vous donne la salade de champignons. _____

6. Vendredi, Mélanie leur prépare la soupe de légumes. _____

7. Samedi, vous nous donnez les fruits. _____

8. Dimanche, ils lui font les courses. _____

3   **Les souvenirs d'école** You and your friends are studying and reminiscing about your school days. Complete this conversation with the appropriate pronouns.

NICHOLAS Est-ce que tes profs donnaient directement les résultats des examens aux parents?

DANIELLE Non, il ne (1) _____ donnaient pas directement, mais ils nous les donnaient parce que nous les demandions. Et toi, dans ta classe, le prof de maths expliquait l'algèbre aux élèves en difficulté?

NICHOLAS Oui, il (2) _____ expliquait. Moi, je le comprenais facilement. J'ai toujours aimé les maths.

MARC Pas moi. Dis, est-ce que tu connais le résultat de cette équation?

NICHOLAS Oui.

MARC Donne- (3) _____, alors.

NICHOLAS Non, c'est à toi de le trouver tout seul. Tu apportais les devoirs à tes amis malades?

DANIELLE Oui, je (4) _____ apportais toujours.

MARC Ce n'est pas vrai. Tu ne (5) _____ as jamais apportés!

DANIELLE Bien sûr. Tu habitais trop loin!

Workbook

4 **Qui le fait?** Use the cues provided to say who is buying what. Use double object pronouns in your sentences.

> **Modèle**
>
> tu / acheter / les légumes / Fabien et Bénédicte
> **Tu les leur achètes.**

1. je / acheter / les fruits / à Marc

_____

2. Marc et Mélanie / aller acheter / les poivrons rouges / à nous

_____

3. tu / aller prendre / les fruits de mer / à Nordine

_____

4. vous / prendre / le thon / à elle

_____

5. Farida / acheter / l'huile d'olive / à vous

_____

6. ils / aller acheter / les œufs / à Marc

_____

7. je / prendre / la crème / à toi

_____

8. nous / acheter / la laitue / à vous

_____

5 **Les vacances** You are preparing for a family vacation in Europe. Rewrite each sentence using two pronouns. Pay particular attention to the agreement of the past participles.

> **Modèle**
>
> L'agence de voyages a envoyé les billets d'avion à mes parents.
> **L'agence de voyages les leur a envoyés.**

1. Mes parents ont acheté ces grandes valises rouges à ma sœur et à moi.

_____

2. Nous avons demandé nos visas aux différents consulats.

_____

3. J'ai donné mon appareil photo numérique (*digital camera*) à mon père.

_____

4. Je vais apporter le cadeau que j'ai acheté à mon correspondant français.

_____

5. J'ai proposé la visite des châteaux de la Loire à mes parents.

_____

6. Mon amie a prêté son caméscope à ma sœur.

_____

7. Mes grands-parents ont offert le Guide du Routard à mes parents.

_____

Unité 9

PANORAMA   ## Savoir-faire

1   Où ça? Complete these sentences with the correct information.

1. L'église du _____ est un centre de pèlerinage depuis 1.000 ans.

2. À _____, en Bretagne, il y a 3.000 menhirs et dolmens.

3. La maison de Claude Monet est à _____, en Normandie.

4. Les crêpes sont une spécialité culinaire de _____.

5. Le camembert est une spécialité culinaire de _____.

6. _____ est une station balnéaire de luxe.

2   Qu'est-ce que c'est? Label each image correctly.

1. _____

2. _____

3. _____

4. _____

3   Vrai ou faux? Indicate whether each statement is **vrai** or **faux**. Correct the false statements.

1. C'est au Mont-Saint-Michel qu'il y a les plus grandes marées du monde.

   _____

2. Le Mont-Saint-Michel est une presqu'île.

   _____

3. Le Mont-Saint-Michel est un centre de pèlerinage.

   _____

4. Le camembert est vendu dans une boîte ovale en papier.

   _____

5. Claude Monet est un maître du mouvement impressionniste.

   _____

6. Claude Monet est le peintre des «Nymphéas» et du «Pont chinois».

   _____

7. Il y a 300 menhirs et dolmens à Carnac.

   _____

8. Les plus anciens menhirs datent de 4.500 ans avant J.-C.

   _____

Workbook

4 **Répondez** Answer these questions in complete sentences.

1. Où est Carnac?

_____

2. Comment sont disposés (*positioned*) les menhirs?

_____

3. Quelle est la fonction des menhirs? Et des dolmens?

_____

4. À quoi est associée la fonction des menhirs?

_____

5. À quoi est associée la fonction des dolmens?

_____

6. Pourquoi Deauville est-elle célèbre?

_____

5 **Les mots croisés** Use the clues below to complete this crossword puzzle.

1. À Deauville, il y a un festival du…
2. C'est le nom d'un fromage.
3. On peut manger des crêpes dans une…
4. C'est le nom d'un lieu où il y a des falaises.
5. C'est la région qui a la plus grande population.
6. C'est le nom d'une célèbre femme écrivain.
7. Deauville est une station…
8. C'est un type d'énergie produite en Normandie.

Unité 10

CONTEXTES

1 **Les photos** Write the actions depicted in these photos. Use the infinitive form of each verb.

> **Modèle**
> *se maquiller*

1. _____

2. _____

3. _____

4. _____

5. _____

2 **Chassez l'intrus** Circle the item that doesn't belong in each set.

1. se brosser, la joue, les dents
2. les mains, se laver, le peigne
3. se coiffer, un savon, une brosse à cheveux
4. se regarder, s'endormir, se coucher
5. s'habiller, se déshabiller, se sécher
6. le shampooing, la pantoufle, le savon
7. une serviette de bain, se sécher, une brosse à dents
8. se raser, se brosser les cheveux, se coiffer
9. la crème à raser, le maquillage, le rasoir
10. se regarder, le miroir, la serviette de bain

3 **Mettez en ordre** Indicate the order in which the activities in each set are typically done by numbering them **1** and **2**.

> **Modèle**
> 2 prendre une douche
> 1 se déshabiller

1. _____ s'endormir
   _____ se coucher

2. _____ faire sa toilette
   _____ sortir de la maison

3. _____ se sécher
   _____ se laver les cheveux

4. _____ se lever
   _____ se brosser les dents

5. _____ se lever
   _____ se réveiller

6. _____ se déshabiller
   _____ se coucher

4 **Des outils** Complete each of the statements below with the name of the item(s) used for the task.

> **Modèle**
> On se brosse les cheveux avec *une brosse à cheveux.*

1. On se brosse les dents avec _____ et _____.

2. On se rase avec _____ et _____.

3. On se lave le corps avec _____.

4. On se lave les cheveux avec _____.

5. On se coiffe avec une brosse à cheveux ou avec _____.

6. On se sèche avec _____.

5 **Les parties du corps** Label the body parts in the illustration.

1. _____   8. _____
2. _____   9. _____
3. _____   10. _____
4. _____   11. _____
5. _____   12. _____
6. _____   13. _____
7. _____   14. _____

6 **Les préférences** Complete these sentences with appropriate expressions from the lesson.

1. Loïc aime _____ à onze heures tous les soirs.

2. En général, Liliane n'aime pas _____. Elle met parfois un peu de mascara, mais c'est tout.

3. Thomas a souvent froid aux pieds parce qu'il n'aime pas mettre ses _____.

4. M. Noirot a une barbe (*beard*) parce qu'il n'aime pas _____.

5. Mais quelle vanité! Françoise aime bien _____ dans le miroir.

6. Les enfants n'aiment pas _____; on leur donne donc des bains (*baths*).

7. Les cheveux de Nino sont en désordre! Il n'aime pas _____.

8. Les enfants ont souvent des caries (*cavities*) parce qu'ils n'aiment pas _____.

Nom _____   **Date** _____

STRUCTURES

10A.1 Reflexive verbs

1 **La routine** Complete each sentence with the present tense of the reflexive verb illustrated.

Modèle
Nous   **nous brossons** les cheveux avant de quitter la maison.

1. Je _____ le visage.

2. Vous _____ tous les matins, Mme Aziz?

 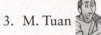

3. M. Tuan _____ souvent devant la télé, pas devant le miroir.

4. Nous chantons pendant que nous _____ sous la douche.

5. Elles _____ les cheveux tous les jours.

6. Est-ce que tu _____ les dents après chaque repas?

2 **Complétez** Complete the sentences with appropriate reflexive verbs.

1. Quand on a sommeil, on… _____.

2. Après chaque repas, mes enfants… _____.

3. Je dors mal la nuit; alors je… _____.

4. Quand nous faisons la cuisine, nous… _____.

5. Quand elle va sortir avec des copains, elle… _____.

6. Avant d'aller à une fête, tu… _____.

7. Avant de vous coucher, vous… _____.

8. Quand elles ont beaucoup de travail à faire, elles… _____.

3 **Donnez des ordres** Suggest what these people should do in each situation. Use command forms of verbs including some negative command forms.

> **Modèle**
> Il est tard et Francine dort encore.
> Réveille-toi, Francine!

1. Le maquillage de Mme Laclos est franchement bizarre.

   _____

2. Nous avons cours à huit heures demain matin.

   _____

3. Hector a les cheveux mouillés (*wet*).

   _____

4. Sami et moi avons les mains sales.

   _____

5. M. Rougelet est en costume au match de basket-ball.

   _____

6. Grand-père ne dort pas assez.

   _____

7. Les cheveux de Christine sont un peu en désordre aujourd'hui.

   _____

8. Nous avons bu trois cocas chacun (*each*) cet après-midi.

   _____

4 **Vos habitudes** Write a paragraph about your own personal habits using expressions from the list.

| se brosser les dents | se coucher | se lever | quitter la maison |
| se coiffer | s'habiller | prendre une douche/un bain | se réveiller |

_____

_____

_____

_____

_____

_____

_____

_____

_____

_____

Nom _____   Date _____

10A.2 Reflexives: **Sens idiomatique**

1 **Les caractères** Complete the caption for each illustration demonstrating a personality type. Use reflexive verbs in the present tense.

 1.   2.   3.   4.

 5.   6.   7.   8.

1. Marc et Farid _____ presque chaque jour. Ils ne s'entendent pas bien.

2. Mme Lamartine _____ facilement. Elle est toujours fâchée (angry).

3. Sylvain _____ souvent. Ses jeux ne l'intéressent pas.

4. Chloé _____ toujours bien. Elle est contente même quand elle est seule.

5. Céline et Rémy _____ bien avec tout le monde. Ils sont très gentils.

6. Magali _____ à tout. Elle est très intellectuelle.

7. Papa _____ tout le temps. Il a toujours peur des accidents.

8. Sophie _____ tout le temps parce qu'elle est en retard.

2 **Des verbes réfléchis** Complete these sentences with the appropriate verbs. Use each verb once.

1. Tu _____ au bord du lac tous les jours, Rémy?

2. Abdel _____ souvent au café pour acheter un thé à emporter (to go).

3. Mais non, tu _____ ! M. Tahar n'est pas né en Tunisie.

4. Le jour de Thanksgiving, on mange et on _____ sur le canapé.

5. Mathilde _____ pour sortir avec ses copains.

6. Et le supermarché, il _____ où, exactement?

7. Maman a dit que nous _____ trop des affaires (business) des autres.

8. Cédric est stressé parce qu'il ne prend pas le temps de _____.

9. Le prof _____ ici, devant la classe.

10. Ma fille rentre de l'école et elle _____ tout de suite à faire ses devoirs.

a. se repose
b. s'arrête
c. s'assied
d. se trouve
e. se détendre
f. se met
g. te promènes
h. se prépare
i. nous occupons
j. te trompes

3 **Complétez** Complete these sentences with appropriate present-tense forms of s'appeler, s'ennuyer, s'inquiéter, and se souvenir.

1. Tu _____ de l'anniversaire de Sullivan? C'est le onze décembre, non?

2. Christophe _____ à mourir au cinéma. Il préfère jouer à des jeux vidéo.

3. Ne _____ pas, Madame. On va retrouver votre chat.

4. Comment _____ -vous, Monsieur?

5. Ma mère _____ beaucoup quand on rentre très tard dans la nuit.

6. Nous _____ beaucoup en classe, Monsieur. On préfère regarder la télé.

7. Vous _____ de moi, Mme Pineau? J'étais dans votre classe, en sixième B.

8. Elle _____ comment, déjà? Denise? Danielle?

Unité 10 Workbook Activities

Workbook

4 **Des impératifs** Give an appropriate command for each situation. Use reflexive verbs, and include some negative commands.

> **Modèle**
> On va au cinéma ce soir, maman.   Amusez-vous bien, mes enfants!

1. Ah, non… Martine est en retard!

   _____

2. Mme Lemarchand n'arrive pas à trouver son sac. Elle est très inquiète.

   _____

3. Nous nous mettons en colère quand nous sommes ensemble.

   _____

4. Tony commence à s'énerver.

   _____

5. Y a-t-il une chaise pour Laurence?

   _____

6. L'année dernière, j'ai oublié l'anniversaire de mon père.

   _____

5 **Des défauts de caractère!** Complete the judgments Marine is making about her friends and relatives by choosing the correct expressions. If no expression is necessary, choose **X**.

1. Samuel s'intéresse trop _____ (que / X / aux) voisins. Ils les regarde par la fenêtre avec des jumelles (*binoculars*).

2. Anne ne se rend pas compte _____ (que / X / de) Luc ne l'aime pas. Elle n'arrête pas de lui téléphoner.

3. Pépé s'énerve _____ (X / que / de) souvent quand mémé (*Grandma*) ne lui donne pas son journal.

4. Simon ne se souvient pas _____ (que / X / de) je suis végétarienne. Il me propose des steaks et du jambon quand je suis chez lui.

5. Ma mère se met trop facilement _____ (X / que / en) colère. Elle est souvent énervée.

6 **Et vous?** Answer these questions in complete sentences with information about yourself. Use at least one reflexive verb in each sentence.

1. Comment vous détendez-vous, d'habitude?

   _____

2. Qu'est-ce que vous faites pour vous amuser?

   _____

3. Est-ce que vous vous entendez bien avec vos amis? Avec les membres de votre famille?

   _____

4. Est-ce que vous vous inquiétez souvent? Si oui, quand et pourquoi?

   _____

5. Quand vous mettez-vous en colère?

   _____

Unité 10

Leçon 10B

CONTEXTES

1 **Des nouvelles** Indicate whether each piece of news is good (**une bonne nouvelle**) or bad (**une mauvaise nouvelle**).

	une bonne nouvelle	une mauvaise nouvelle
1. La semaine dernière, Jacques s'est cassé le pied.	○	○
2. Jeanne, tu as l'air en pleine forme.	○	○
3. Hier soir, Isabelle est allée aux urgences pour une douleur abdominale.	○	○
4. Aïe! Je me suis blessée à la cheville.	○	○
5. Samia se porte mieux depuis son opération.	○	○
6. Antoine est rentré cet après-midi parce qu'il se sentait très mal.	○	○
7. Mme Leclerc est tombée malade lors de son voyage en Thaïlande.	○	○
8. M. Lépine a bien guéri de sa grippe.	○	○
9. Mes enfants sont tous en bonne santé.	○	○
10. Nous avons mangé à la cantine à midi, et maintenant nous avons tous mal au cœur.	○	○

2 **Des maux** What is each of these people complaining about to the doctor today? Write at least one sentence for each illustration.

> **Modèle**
> J'éternue. Je pense que j'ai des allergies.

1.   2.   3.

4.   5.   6.

1. _____
2. _____
3. _____
4. _____
5. _____
6. _____

Workbook

3 **Chez le médecin** Write an appropriate response that a doctor would give to each complaint.

1. J'ai mal aux dents.

   _____

2. Je n'arrive pas à garder la ligne.

   _____

3. Ah, j'ai mal au bras aujourd'hui.

   _____

4. J'ai mal au cœur quand je mange des éclairs au chocolat.

   _____

5. Je me suis cassé la jambe. Aïe! Ça fait mal.

   _____

4 **Méli-mélo** Unscramble these sentences.

1. une / travaille / Van-Minh / dans / pharmacie

   _____

2. au / Hélène-Louise / douleur / a / une / terrible / ventre

   _____

3. Simone / une / a / jambe / à / blessure / la

   _____

4. des / j' / allergies / printemps / ai / au

   _____

5. quels / vos / symptômes / sont / Madame

   _____

6. l' / est / patient / infirmière / avec / le

   _____

5 **C'est grave, docteur?** Write a conversation between a hypochondriac and his or her doctor. The patient should have multiple complaints.

> ### Coup de main
> Use these words to help you complete this activity.
>
> **aller chez un psychologue** (*to a psychologist's office*)
> **avoir mal partout** (*everywhere*)
> **se mettre au lit** (*stay in bed*)
> **respirer mal** (*to breathe poorly*)

_____

_____

_____

_____

_____

STRUCTURES

10B.1 The **passé composé** of reflexive verbs

1 **Qu'est-ce qu'ils ont fait?** Complete these statements about what the people in the illustrations did recently. Use reflexive verbs in the **passé composé**.

1.   2.   3.

4.   5.   6.

1. Marc _____ avec Farid.

2. Émilie _____ la cheville.

3. Pépé _____ le bras.

4. Notre prof _____ en colère!

5. Éric et Noémie _____ au fond (*in the back*) de la classe.

6. Juliette _____ les dents avant de se coucher.

2 **Faites l'accord** Add the appropriate ending for each past participle in this e-mail that Jamel wrote about the terrible weekend he just had. If no additional letters are needed to complete an ending, leave the line blank.

Quelle poisse (*What bad luck*)! Ce week-end, Nathalie et moi sommes (1) rentré_____ à Genève.

C'est Nathalie qui a (2) conduit_____. Sur la route de Genève, on s'est (3) disputé_____. Après,

Nathalie était en colère et on a (4) eu_____ un accident. Moi, je me suis (5) cassé_____ le bras

gauche et Nathalie s'est (6) blessé_____ au pied. On a dû attendre l'ambulance pendant quarante

minutes. Dans la salle des urgences, Nathalie s'est (7) assis_____ sur ma main droite par accident et

elle l'a (8) blessé_____. Aïe! Comme ça m'a (9) fait_____ mal! L'infirmier a (10) mis_____ mon

bras gauche et ma main droite dans le plâtre (*in casts*). Pendant qu'il soignait (*treated*) le pied blessé

de Nathalie, on s'est encore (11) mis_____ à se disputer. Finalement, la mère et la tante de Nathalie

sont (12) venu_____ à l'hôpital pour nous chercher et pour récupérer la voiture. En ce moment,

Nathalie est en train d'écrire cet e-mail pour moi.

3 **Qu'est-ce qui est arrivé?** Write a question that would elicit each response. Use a different reflexive verb in the **passé composé** in each question.

1. _____

Oui, maintenant il a la cheville enflée.

2. _____

Oui, et maintenant j'ai la jambe dans le plâtre (*in a cast*).

3. _____

C'est vrai. Maintenant ils ne se parlent pas.

4. _____

Non, elle ne s'en est pas rendu compte.

5. _____

Oui, et nous sommes arrivés avec seulement cinq minutes de retard.

4 **Quels sont les antécédents?** Decide which noun in the group is the antecedent for each direct object pronoun. Pay attention to meaning and to the gender and number of each direct object.

____ 1. Je me <u>le</u> suis cassé quand j'étais petite.

   a. le livre   b. le bras   c. la jambe

____ 2. Ils se <u>les</u> sont lavées il y a dix minutes.

   a. les mains   b. le visage   c. les allergies

____ 3. Mathilde se <u>les</u> est brossées ce matin.

   a. les mains   b. le chien   c. les dents

____ 4. Nous nous <u>le</u> sommes lavé hier soir.

   a. le cœur   b. les dents   c. le visage

____ 5. Tu te <u>les</u> es brossés aujourd'hui?

   a. le visage   b. les cheveux   c. les peignes

5 **Votre enfance** Write an eight-sentence paragraph about your life when you were eight to ten years old. Use expressions from the list, and remember that most verbs will be in the **imparfait**.

s'amuser	s'énerver	s'inquiéter
se disputer	s'entendre bien avec	s'intéresser

Quand j'étais petit(e), … _____

_____

_____

_____

_____

_____

_____

_____

10B.2 The pronouns y and en

1 **Choisissez** Match each illustration with its caption.

a.

b.

c.

d.

e.

f.

___ 1. Tu en as mangé cinq?!

___ 2. Jojo en met dans ses sandwichs.

___ 3. Nous en avons acheté pour l'école.

___ 4. J'y suis allée l'été dernier pendant les vacances.

___ 5. On y va le dimanche matin.

___ 6. Vous en faites tous les jours, Mme Lepic?

2 **Les questions** Write an appropriate question for each answer.

1. _____

Nous en avons fait deux pour la fête chez Serge.

2. _____

J'y vais du lundi au vendredi.

3. _____

Oui, on en parle souvent.

4. _____

Franck en a mangé deux; moi, j'en ai mangé un.

5. _____

Oui, et on s'y est bien amusé samedi dernier.

3 **Des échanges** Complete these exchanges with **y** or **en** and an infinitive in each answer.

> **Modèle**
>
> **ÉLODIE** Vous allez prendre des pizzas?
> **RODRIGUE** Oui, nous allons *en prendre* deux.

1. **LA MÈRE** Tu vas manger dans ta chambre?

   DIDIER Je suis très énervé contre toi; je préfère donc _____.

2. **Mme DUCROS** Vous allez passer par la boulangerie en rentrant (*on the way home*)?

   M. SABATIER Oui, je vais _____. Je vous rapporte quelque chose?

3. **CAMILLE** Nous pouvons acheter des biscuits, maman?

   LA MÈRE Non, nous ne pouvons pas _____ cette fois-ci, ma chérie.

4. **CARINE** J'ai entendu qu'ils vont commander une tarte pour l'anniversaire du prof.

   BENOÎT Oui, ils vont _____ une. On va la manger en classe mardi.

4 **Des conseils** Rewrite each of these pieces of advice from your mother. Write complete sentences that use the pronouns **y** and **en**.

> **Modèle**
>
> Mange une orange chaque jour.
> *Manges-en une chaque jour.*

1. Prends deux aspirines.

   _____

2. Va directement au lit.

   _____

3. Parle-moi de tes problèmes quand tu en as.

   _____

4. Fais de l'exercice tous les jours.

   _____

5. Ne dépense pas trop d'argent pour tes vêtements.

   _____

6. Souviens-toi de l'anniversaire de ton frère.

   _____

7. Fais attention aux prix quand tu es au supermarché.

   _____

8. Écris-moi un e-mail de temps en temps pour demander des conseils (*advice*).

   _____

5 **Méli-mélo** Unscramble these sentences.

1. en / m' / donnez / six / s'il vous plaît

   _____

2. lui / parlé / ai / je / en / hier

   _____

3. je / dois / en / cinq / t'

   _____

4. achète / dix / -en / -lui

   _____

5. y / vous / souvent / allez

   _____

6. ils / nous / parlent / ne / pas / en

   _____

7. va / on / y

   _____

8. elle / y / intéresse / s' / beaucoup

   _____

Unité 10

PANORAMA

Savoir-faire

1 Des mots associés Match each entry on the left with the one that is associated with it on the right.

_____ 1. des spectacles de gladiateurs   a. une reine (*queen*) de France

_____ 2. Montpellier et Nîmes   b. le Languedoc-Roussillon

_____ 3. «Los cats fan pas de chins.»   c. les arènes de Nîmes

_____ 4. Aliénor d'Aquitaine   d. Midi-Pyrénées

_____ 5. Toulouse   e. l'occitan

2 Cherchez Find the expressions described by the clues below in the grid, looking backward, forward, vertically, horizontally, and diagonally. Circle them in the puzzle, then write the words in the blanks.

```
L D S R W N O I Q L J B E I M
J A L É F T R I H C O J U J D
T A N Y Y D T F E R N M Q N Y
N X C G X G C G D G Y A S O N
V G A M U U D E G S D G A T Y
R C S A U E A M A M B V B S V
W U S M S U D C Z K V A E A M
E P O X X K C O S C V M N J V
H L U X P D R A C A Î Y A J A
R Z L O W K H F F N L R U B T
A C E I Q N H U H M V F L J Q
S H T S A D I R R O C Y P V É
X D K F K Z D K B P W V F G R
D I Z U M R D Y Î E Û C V L A
Z I L Q N D C V W M C Q C Y O
```

1. C'est une grande ville d'Aquitaine.

   _____

2. On appelle cette grotte «la chapelle Sixtine préhistorique».

   _____

3. Les arènes de cette ville ressemblent au Colisée de Rome.

   _____

4. La langue d'Oc a donné son nom à cette région.

   _____

5. Le Pays _____ est la région qui est à la frontière

   entre la France et l'Espagne.

6. Ce plat populaire ressemble un peu au «*pork and beans*» américain.

   _____

7. Ces spectacles ont lieu (*take place*) aujourd'hui dans les arènes de Nîmes.

   _____

3 **Qu'est-ce que c'est?** Label each photograph in French.

1. _____

2. _____

3. _____

4. _____

4 **Complétez les phrases** Supply the expression that is missing in each sentence about southwestern France.

1. _____, c'est le nom d'un artiste connu (*famous*) de la région Midi-Pyrénées.

2. Les fresques de la grotte de Lascaux ont pour sujet des _____.

3. On trouve le plus grand _____ de l'ère romaine en France, à Nîmes.

4. Périgueux est une ville de la région _____.

5. _____ est le nom d'un homme politique de la région Midi-Pyrénées.

6. Le sud-ouest de la France se situe entre l'océan Atlantique et la mer _____.

5 **Des fautes!** Your Canadian friend Norbert isn't good with details. Circle five mistakes in the e-mail that he wrote to you from France and correct the sentences by rewriting them on the lines that follow.

Ouaou! Je t'écris de Perpignan, une ville de la région qu'on appelle Midi-Pyrénées. Cette semaine, on va visiter des sites touristiques du sud-ouest (*southwest*) de la France. Pour commencer, jeudi, on va visiter la fameuse grotte de Lascaux, où l'on va apprécier des fresques mystérieuses qui sont vieilles de plus de 70 ans. Des adolescents ont découvert la grotte en 1940. Vendredi, on va assister à un match de rugby. (C'est un sport originaire de la région qu'on joue avec une balle en cuir et une raquette.) Samedi, on va faire un tour sur le canal du Midi et goûter (*taste*) des spécialités de la région, le pâté de luxe et le cassoulet. Et puis dimanche, on va assister à un spectacle musical aux arènes de Carcassonne. J'espère que tu vas bien.

À bientôt,
Norbert

1. _____

2. _____

3. _____

4. _____

5. _____

Unité 11

CONTEXTES

1 Des composants informatiques Identify the numbered parts and accessories of a desktop computer.

1. _____   5. _____
2. _____   6. _____
3. _____   7. _____
4. _____   8. _____

2 Bien ou pas bien? Evaluate each of the situations described and decide whether it is good (C'est bien) or bad (Ce n'est pas bien).

	C'est bien!	Ce n'est pas bien!
1. Adèle passe au moins (at least) sept heures par jour à surfer sur Internet.	○	○
2. Il marche très bien, mon nouveau moniteur.	○	○
3. Je suis connectée avec mon frère et ma sœur par un service de messagerie instantanée. On se «parle» tous les jours.	○	○
4. Clothilde est en ligne avec un type (guy) bizarre qui veut faire sa connaissance.	○	○
5. J'ai oublié de sauvegarder le document avant d'éteindre mon ordinateur.	○	○
6. Jérémie a donné son mot de passe à tous ses copains.	○	○
7. Ma mère a trouvé un logiciel qui va l'aider à faire son travail.	○	○
8. Mes parents m'ont donné un smartphone pour mes DVD.	○	○
9. J'envoie un e-mail à ma grand-mère pour lui dire bonjour.	○	○
10. Ma nièce aime bien le jeu vidéo éducatif que je lui ai donné pour son anniversaire.	○	○
11. Mon camarade de chambre a perdu la télécommande, et maintenant on ne peut pas changer de chaîne.	○	○
12. Mon réveil n'a pas sonné ce matin, mais le téléphone m'a réveillé et je ne suis donc pas arrivé en retard au travail.	○	○

3 Des associations Give one direct object (a noun) that is often associated with each verb. Do not repeat answers.

Modèle

composer   *un numéro de téléphone*

1. fermer _____   5. imprimer _____
2. sauvegarder _____   6. télécharger _____
3. allumer _____   7. effacer _____
4. éteindre _____   8. graver _____

4 **Complétez les phrases** Complete these sentences with appropriate expressions from the lesson.

1. Pour prendre des photos, on a besoin d' _____.

2. On peut écouter des CD avec _____.

3. Pour regarder des films à la maison, on a besoin d'une télévision et d' _____
   ou d' _____.

4. Pour accéder à (*gain access to*) son e-mail, on a souvent besoin de donner _____.

5. Mes amis et moi, nous restons en contact grâce (*thanks to*) aux _____ sociaux.

6. Quand un ordinateur se plante (*crashes*), on doit le faire _____.

7. Parfois, on _____ tous les e-mails de son ex-copain/copine.

8. Il faut _____ des documents électroniques importants.

5 **Des conseils** Give advice to Max for each situation using commands. Use vocabulary from the lesson.

> **Modèle**
>
> J'ai oublié que c'est l'anniversaire de ma copine aujourd'hui et je n'ai pas de carte.
> **Envoie-lui un e-mail.**

1. Je n'aime pas payer pour faire développer (*have developed*) mes photos.

   _____

2. Mon moniteur est branché (*plugged in*), mais l'écran est noir.

   _____

3. Je vais partir en vacances pendant deux semaines.

   _____

4. J'oublie toujours mes mots de passe.

   _____

5. Mon lecteur MP3 ne fonctionne pas.

   _____

6 **La technologie et vous** Answer these questions in complete sentences with information about how to use technology.

1. Est-ce que vous envoyez des e-mails à vos profs et à vos camarades de classe?

   _____

2. Avez-vous un téléphone traditionnel, un portable ou les deux? Si vous avez un portable, est-ce qu'il sonne très fort?

   _____

3. Est-ce que vous avez un appareil photo numérique? Si oui, est-ce que vous retouchez (*edit*) vos photos avec un logiciel?

   _____

4. Faites-vous des achats (*purchases*) en ligne? Quels sites web marchands est-ce que vous visitez?

   _____

5. Est-ce que vous téléchargez de la musique (des fichiers audio)?

   _____

6. Préférez-vous surfer sur Internet ou regarder la télévision?

   _____

STRUCTURES

11A.1 Prepositions with the infinitive

1 **Des problèmes technologiques** Complete the e-mail that M. Roussel wrote about problems he had recently with his computer by selecting from the prepositions in parentheses. If no preposition is needed, choose **X**.

Je dois (1) _____ (à / de / X) commencer par dire que je ne suis pas une personne violente, mais que… mon ordinateur m'énerve beaucoup! L'autre jour, je m'amusais (2) _____ (à / de / X) envoyer des cartes électroniques à tous mes amis quand j'ai entendu «clic clic» et mon écran s'est éteint. J'ai réussi (3) _____ (à / de / X) le rallumer (*restart*) sans trop d'effort. Quelques minutes après, je venais (4) _____ (à / de / X) fermer un document quand soudain, j'ai entendu à nouveau (*again*) le «clic clic» mystérieux, et puis j'ai commencé (5) _____ (à / de / X) sentir une odeur bizarre. Ça sentait le brûlé (*burned*)! J'ai voulu (6) _____ (à / de / X) éteindre, mais j'ai oublié (7) _____ (à / de / X) fermer les logiciels. Eh bien, l'ordinateur a refusé (8) _____ (à / de / X) s'éteindre! Un petit message sur l'écran m'a informé: «Je ne peux pas (9) _____ (à / de / X) vous permettre (10) _____ (à / de / X) m'éteindre, M. Roussel, parce que vous n'avez pas fermé les logiciels, et puis je ne vous aime pas de toute façon (*anyway*), la la la!» Mais comment est-ce possible?! J'ai tout de suite décidé (11) _____ (à / de / X) téléphoner à un copain qui est expert en informatique. Il m'a dit que mon ordinateur avait attrapé (*had caught*) un virus et qu'il voulait bien (12) _____ (à / de / X) m'aider, mais qu'il était au travail jusqu'à six heures ce soir-là. En résumé, je n'arrivais pas (13) _____ (à / de / X) éteindre l'ordinateur et ça sentait le brûlé. Mais j'hésitais (14) _____ (à / de / X) le débrancher (*unplug it*). Donc, la seule option qui me restait, c'était de le jeter par la fenêtre. À six heures et demie, mon copain informaticien est arrivé chez moi et je lui ai dit qu'il pouvait m'aider (15) _____ (à / de / X) choisir un nouvel ordinateur dans deux semaines mais que, pour le moment, j'étais en congé technologie (*technology leave*).

2 **Qu'est-ce qu'on a fait?** Complete these sentences by telling what these people are doing. Use verbs from the lesson.

> **Modèle**
>
> Patrick
>
> Patrick aide sa mère à faire la cuisine de temps en temps.

1.   2.   3.   4.   5.

1. Anne _____

2. Jean-Loup _____

3. Nadine _____

4. M. Saint-Martin _____

5. Luc et Daniel _____

Workbook

3 **Composez des phrases** Combine elements from each of the three columns to make sentences. Use all the elements at least once.

Seydou est parti	pour	regarder le plan
Ma fille m'a téléphoné	sans	maigrir
Le couple est allé au Mexique		nous dire au revoir
Il a trouvé le café		danser
Zoé et Florianne sont allées au club		passer quelques jours au soleil
Comment va-t-il répondre		gagner à la loterie
Ils achètent des tickets		me dire joyeux anniversaire
Nous faisons de l'exercice		comprendre la question

1. _____

2. _____

3. _____

4. _____

5. _____

6. _____

7. _____

8. _____

4 **À vous!** Write eight sentences about yourself, using the expressions from the list.

apprendre à	éviter de/d'	se préparer à	rêver de/d'
ne pas arriver à	se permettre de/d'	refuser de/d'	savoir + *inf.*

1. _____

2. _____

3. _____

4. _____

5. _____

6. _____

7. _____

8. _____

11A.2 Reciprocal reflexives

1 **Sens réfléchi ou sens réciproque?** Indicate whether, in the context given, each underlined verb is réfléchi (*reflexive*) or réciproque (*reciprocal*).

	Réfléchi	Réciproque
1. Todd et Linda <u>se connaissent</u> depuis cinq ans.	○	○
2. Mon frère et ma sœur <u>s'écrivent</u> des e-mails pour se dire bonjour.	○	○
3. Depuis que nous nous sommes disputés, nous ne <u>nous parlons</u> pas.	○	○
4. Il <u>se dit</u> qu'il a bien travaillé.	○	○
5. Noémie et Odile <u>se regardent</u> pendant qu'elles se parlent.	○	○
6. Noémie <u>se regarde</u> souvent dans le miroir et elle se trouve très belle.	○	○
7. On <u>se donne</u> des cadeaux à Noël (*Christmas*).	○	○
8. Les deux amoureux <u>s'adorent</u>.	○	○
9. On dit que mon frère est bizarre parce qu'il <u>se parle</u> beaucoup à lui-même (*himself*).	○	○
10. Vous <u>vous êtes retrouvés</u> au café Les Deux Magots?	○	○
11. Tu sais qu'Aurélie et Samir <u>se sont quittés</u>?	○	○
12. Parfois on <u>s'écrit</u> une petite note pour se souvenir de quelque chose.	○	○

2 **Complétez les phrases** Complete these sentences with the verbs from the list. Conjugate the verbs in the present tense using each one once.

s'aider	s'écrire	s'entendre	se retrouver
se connaître	s'embrasser	se parler	se téléphoner

1. Mes deux meilleurs amis _____ très bien.

2. On _____ tous les jours au téléphone.

3. Elles _____: elles se font la bise.

4. D'habitude, Nina et Emmanuelle _____ devant la bibliothèque.

5. Est-ce que vous _____ des e-mails de temps en temps?

6. Nous _____ une fois par an pour nous dire «joyeux anniversaire», c'est tout.

7. Est-ce que vous _____ déjà? J'allais vous présenter!

8. Mes deux petites sœurs _____ à faire leurs devoirs.

3 **Les sœurs jumelles** Aude and Rosalie are twins (**jumelles**). Complete what Aude wrote about her relationship with Rosalie. Use verbs from this lesson in the present tense.

Ma sœur et moi, on (1) _____ bien. On (2) _____ beaucoup dans la vie: moi, je l'aide à faire ses devoirs (c'est moi, l'intello!) et elle, elle partage ses copains avec moi (elle est très sociable). On (3) _____ tellement bien que quand elle est un peu déprimée, je le sais et je lui téléphone pour dire que ça va aller mieux. On (4) _____ assez souvent, mais on (5) _____ encore plus (*even more*) souvent des e-mails depuis qu'on habite des villes différentes. On (6) _____ bonjour presque tous les jours. Pendant les vacances, on (7) _____ chez nos parents, à Anvers. On (8) _____ comme des folles et on (9) _____ jusqu'aux petites heures du matin dans notre chambre. Après, on (10) _____ et on est triste pendant qu'on s'habitue à (*get used to*) la solitude.

4 **L'amour** Complete each sentence with a past participle of one of the verbs listed. Make the participle agree with the subject unless the subject is also the indirect object of the verb.

se dire	s'écrire	se parler	se rencontrer
se donner	s'embrasser	se quitter	se retrouver

Marthe et Étienne se sont (1) _____ pour la première fois en mai dernier, au club de sport. Ils se sont (2) _____ des centaines (*hundreds*) d'e-mails l'été dernier. Ils se sont aussi (3) _____ au téléphone tous les jours. En août, ils se sont (4) _____ au club de sport encore une fois. Comme ils ne s'étaient pas vus (*hadn't seen each other*) depuis longtemps, ils se sont (5) _____. Puis, ils se sont (6) _____ des bagues de fiançailles (*engagement rings*) et ils se sont (7) _____ qu'ils seraient (*would be*) ensemble pour toujours. Eh bien, ils se sont (8) _____ la semaine dernière, et Marthe a déjà trouvé un nouveau copain!

5 **Votre meilleur(e) ami(e)** Answer these questions with complete sentences about you and your best friend.

1. Est-ce que vous vous connaissez bien? Vous vous connaissez depuis combien de temps?

   _____

2. Est-ce que vous vous entendez bien? Est-ce que vous vous disputez de temps en temps?

   _____

3. Où vous retrouvez-vous d'habitude pour passer du temps ensemble?

   _____

4. Est-ce que vous vous donnez des cadeaux pour vos anniversaires?

   _____

5. Vous parlez-vous souvent au téléphone? À quelle fréquence?

   _____

6. Est-ce que vous vous aidez dans la vie? Comment?

   _____

7. Comment vous êtes-vous rencontré(e)s la première fois?

   _____

8. Est-ce que vous vous êtes écrit des e-mails cette semaine?

   _____

Unité 11

CONTEXTES

Leçon 11B

1 **Logique ou illogique?** Indicate whether these statements are **logique** or **illogique**.

	Logique	Illogique
1. Marcel a freiné trop tard et il est rentré dans le pare-chocs de la voiture de devant.	○	○
2. M. Djebbar a des accidents parce qu'il respecte la limitation de vitesse.	○	○
3. Ma sœur attache sa ceinture de sécurité pour éviter des blessures en cas d'accident.	○	○
4. Antoine ne faisait pas attention au voyant allumé, et puis il est tombé en panne. Il n'y avait presque pas d'huile dans le réservoir.	○	○
5. Arrête de rouler si vite! On va avoir un accident.	○	○
6. Le mécanicien a réparé notre voiture. Maintenant, elle n'a pas de freins.	○	○
7. Le mécanicien m'a aidé(e) à remplacer (replace) le pneu crevé.	○	○
8. Mémé dépasse toujours la limitation de vitesse. Quand elle est au volant, on sait qu'on va rouler très lentement.	○	○
9. Je dois payer une amende parce que j'ai vérifié la pression des pneus.	○	○
10. La circulation est dense et difficile ce matin à cause d'un accident.	○	○

2 **Chassez l'intrus** Circle the item that doesn't belong in each set.

1. attacher, le capot, la ceinture de sécurité
2. l'huile de vidange, vérifier, ouvrir le coffre
3. un parking, un rétroviseur, se garer
4. vérifier la pression des pneus, dépasser, faire le plein
5. une station-service, un capot, un coffre
6. rouler, rentrer dans une voiture, vérifier l'huile
7. recevoir une amende, découvrir, dépasser la limitation de vitesse
8. l'essence, l'huile, les phares
9. les essuie-glaces, l'embrayage, le pare-brise
10. la rue, l'autoroute, le moteur

3 **Qu'est-ce que c'est?** Label the parts of the car.

1. _____   6. _____
2. _____   7. _____
3. _____   8. _____
4. _____   9. _____
5. _____   10. _____

4 **Complétez** Complete Adèle's description of the day she took her driving test with appropriate expressions from the lesson.

Le jour où j'ai passé mon (1) _____ de conduire, j'étais très nerveuse! Je n'

(2) _____ pas de poser des questions à mon père: Et si (*What if*) l'inspecteur est très

sévère? Et si j'ai un (3) _____? Mon père était très calme, comme d'habitude. Moi,

j'étais pressée, mais lui, non. Sur (4) _____, il a remarqué (*noticed*) qu'il n'y avait

presque pas d'essence dans la voiture et il s'est donc arrêté pour (5) _____. À la

(6) _____, il a bien sûr demandé à (7) _____ l'huile et la pression des pneus.

J'ai crié (*shouted*) «Mais arrête de faire le mécanicien! Allons-y!» et on s'est remis en route. Dix minutes

plus tard, un de nos (8) _____ a crevé sur la route. On a passé une heure à le remplacer

par la roue (9) _____. Et puis, on a remarqué qu'on avait un (10) _____

cassé. Je me suis mise à crier «Comment est-ce possible?!» On est retourné à la station-service, où un

(11) _____ a (12) _____ la voiture. Deux heures après, on est reparti.

Je vous ai dit que mon père est très calme, n'est-ce pas? Eh bien, ce jour-là, il prenait son temps! Toutes les

autres voitures nous (13) _____, et on entendait des klaxons (*honking horns*). Un policier

a dû remarquer que mon père roulait en dessous de (*under*) la limitation (14) _____, et il

nous a retenus pendant trente minutes avec des questions incrédules (*incredulous*). Il nous a donné une

(15) _____ et il est parti en rigolant (*laughing*). Après tout ce tralala, je n'étais plus

(*anymore*) nerveuse du tout. J'ai eu mon permis sans difficulté.

5 **Des solutions** Thierry isn't the best driver. For each of his complaints, suggest a way for him to avoid the problem the next time. Use imperative forms.

> **Modèle**
> Je suis rentré dans la voiture de devant.
> La prochaine fois, *freine plus tôt!*

1. Je suis tombé en panne d'essence.
   La prochaine fois, _____

2. J'ai un pneu crevé!
   La prochaine fois, _____

3. J'ai eu trois accidents aujourd'hui. Je n'arrivais pas à freiner à temps (*in time*).
   La prochaine fois, _____

4. Je suis tombé en panne parce qu'il n'y avait presque pas d'huile dans le réservoir.
   La prochaine fois, _____

5. Je suis en retard parce que la voiture de devant roulait très lentement.
   La prochaine fois, _____

6 **De mauvais conducteurs!** Think of someone you know who drives very badly. Write five complete sentences about his or her driving habits using the present tense.

1. _____
2. _____
3. _____
4. _____
5. _____

Workbook

11B.1 Le conditionnel

1 **Soyons sympas** Fill in the blanks with the conditional forms of these verbs.

1. Je _____ (manger) bien une baguette.

2. Est-ce que vous _____ (avoir) la gentillesse (*kindness*) de m'envoyer une brochure?

3. Dis, tu n' _____ (avoir) pas un stylo? Je n'en ai pas.

4. Je _____ (parler) bien à Jean-Yves. Il est là?

5. On _____ (regarder) bien un film ce soir. Papa, est-ce qu'on peut aller au cinéma?

6. Mme Ducharme, est-ce que vous _____ (venir) nous chercher à la gare?

7. Tu _____ (mettre) la sonnerie de ton portable si fort? Ça fait mal aux oreilles.

8. Nous _____ (demander) des jeux vidéo pour Noël (*Christmas*).

9. J' _____ (aimer) savoir pourquoi tu es parti sans me dire au revoir.

10. Vous ne _____ (mettre) pas de costume pour le mariage?

2 **Écrivez des légendes** Write a caption for each illustration telling what the person or people would do if there were one more day of vacation a year.

Modèle

Tu nettoierais ta chambre.

1.

2.

3.

4.

5.

1. Je _____

2. Tu _____

3. Nous _____

4. Amira et son frère Hassan _____

5. Vous _____

3   **Complétez** Complete these sentences telling what people would do if they won the lottery. Conjugate the verbs from the list so that they are in the conditional.

> acheter   dîner
> aider   donner
> construire   partager
> déposer   voyager

1. Vous _____ tous les jours au restaurant.

2. On _____ les chats et les chiens de notre ville qui n'ont pas de maison.

3. Patrick et moi _____ le gros lot (_jackpot_) 50/50.

4. Je _____ de l'argent à la banque.

5. Tu _____ en Chine et au Japon.

6. Mes frères _____ une nouvelle télé et un lecteur de DVD.

7. Sœur Marie-Thérèse _____ tout l'argent à des organismes de charité.

8. Les Jacob _____ une nouvelle maison.

4   **Conseil de classe** Complete Mr. Buisson's assessments of his students with logical verbs in the **conditionnel**.

KHALIL, ABDEL: Cet étudiant doué (_talented_) fait bien son travail. Il (1) _____ un meilleur étudiant, mais il n'arrive pas souvent à l'heure en classe.

SOUBISE, ALAIN: C'est un étudiant moyen (_average_) qui ne s'intéresse pas aux études. Il (2) _____ plus rapidement, mais il ne fait pas souvent ses devoirs.

LEDUC, NOÉMIE: Une performance catastrophique le semestre dernier. Elle (3) _____ de meilleures notes, mais elle étudie seulement de temps en temps.

COULIBALY, ADA: La qualité de son travail est exceptionnelle. Elle (4) _____ avoir une bourse, mais ça ne l'intéresse pas.

NGUYEN, MARIE: Étudiante très assidue (_diligent_); elle se dispute pourtant avec ses camarades de classe. Elle (5) _____ plus de succès, mais elle ne travaille pas très bien avec les autres.

LECLERC, LOUISE: Cette étudiante a beaucoup de talent, mais elle a trop de responsabilités à la maison. Elle (6) _____ plus éveillée (_alert_) en classe, mais elle a trop de travail à faire chez elle.

5   **Des scénarios** Complete each of these statements by indicating what would happen in each scenario. Use verbs in the conditional.

1. Dans un monde idéal, il n'y _____.

2. Vous avez perdu votre chien? À votre place (_In your place_), je/j' _____.

3. Lundi est férié. Sinon (_Otherwise_), nous _____.

4. Dans un monde parfait, les gens _____.

5. Pour l'anniversaire de tes rêves, tu _____.

11B.2 Uses of **le conditionnel**; **Si** clauses

1 **Logique ou illogique?** Decide whether each sentence is **logique** or **illogique**.

	Logique	Illogique
1. Si je perdais mon travail, j'aurais plus d'argent.	○	○
2. Si vous étiez plus sympa, vous auriez plus d'amis.	○	○
3. Si tu faisais de l'exercice, tu serais en mauvaise santé.	○	○
4. Si elle parlait anglais, elle pourrait travailler en France.	○	○
5. Si nous avions plus de vacances, nous irions en Afrique.	○	○
6. Si j'avais faim, je prendrais un coca.	○	○
7. Si on dépassait la limitation de vitesse, on aurait une amende.	○	○
8. Si je tombais en panne, je téléphonerais à un mécanicien.	○	○

2 **Quelques suggestions** Make a logical suggestion in each case. Use the conditional of each verb at least once: **aimer, devoir, pouvoir,** or **vouloir.**

> **Modèle**
> Elle *devrait aller se coucher*. Elle est très fatiguée.

1.

2.

3.

4.

5.

1. Vous _____ de fumer.

2. Tu _____ plus pour le prochain examen.

3. On _____ moins vite pour éviter les accidents.

4. Nous _____ nos manteaux. Nous avons très froid.

5. Je _____ tard. J'ai toujours sommeil le matin.

3 **Associez** Choose the most appropriate ending for each sentence.

_____ 1. Si vous faisiez vos devoirs, ...

_____ 2. Si on allait au restaurant ce soir, ...

_____ 3. Si tu avais ton permis de conduire, ...

_____ 4. S'ils avaient du temps libre, ...

_____ 5. Si je téléphonais à ma mère, ...

_____ 6. Si vous mangiez moins de sucre, ...

_____ 7. Si le pneu était crevé, ...

_____ 8. Si mon cousin venait avec nous, ...

a. elle serait contente.

b. vous maigririez.

c. j'irais à la station-service.

d. tu pourrais prendre ma voiture.

e. vous auriez de bonnes notes.

f. il s'amuserait bien.

g. ils iraient plus souvent au cinéma.

h. on pourrait manger des crêpes.

4 **Écrivez** Tell what these people thought or said would happen.

> **Modèle**
>
> Il / dire que / il / arriver par le train de 6h00
> *Il a dit qu'il arriverait par le train de 6h00.*

1. Papa / dire que / je / avoir une voiture cette année

   _____

2. Tu / penser que / le mécanicien / vérifier l'huile

   _____

3. Nous / expliquer au professeur que / nous / ne pas être en retard

   _____

4. Laurent / dire que / il / changer le pneu crevé

   _____

5. Je / penser que / tu / envoyer des cartes postales de Nice

   _____

6. Les Martin / dire que / ils / venir avec nous

   _____

5 **À vous!** Complete these sentences in an appropriate way. Note that some verbs should be in the future and some in the conditional.

1. Si j'étais riche, _____.

2. S'il pleuvait cet après-midi, _____.

3. Si nous n'avions pas cours lundi prochain, _____.

4. Si les chats pouvaient voler (*fly*), _____.

5. Si on avait plus de jours de vacances, _____.

6. Si je parlais français couramment, _____.

7. Si je pouvais rentrer plus tôt que prévu (*expected*) aujourd'hui, _____.

8. Si je trouvais une lettre d'amour dans la rue, _____.

Unité 11

PANORAMA

Savoir-faire

1 **Des gens célèbres** Match each description with the name of a famous person.

_____ 1. Cet écrivain à l'imagination extraordinaire a écrit *Le Petit Prince*.

_____ 2. Cet écrivain et cinéaste de Marseille a écrit *La Gloire de mon père*.

_____ 3. Cette championne du patinage artistique (*figure skating*) est née à Nice.

_____ 4. Cet homme est surtout connu pour ses travaux d'astrologie.

_____ 5. Cette poétesse de la Renaissance a écrit des sonnets.

_____ 6. Cet écrivain de la région Rhônes-Alpes a écrit *Le Rouge et le Noir*.

a. Nostradamus

b. Surya Bonaly

c. Louise Labé

d. Antoine de Saint-Exupéry

e. Stendhal

f. Marcel Pagnol

2 **Des diapos** Write a one-sentence caption in French to accompany each of these slides (**diapos**) that will be part of a presentation on southeastern France.

1.
2.
3.
4.
5.
6.

1. _____

2. _____

3. _____

4. _____

5. _____

6. _____

3 **Vrai ou faux?** Indicate whether each of these statements is **vrai** or **faux**.

	Vrai	Faux
1. Grenoble se situe dans les Pyrénées.	○	○
2. La raclette et la fondue sont des spécialités à base de fromage fondu.	○	○
3. Le synchrotron est un club à Grenoble.	○	○
4. La ville de Grasse donne accès à plusieurs stations de ski.	○	○
5. Le Festival International du Film a lieu (*takes place*) chaque année, en mai.	○	○
6. Des pommes de terre accompagnent le fromage de la raclette.	○	○
7. Chaque année, il y a vingt films en compétition au Festival International du Film.	○	○
8. Des vedettes (*movie stars*) assistent au Festival du Film à Grasse.	○	○

4 **Des couleurs et des arômes** Complete each of these statements about the cultivation of flowers in the South of France.

1. _____ est l'une des industries principales du sud-est de la France.

2. On cultive des fleurs à Grasse depuis le _____.

3. Parmi les fleurs cultivées à Grasse, on compte la _____, la

   _____ et la _____.

4. _____ est un des grands fabricants (*makers*) de parfum du sud de la France.

5 **Les villes de la région** Write the names of the towns described by the clues.

1. C'est la ville où l'on trouve le palais des Papes. ___ V ___ ___ N ___ N

2. Cette très grande ville de la côte se situe entre la Camargue et Toulon.

   M ___ ___ ___ E ___ L ___ ___

3. Cette ville est la capitale mondiale de la parfumerie. G ___ ___ S ___ ___

4. Cette ville est un grand centre de recherche scientifique. ___ R E ___ ___ B ___ ___

5. De riches vacanciers anglais ont donné leur nom à la célèbre promenade de cette ville. ___ I C ___

6. Cette ville organise le festival du film le plus connu du monde. ___ ___ N N ___ S

6 **Des mots cachés camarguais** First, use the clues to identify some expressions related to the Camargue. Then find the words in the puzzle.

1. On appelle les _____ les cow-boys camarguais.

2. C'est l'un des oiseaux exotiques qu'on trouve en Camargue: le _____.

3. En Camargue, on voit (*sees*) ces grands _____ noirs.

4. Le meilleur ami du cow-boy camarguais est un cheval _____.

```
F  A  R  E  B  C  D  U  Î  G  A  E  J  G  F
X  L  B  K  T  L  F  Y  M  P  J  S  Z  A  W
Z  P  A  I  F  F  H  L  M  U  W  O  C  R  J
S  N  C  M  B  Â  Y  J  G  Q  J  R  N  D  B
G  Z  W  N  A  E  N  F  J  Q  I  P  A  I  X
A  R  N  X  S  N  C  P  T  S  É  A  L  A  A
T  Y  O  A  A  H  T  A  L  M  U  O  B  N  U
R  V  T  Q  H  Z  U  R  L  B  K  U  C  S  L
O  C  H  B  O  R  S  Q  O  M  E  N  P  Z  V
H  J  M  E  E  C  T  C  B  S  J  F  S  R  X
Q  Z  J  A  N  C  D  U  U  E  Q  P  Q  B
J  H  U  K  C  X  A  I  Z  H  U  L  Y  X  O
I  X  W  É  T  A  N  G  S  V  E  R  Z  A  Q
S  U  Y  A  X  G  Y  G  A  W  H  W  M  O  C
C  D  X  I  O  I  W  D  O  S  I  A  R  A  M
```

Unité 12

CONTEXTES

Leçon 12A

1 À la banque There is a long line at the bank, so you have plenty of time to see what is going on around you. Fill in the blanks with the appropriate words and expressions. Make all the necessary changes and agreements.

accompagner	emprunter
un compte bancaire	remplir un formulaire
un compte d'épargne	retirer de l'argent
une dépense	signer

1. La vieille dame a des difficultés à _____ parce que c'est écrit trop petit et qu'elle n'a pas ses lunettes.

2. Une étudiante va ouvrir _____ afin de pouvoir recevoir de l'argent de ses parents.

3. Un homme demande des explications sur _____ qu'il n'a pas faite, mais qui apparaît sur son relevé de compte (*statement*). Il pense qu'il doit y avoir plus d'argent sur son compte.

4. Une petite fille _____ sa maman.

5. Un homme d'affaires _____ de l'argent pour créer une nouvelle entreprise (*start a new business*).

6. Une adolescente veut _____ de son compte, mais elle a besoin de l'autorisation de ses parents.

7. Un homme n'a pas _____ son chèque avant de le donner au banquier.

8. Moi, je veux déposer de l'argent sur _____ parce que j'économise (*save*) pour les vacances.

2 Les publicités You are reading a Canadian newspaper, but you are not quite sure which stores are advertised. Fill in the blanks with the type of store each ad could promote.

1. «N'oubliez pas de faire vos réservations pour les fêtes et venez déguster nos plats spéciaux.»

   _____

2. «Vous avez besoin d'un crayon, d'un cahier ou bien de fournitures (*supply*) pour votre bureau? Nous sommes toujours à votre service.» _____

3. «Vous n'avez pas d'ordinateur à la maison? Pas de problème. Nous sommes ouverts 7 jours sur 7 (*7 days a week*).» _____

4. «Besoin d'un cadeau qu'elle ne va jamais oublier? Venez voir (*to see*) notre nouvelle collection.»

   _____

5. «Nous proposons maintenant des soins du visage (*skincare*) pour les hommes.»

   _____

6. «Quand vous venez acheter des timbres, demandez ceux pour la commémoration du premier 'rendez-vous' à Fort Williams.» _____

3 **Au bureau de poste** Look at the drawing and write a caption (a word or a sentence) for each numbered item or action.

1. _____   5. _____

2. _____   6. _____

3. _____   7. _____

4. _____   8. _____

4 **Vrai ou faux?** Read these statements and indicate whether they are **vrai** or **faux**. Correct the false statements.

1. Quand il y a beaucoup de personnes dans un magasin, il faut remplir un formulaire.

   _____

2. On peut avoir un compte bancaire à la mairie.

   _____

3. Si on veut se marier, il faut aller à la mairie.

   _____

4. On peut acheter un magazine à la laverie.

   _____

5. Quelquefois, les magasins sont fermés le dimanche.

   _____

6. On ne peut boire que (*one can only drink*) du café dans une brasserie.

   _____

7. On peut envoyer un colis dans une boîte aux lettres.

   _____

8. On peut retirer de l'argent à un distributeur automatique.

   _____

STRUCTURES

12A.1 Voir, recevoir, and apercevoir

1 **Le courrier** Conjugate the verb **recevoir** in the present tense or **passé composé** to know what everyone has received or is receiving.

> **Modèle**
> hier / Magali
> **Hier, Magali a reçu des photos.**

il y a deux jours / nous

1. _____

elle / maintenant

2. _____
   _____

le matin / je

3. _____
   _____

vous / chaque semaine

4. _____
   _____

2 **Le camp de vacances** You are chaperoning a field trip. All the kids rush to you to tell you about something, but you cannot make sense of what they say. Write complete sentences using the **passé composé** with the cues provided. Pay particular attention to the agreement of the past participle.

1. je / voir / un chat noir

   _____

2. Anne / perdre son gilet (*cardigan*) / mais / elle / ne pas s'en apercevoir

   _____

3. Hakim / recevoir / un coup de poing (*punch*)

   _____

4. Florence et Margaux / voir / leur maman / à la banque

   _____

5. Djamila / observer / son frère / mais / il / ne pas l'apercevoir

   _____

6. ils / ne pas recevoir / leur goûter

   _____

7. vous deux / apercevoir / Karine / mais / elle / se mettre en colère

   _____

8. Ahmed / ne pas recevoir / l'invitation du musée

   _____

3 **Le mystère** A friend has asked you to solve a riddle. To make sure that you do not miss any clues, you have written down the riddle, but you are not quite sure it is accurate. Select the appropriate verb in parentheses to make sense of the story.

«Quelqu'un sonne. Un homme ouvre la porte et (1) _____ (reçoit / voit / s'apercevoir) un colis des mains du facteur. Il ne pensait pas (2) _____ (recevait / s'apercevoir / recevoir) quelque chose. Après l'avoir ouvert, il (3) _____ (reçoit / voit / a reçu) que le colis n'est pas pour lui. Il part à la poste. Sur son chemin, il (4) _____ (s'est aperçu / reçoit / aperçoit) le facteur et va lui parler.

—Je/J' (5) _____ (ai aperçu / ai reçu / me suis aperçu) un colis, mais il n'est pas pour moi. Le voici.

—Je suis désolé, mais nous ne pouvons pas (6) _____ (nous apercevoir / recevoir / recevons) de paquets ouverts.

—Mais je (7) _____ (ne m'en suis pas aperçu / n'en ai pas reçu / reçois) et je n'ai rien touché.

—Il faut aller au bureau de poste que vous (8) _____ (recevez / avez reçu / voyez) là-bas.»

Je me demande comment savoir ce qu'il y avait dans le paquet!

4 **Au commissariat** Amélie has been asked by the police to come to the station. Fill in each blank with the correct form of the verb **voir, recevoir, apercevoir,** or **s'apercevoir** to know why.

L'AGENT Je suis heureux de savoir que vous (1) _____ votre convocation

(*notification*). Pouvez-vous me dire quand vous (2) _____ le suspect?

AMÉLIE Je le/l' (3) _____ lundi dernier à 9h30 devant le marchand de journaux.

L'AGENT Est-ce que le suspect (4) _____ de votre présence?

AMÉLIE Non, je ne crois pas, mais nous (5) _____ un courrier bizarre ce matin: une lettre blanche.

L'AGENT Est-ce que je peux lire la lettre que vous (6) _____?

AMÉLIE Non, malheureusement, mon mari l'a jetée (*threw it away*) immédiatement.

L'AGENT Si vous en (7) _____ une autre, il faut nous l'apporter. N'hésitez pas à nous contacter si vous (8) _____ une personne suspecte près de chez vous.

5 **Un dimanche matin** You are writing to your roommate about your vacation at home with your family. Here are some of the notes you wrote for your letter. Conjugate each verb in parentheses in the appropriate tense.

1. Ce matin, je/j' _____ (s'apercevoir) que j'avais oublié de t'écrire.

2. Ce matin, il y avait beaucoup de brouillard (*fog*) et je ne pouvais même pas _____ (voir) les maisons de l'autre côté de la rue.

3. La lettre que tu as envoyée il y a un mois, je la/l' _____ (recevoir) seulement hier.

4. Je crois que je/j' _____ (voir) un ami d'enfance à la poste, hier.

5. Je ne retrouve pas mon livre de Maupassant. Écris-moi si tu le/l' _____ (apercevoir) quelque part dans l'appartement.

12A.2 Negative/affirmative expressions

1   **Les antonymes**   Choose the appropriate negative expression for each item.

1. toujours ≠ _____

2. encore ≠ _____

3. quelqu'un ≠ _____

4. quelque chose ≠ _____

5. tout ≠ _____

6. et... et ≠ _____

2   **Un travail difficile**   Your friend is writing to you about his new job at the student activities office, organizing weekend trips. Complete each sentence with the most appropriate negative word or expression from the list.

aucun(e)... ne/n'	ne/n'... ni... ni...	personne ne/n'
ne/n'... aucun(e)	ne/n'... plus personne	rien ne/n'
ne/n'... jamais	ne/n'... que/qu'	

1. Je _____ aime _____ mes horaires _____ mon salaire.

2. Je _____ ai _____ une demi-heure pour déjeuner.

3. Je _____ ai _____ le temps de manger à midi.

4. _____ est content des activités proposées.

5. Il _____ y a _____ à l'accueil (*reception*).

6. Je _____ ai _____ aide pour préparer les sorties (*field trips*).

7. _____ étudiant _____ veut travailler ici.

8. _____ est vraiment bien ici.

3   **Les différences d'opinion**   You and your little brother are talking about errands you ran this morning, yet you don't seem to agree on what happened. Here is what your brother said. Make these sentences negative to give your opinion.

1. Nous avons trouvé tous les cadeaux que nous cherchions.

_____

2. Il nous reste toujours de l'argent.

_____

3. Nous avons parlé à tous nos amis.

_____

4. Tout était cher.

_____

5. Tout le monde faisait les magasins.

_____

4 **À la poste** You are waiting in line at the post office. You need help from the clerk for a few things, but he is in a really bad mood and always answers in the negative. Complete each sentence by selecting the appropriate negative word or expression in parentheses.

1. Nous n'avons _____ (pas / rien / aucun) guichet automatique (*ATM*) qui fonctionne.

2. Il ne me reste _____ (plus / que / aucun) de timbres de cette collection.

3. Votre colis ne va _____ (que / rien / jamais) arriver à temps pour les fêtes.

4. _____ (Aucun / Jamais / Personne) d'autre ne peut vous aider.

5. Nous n'acceptons _____ (rien / aucun / que) les billets de moins de 50 euros.

6. Il n'y a _____ (pas / rien / jamais) d'autre à faire.

7. Nous ne faisons _____ (rien / personne / pas) ce genre (*kind*) de chose.

8. _____ (Pas / Rien / Aucune) enveloppe n'est en vente ici.

5 **L'entretien** Your friend gave negative responses to all of the questions she was asked during a job interview. Write her answers in complete sentences.

1. Est-ce que vous avez un diplôme en économie d'entreprise?

   _____

2. Avez-vous déjà travaillé dans une grande entreprise?

   _____

3. Faites-vous toujours du volontariat (*voluntary service*)?

   _____

4. Êtes-vous intéressé(e) par des heures supplémentaires?

   _____

5. Est-ce que quelque chose vous dérange (*disturb*) dans le travail de nuit?

   _____

6. Est-ce que vous connaissez quelqu'un qui travaille dans cette entreprise?

   _____

7. Savez-vous utiliser le logiciel *Excellence* et le logiciel *Magenta*?

   _____

8. Est-ce qu'il y a quelque chose d'autre que je dois savoir?

   _____

Unité 12

CONTEXTES

Leçon 12B

1 **Les définitions** Read these definitions and write the corresponding words.

1. En France, la plus célèbre est celle des Champs-Élysées. C'est _____.

2. Si on conduit, il faut s'arrêter quand il est rouge. C'est _____.

3. Si on veut traverser une rivière sans se mouiller (*getting wet*), on doit l'utiliser. C'est _____.

4. C'est la direction opposée au sud. C'est _____.

5. Ne plus savoir où on est, c'est _____.

6. Quand on est dehors et qu'on n'a pas de téléphone portable, on peut l'utiliser. C'est _____.

7. On peut s'y asseoir dans un parc. C'est _____.

8. C'est l'intersection de deux routes. C'est _____.

2 **Où ça?** Identify the final destination for each set of directions.

1. Vous êtes sur la place du Prado. Prenez la rue Reinach vers l'ouest. Tournez à droite dans la rue Pasteur. Continuez jusqu'à la rue Montesquieu. Tournez à gauche. Vous ne pouvez pas le manquer.

   _____

2. Quand vous sortez de la banque, prenez la rue Montesquieu jusqu'à la rue Béchevelin. Tournez à droite et continuez jusqu'à la rue Reinach. Tournez à gauche. Pour aller à l'endroit que vous cherchez, traversez la rue Gryphe. Ce n'est pas très loin de l'école.

   _____

3. Quand vous sortez du parking rue Gryphe, prenez la rue Bonald en face de vous. Continuez jusqu'au carrefour de la rue de Marseille. Traversez la rue de Marseille. C'est sur votre droite. Vous ne pouvez pas la manquer.

   _____

4. Quand vous êtes à la bijouterie, remontez la rue de Marseille toujours tout droit jusqu'à la rue d'Aguesseau. Tournez à gauche. Elle se trouve sur votre droite, en face de la banque.

   _____

3 **L'orientation** Look at the illustration on pp. 460–461 of your textbook and complete each sentence by selecting the most appropriate verb in parentheses. Conjugate it in the appropriate tense.

1. Je pense que la voiture va _____ (tourner / se déplacer / traverser) le pont.

2. Un homme _____ (tourner / descendre / continuer) l'escalier. Peut-être qu'il va pouvoir nous aider.

3. L'homme _____ (tourner / suivre / continuer) la femme car (*because*) il ne sait pas comment _____ (être perdu / traverser / s'orienter).

4. _____ (se déplacer / tourner / monter) l'escalier pour avoir une meilleure vue du parc.

5. Regardons le plan. Il faut aller vers l'est. Nous devons donc _____ (tourner / traverser / suivre) à droite.

6. Regarde l'homme qui entre dans la cabine téléphonique. Il est disqualifié pour avoir utilisé des patins à roulettes (*roller skates*) et il ne _____ (monter / continuer / tourner) pas la course (*race*).

4 **C'est par où?** Alexandre and his sister, Nadège, have been driving around for ten minutes and they cannot find their friends' house. Fill in each blank with the most appropriate word or expression from the list, and make all the necessary changes and agreements.

à droite	une cabine téléphonique	être perdu	suivre
le banc	continuer	jusqu'à	traverser

ALEXANDRE Tu m'as bien dit de (1) _____ le pont et de

(2) _____ la rue de Provence.

NADÈGE Oui, mais après le pont, il faut tourner (3) _____ dans la rue de Strasbourg.

ALEXANDRE Tu ne pouvais pas le dire plus tôt?! Bon. Maintenant, on est en face du marchand de journaux, au numéro 44. Qu'est-ce que je fais?

NADÈGE Est-ce qu'il y a (4) _____?

ALEXANDRE Non, pourquoi?

NADÈGE Je veux appeler Ousmane et lui demander comment aller (5) _____ son appartement. Je crois bien que nous (6) _____.

ALEXANDRE Mais non, (7) _____ jusqu'au carrefour. Je suis certain qu'on va tomber sur la bonne rue.

NADÈGE Arrête-toi. Je vais aller demander au monsieur assis sur (8) _____ là-bas. Je pense qu'il va pouvoir nous aider.

ALEXANDRE D'accord.

STRUCTURES

12B.1 Le futur simple

1 **Dans dix ans** You are with a group of friends discussing where you see yourselves in ten years. Conjugate the verbs in parentheses in the future tense to find out what everybody is thinking.

1. Je _____ (travailler) pour une grande entreprise française à Paris.

2. Il _____ (épouser) Stéphanie.

3. Vous _____ (acheter) une île dans les Caraïbes.

4. Elle _____ (écrire) des romans pour les enfants.

5. Tu _____ (offrir) une voiture à tes parents.

6. Elles _____ (se rendre) compte que l'université était facile.

7. J' _____ (ouvrir) mon propre restaurant français.

2 **Les obligations** Look at these pictures and write complete sentences using the cues provided. Use the future tense.

1. lundi / poster des lettres

_____

_____

2. mercredi / retirer de l'argent au distributeur automatique

_____

_____

3. jeudi / explorer Aix-en-Provence

_____

_____

4. mardi / se promener en ville

_____

_____

5. vendredi / payer sa facture en liquide

_____

_____

6. samedi / acheter des timbres pour envoyer des cartes postales

_____

_____

3 **En ville** Karim and Sandra are discussing what they will do tomorrow when they go into town. Complete their conversation with the appropriate forms of the verbs in parentheses.

SANDRA Demain, j' (1) _____ (aller) au cybercafé, à côté de la papeterie.

J' (2) _____ (envoyer) enfin mon formulaire électronique.

KARIM Je (3) _____ (venir) peut-être avec toi.

SANDRA Tu (4) _____ (pouvoir) m'aider avec ça.

KARIM J' (5) _____ (essayer), mais je ne te promets rien.

SANDRA Comme nous (6) _____ (être) en ville, nous

(7) _____ (pouvoir) passer chez Yannick.

KARIM Non, je (8) _____ (revenir) par le train de 3h00.

4 **La voyante** You and your friends go to see a fortune teller (**une voyante**). Create sentences with the elements provided to know what she has predicted for you. Use the future form of the verbs.

1. un homme / recevoir / une bonne nouvelle

_____

2. elles / faire / quelque chose d'extraordinaire

_____

3. vous / avoir / beaucoup de chance / la semaine prochaine

_____

4. il / falloir / faire très attention / vendredi 13

_____

5 **Qu'est-ce qu'ils feront?** Use the illustrations as a reference to complete these sentences.

1. Elle décrochera dès que _____.

2. Elle _____ quand elle aura le nouveau logiciel.

3. Elle _____ dès qu'elle aura le journal de ce matin.

12B.2 Relative pronouns qui, que, dont, où

1 **Sélectionnez** Choose the appropriate pronouns to complete this call that Gérard placed to **le docteur Mécano**, a radio talk show that gives advice on car troubles.

LE DOCTEUR Je vous écoute, Gérard.

GÉRARD Je viens d'acheter une nouvelle voiture étrangère (1) _____ (qui / que) est déjà tombée en panne.

LE DOCTEUR Et la voiture (2) _____ (dont / où) vous parlez, vous l'avez achetée récemment?

GÉRARD Euh, oui. Au garage (3) _____ (dont / où) je l'ai achetée, ils m'ont dit que c'était une voiture neuve (*brand new*), mais j'ai découvert après qu'elle est vieille de trente ans.

LE DOCTEUR Ah, non, ça ne va pas. Et cette voiture (4) _____ (qui / que) vous avez achetée, c'est quel modèle?

GÉRARD C'est une voiture (5) _____ (qui / que) n'a pas de marque (*make*). C'est du générique.

LE DOCTEUR Mais ce n'est pas possible, Gérard! Toutes les voitures ont une marque.

GÉRARD Euh, il paraît (*it seems*) que certaines voitures de l'Union soviétique n'ont pas de marque.

LE DOCTEUR D'accord. Alors, vous avez acheté une voiture «neuve» (6) _____ (qui / que) est en fait vieille de trente ans, et c'est un modèle soviétique.

GÉRARD Euh, oui, c'est ça. Elle est aussi bien rouillée (*rusty*)!

LE DOCTEUR D'accord. Et le garage (7) _____ (dont / où) vous parlez, il s'appelle comment?

GÉRARD Et bien, il s'appelait Le garage du Coin. Mais je dois dire qu'il n'y est plus. Dans la rue (8) _____ (dont / où) se trouvait ce garage, il y a un nouveau magasin (9) _____ (qui / que) s'appelle Le magasin du Coin. Les mécaniciens du garage y travaillent comme vendeurs. Bizarre, non?

LE DOCTEUR Alors, là, je ne peux pas vous aider. Le sens commun est une chose (10) _____ (qui / qu') on ne peut pas acheter au magasin du Coin. Au revoir, Gérard, et bonne chance dans la vie!

2 **Quelle description?** Match each image to its caption.

a.

b.

c.

d.

e.

f.

_____ 1. C'est une personne dont tout le monde connaît le nom (*name*).

_____ 2. C'est une personne qui donne des amendes.

_____ 3. C'est un endroit que beaucoup de touristes visitent chaque année.

_____ 4. C'est un endroit où l'on va pour manger.

_____ 5. C'est un animal qui adore faire la sieste.

_____ 6. C'est un animal dont les dents sont terrifiantes.

Workbook

3 **Complétez les phrases** Complete each sentence with the appropriate relative pronoun **qui**, **que**, **dont**, or **où**.

1. Les stations-service _____ je prends de l'essence sont très propres.

2. Le film _____ nous avons vu est triste.

3. Les pommes _____ elle a achetées sont trop mûres (*ripe*).

4. Voici l'homme _____ tu m'as parlé.

5. Les conducteurs _____ roulent trop lentement m'énervent.

6. L'endroit _____ je me gare est loin du campus.

7. C'est le chien _____ ma cousine a très peur.

8. Je préfère les profs _____ ne donnent pas trop de devoirs.

4 **Que dites-vous?** Specify what you are talking about. Use the relative pronouns **qui**, **que**, **dont**, and **où** in complete sentences.

Modèle

Vous parlez de qui?
La personne dont je parle est mon prof de français.

1. Quelle jupe avez-vous achetée, Madame?

   _____

2. Vous cherchez une voiture de sport?

   _____

3. Vous rêvez d'une maison à la campagne?

   _____

4. Quels artistes aimez-vous?

   _____

5. Vous avez trouvé ces clés dans quelle chambre?

   _____

6. Votre chat est perdu? Il est comment?

   _____

Unité 12

PANORAMA

Savoir-faire

1   **Photos d'Alsace-Lorraine**   Label each photo.

1. _____
   _____

3. _____
   _____

2. _____
   _____

4. _____
   _____

2   **Dates importantes**   Complete these sentences with dates based on **Panorama**.

1. Jeanne d'Arc est née en _____ et a été exécutée en _____.

2. L'Église catholique a canonisé Jeanne d'Arc en _____.

3. Jeanne d'Arc est partie au combat pour libérer la France en _____.

4. Strasbourg est le siège du Conseil de l'Europe depuis _____.

5. Strasbourg est le siège du Parlement européen depuis _____.

6. L'Alsace et le département de la Moselle ont été français pour la première fois
   en _____.

7. Albert Schweitzer a reçu le prix Nobel de la paix en _____.

8. Les Alsaciens bénéficient des lois sociales allemandes depuis _____.

3   **Un peu d'histoire**   Complete these sentences by conjugating the verbs in parentheses in the **imparfait** or the **passé composé**.

En 1429, alors qu'elle (1) _____ (avoir) 17 ans, Jeanne d'Arc

(2) _____ (décider) de libérer son pays. Elle (3) _____

(prendre) la tête d'une armée et elle (4) _____ (libérer) Orléans des Anglais.

Plus tard, ses ennemis (5) _____ (vendre) Jeanne d'Arc aux Anglais. Quand

elle (6) _____ (être) leur prisonnière, ils la/l' (7) _____

(condamner) à mort pour hérésie.

L'Alsace et la Lorraine (8) _____ (être) françaises depuis 1678. Elles

sont devenues (*became*) allemandes en 1871. Le traité de Versailles (9) _____

(rendre) les deux régions à la France.

4 Répondez Answer these questions in complete sentences.

1. Quelle(s) boisson(s) l'Alsace produit-elle?

   _____

2. Quel est le nom du sculpteur de la statue de la Liberté? De quelle région est-il originaire?

   _____

3. Quel est le nom de la grande place pittoresque de Nancy?

   _____

4. Quelle est la particularité de l'Alsace et du département de la Moselle?

   _____

5. Quel est le nom d'un plat typiquement alsacien? De quel mot vient-il?

   _____

6. Pourquoi ce plat typiquement alsacien se conserve-t-il longtemps?

   _____

7. D'où vient la langue alsacienne?

   _____

8. À quoi contribue le Parlement européen?

   _____

5 Vrai ou faux? Indicate whether these statements are **vrai** or **faux**. Correct the false statements.

1. L'Alsace et la Lorraine sont situées dans le nord-est de la France.

   _____

2. Georges de La Tour est un dessinateur du dix-huitième siècle.

   _____

3. Patricia Kaas est une chanteuse originaire d'Alsace.

   _____

4. L'Alsace et la Lorraine ont été influencées par la culture allemande.

   _____

5. La choucroute est cuite avec du gros sel et des baies de genièvre.

   _____

6. On mange la choucroute avec de la charcuterie et des pommes de terre.

   _____

7. Les membres du Parlement européen sont élus dans chaque pays de l'Union européenne.

   _____

8. La langue alsacienne n'est plus parlée aujourd'hui.

   _____

Unité 13

CONTEXTES

Leçon 13A

1   **Cherchez**   Find eleven words related to the environment listed in the grid, looking backward, forward, vertically, horizontally, and diagonally.

abolir
améliorer
catastrophe
covoiturage
déchets toxiques
écologique
effet de serre
en plein air
~~environnement~~
gaspillage
pluie acide
protection

```
D  R  R  S  A  U  V  O  N  A  S  E  C  P  L
A  É  I  E  P  L  A  N  B  E  R  G  A  L  T
E  E  C  A  R  J  I  O  J  R  O  A  T  U  F
E  G  F  H  N  O  L  B  E  V  E  R  A  I  W
É  P  A  M  E  I  I  S  M  L  L  U  S  E  Y
C  C  R  L  R  T  E  L  X  S  S  T  T  A  X
J  T  O  O  L  D  S  L  É  N  N  I  R  C  I
V  Y  I  L  T  I  W  T  P  M  L  O  O  I  Q
A  C  F  E  O  E  P  E  O  N  A  V  P  D  D
M  U  F  H  G  G  C  S  X  X  E  O  H  E  V
L  F  E  L  T  I  I  T  A  Y  I  C  E  G  L
E  H  H  U  F  W  W  Q  I  G  I  Q  E  P  N
G  Z  T  Q  O  J  R  J  U  O  U  Q  U  I  J
B  F  U  R  J  X  I  U  F  E  N  Y  N  E  D
(E  N  V  I  R  O  N  N  E  M  E  N  T) K  S
```

2   **Que recyclent-ils?**   Look at this illustration and write a complete sentence to tell what each person is recycling.

1. _____

2. _____

3. _____

3   **Chassez l'intrus**   Circle the word that does not belong in each group.

1. améliorer, gaspiller, préserver, sauver
2. une catastrophe, l'effet de serre, un glissement de terrain, le recyclage
3. l'écologie, une centrale nucléaire, la surpopulation, des déchets toxiques
4. la pluie acide, le recyclage, le ramassage des ordures, un emballage
5. écologique, propre, sale, pur
6. le gaspillage, la pollution, une solution, la surpopulation
7. un trou dans la couche d'ozone, un nuage de pollution, un glissement de terrain, l'effet de serre
8. l'écologie, la protection, une solution, polluer

4 **À chaque problème sa solution** Match each problem with its solution, creating complete sentences.

les problèmes

la pollution de l'air
les glissements de terrain
les déchets toxiques
la surpopulation
le gaspillage
la pollution

les solutions

prévenir les incendies de forêts
recycler plus
développer des emballages écologiques
donner une amende aux pollueurs
faire du covoiturage
éviter une population croissante

Modèle

l'effet de serre / interdire la pollution de l'air
Pour trouver une solution au problème de l'effet de serre, on doit commencer par interdire la pollution de l'air.

1. _____

2. _____
_____

3. _____
_____

4. _____
_____

5. _____
_____

6. _____
_____

5 **En 2050** A new scientific study has revealed some of the problems that we will face in the future. Fill in each blank with a word or expression from the list. Make all the necessary changes and agreements. Note that not all the words will be used.

abolir	énergie	gouvernement	réchauffement
catastrophe	environnement	population croissante	sauver
effet de serre	espace	protection	solution

Le (1) _____ de la Terre peut conduire à une véritable (2) _____ d'ici 2050. Si (3) _____ ne développent pas une politique de (4) _____ de l'environnement, nous ne sauverons pas la planète.

L'(5) _____ est un des principaux problèmes. Nous devons avoir plus

d' (6) _____ propres comme l'énergie solaire. Ce problème est lié à (*linked to*) une

(7) _____: elle a été multipliée par 2,5 en 50 ans.

On doit rapidement penser à une (8) _____ si nous voulons (9) _____

la planète. L'(10) _____ nous concerne tous.

STRUCTURES

13A.1 The interrogative pronoun **lequel** and demonstrative pronouns

1 Choisissez Match each image to an appropriate caption. Pay attention to the gender and number.

a.

b.

c.

d.

e.

f.

g.

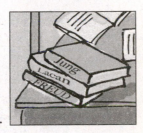
h.

_____ 1. Lequel est ton cousin?

_____ 2. Laquelle avez-vous écrite, M. Lemeur?

_____ 3. Lesquels sont pour la poste aérienne (*air mail*)?

_____ 4. Lesquelles vont avec ces chaussettes?

_____ 5. Lequel est-ce que tu vas prendre?

_____ 6. Laquelle est la meilleure de l'équipe?

_____ 7. Lesquels est-ce que tu vas lire ce semestre?

_____ 8. Lesquelles sont pour la soupe?

2 Évitez la répétition Make these sentences less repetitive by replacing the underlined words with forms of **lequel** or a contraction of **à** or **de** with a form of **lequel**.

> **Modèle**
>
> Il y a deux profs dans le couloir. <u>Quel prof</u> est ton prof de français?
> Lequel

1. Tu as vu deux films aujourd'hui. <u>Quel film</u> as-tu préféré? _____

2. Vous aimeriez habiter dans d'autres villes? Dans <u>quelles villes</u> aimeriez-vous habiter? _____

3. Des étudiants sont arrivés en retard. <u>Quels étudiants</u> sont arrivés après 9h00? _____

4. Il y a trois adresses écrites sur ce papier. <u>Quelle adresse</u> est la tienne (*yours*)? _____

5. Tu as peur d'un des chiens du voisin? <u>De quel chien</u> as-tu peur? _____

6. Ils vont écrire des cartes postales à leurs amis? <u>À quels amis</u> vont-ils d'abord écrire? _____

Workbook

Workbook

3 **Lequel?** You have just come back from your semester abroad, and you need to do some catching up with your roommate about what has been going on in your absence. Choose the appropriate demonstrative pronoun in each sentence.

1. Ce bâtiment, c'est _____ (celui de / celui que / celui qui) avait été détruit par le feu.

2. Les examens, _____ (celles de / ceux de / ceux que) décembre, étaient très difficiles.

3. Le professeur de physique, _____ (celui qui / celle qui / celle-ci) a reçu un prix, va être mon prof le semestre prochain.

4. Les soirées de la maison française sont _____ (celles qui / celles que / celles de) j'ai le plus fréquentées.

5. L'étudiant sénégalais, _____ (celui en / celui qui / celui de) l'étage du dessous, est parti pour un semestre en Argentine.

6. J'ai perdu mon portefeuille (*wallet*) en cuir, _____ (celui de / celui que / celui-là) tu m'as donné pour mon anniversaire.

7. J'ai lu deux romans d'Émile Zola, _____ (celui qui / ceux dont / ceux que) tu m'as tant parlé.

8. La nouvelle directrice du département de français est d'origine canadienne. Elle est très différente de _____ (celle-là / celle qu' / celle d') avant.

4 **Au café** Complete the conversation from a café terrace with the appropriate demonstrative pronouns and any other necessary elements.

SYLVIE Dis, tu connais cet étudiant?

DAMIEN Lequel? (1) _____ avec le pull rouge ou (2) _____ avec la veste noire?

SYLVIE Mais non, (3) _____, à l'entrée de la librairie.

DAMIEN Non, désolé. Est-ce que tu as lu les livres pour la classe de français?

SYLVIE J'ai lu (4) _____ Victor Hugo, mais pas (5) _____ George Sand a écrit en 1846.

MALIKA Moi, j'ai aimé la nouvelle (*short novel*). Tu sais, (6) _____ est intitulée *La fille aux yeux d'or*.

DAMIEN Ah oui, c'est de Maupassant.

MALIKA Mais non, (7) _____, elle est de Balzac.

SYLVIE Moi, je n'aime pas les livres qu'on nous a demandé de lire. Je préfère (8) _____ je choisis.

13A.2 The subjunctive (Part 1)

1 **Les obligations** Your friend Patrice is planning a party. Complete each sentence with the subjunctive form of the verbs in parentheses.

1. Farida ne peut pas venir parce qu'il est indispensable qu'elle _____ (finir) son devoir de français.

2. Il faut que Michel me _____ (dire) à quelle heure il peut venir.

3. Il faut que j'_____ (attendre) la réponse de Karim.

4. Il est possible que les invités _____ (apporter) de la nourriture.

5. Il est dommage que Mariam ne _____ (prendre) pas un train plus tôt.

6. Il est nécessaire que j'_____ (acheter) des boissons.

7. Il est essentiel que nous _____ (recycler) les verres en plastique.

2 **Avant les vacances** You and your housemates are about to go on spring break, but there are still a few things that you need to do before leaving. Write complete sentences with the elements provided to tell who has to do what.

1. il / être / important / Mathilde / parler / au professeur de français

   _____

2. il / être / nécessaire / Florence / et / son petit ami / acheter / leurs billets d'avion

   _____

3. il / être / bon / je / partir / mercredi matin / au plus tard

   _____

4. il / être / essentiel / tu / vendre / ta vieille voiture

   _____

5. il / falloir / nous / nettoyer / la maison

   _____

6. il / valoir mieux / vous / appeler / le propriétaire

   _____

7. il / être / important / Farid / enlever / son vélo / du garage

   _____

8. il / être / essentiel / je / obtenir / un visa / pour la Tunisie

   _____

3 **Les résolutions** The student committee for the environment on campus has written a pledge. It asks students to follow certain rules to help preserve the environment. Complete the sentences with the present subjunctive of the verbs from the list.

comprendre	éviter	partager	préserver	ne pas réduire
éteindre	ne pas interdire	prendre	recycler	remplir

Il est maintenant essentiel que les étudiants (1) _____ l'environnement. Si nous

voulons sauver la planète, il faut que nous (2) _____ le gaspillage et que nous

(3) _____ le papier et les emballages en plastique. Il est nécessaire que nous

(4) _____ mieux les mécanismes du réchauffement de la Terre si nous voulons

changer les choses. La conférence sur le climat de Montréal a montré qu'il vaut mieux qu'on

(5) _____ les transports en commun ou que nous (6) _____ notre

voiture. Il est également bon que chacun (7) _____ la lumière quand il n'y a personne

dans une pièce.

Ici, à l'université, nous pensons qu'il est dommage que le président de l'université (8) _____

l'utilisation des voitures sur le campus et que l'université (9) _____ sa consommation d'eau.

Il est essentiel que l'université (10) _____ les conditions de la charte que nous proposons.

4 **Une lettre** Write a letter for the next meeting of the environmental committee using the words and phrases from the list.

améliorer	développer	il est important que	polluer
une catastrophe	écologique	il est nécessaire que	la protection
un danger	un emballage	il faut que	le recyclage

_____

_____

_____

_____

_____

_____

_____

_____

_____

_____

_____

_____

Unité 13
CONTEXTES

Leçon 13B

1 **Chassez l'intrus** Circle the word that does not belong in each group.

1. un écureuil, un lapin, un sentier, un serpent
2. un fleuve, une plante, l'herbe, une fleur
3. une côte, un fleuve, une falaise, un lac
4. un lapin, une vache, un écureuil, une espèce menacée
5. une étoile, le ciel, une région, la Lune
6. un arbre, un bois, le ciel, l'herbe
7. la chasse, détruire, un écotourisme, jeter
8. la préservation, une espèce menacée, une extinction, un lac

2 **Classez** List each word in the appropriate category or categories.

	le ciel	la terre	l'eau
1. une côte	_____	_____	_____
2. une étoile	_____	_____	_____
3. une falaise	_____	_____	_____
4. un fleuve	_____	_____	_____
5. un lac	_____	_____	_____
6. la Lune	_____	_____	_____
7. une pierre	_____	_____	_____
8. une rivière	_____	_____	_____
9. une vallée	_____	_____	_____
10. un volcan	_____	_____	_____

3 **La randonnée** Read this letter from your friend Camille about her walk in the **Parc naturel de la Chartreuse**. Fill in each blank with an appropriate word or expression. Notice that not all the words will be used. Make all the necessary changes and agreements.

le ciel	une falaise	un lac	une plante	un sentier
détruire	une forêt	la nature	une région	une vallée
un écureuil	jeter	un pique-nique	une rivière	

Le week-end dernier, j'ai fait une randonnée dans le Parc naturel de la Chartreuse. C'est une réserve naturelle dans (1) _____ de Grenoble. Là, la protection de (2) _____, c'est une chose sérieuse. Il faut marcher sur (3) _____ pour ne pas (4) _____ les (5) _____. Il est bien sûr interdit de (6) _____ des ordures par terre. Alors, quand on a fait (7) _____ à midi, nous avons gardé nos déchets.

On a traversé (8) _____ de pins. Je voulais voir des (9) _____ mais, ici, il est difficile de les voir. Ce sont des animaux sauvages. Néanmoins (*Nevertheless*), la vue sur (10) _____ est magnifique. Ensuite, nous avons dû traverser (11) _____ sur un tronc d'arbre, mais je n'ai pas perdu l'équilibre. Nous avons fini la randonnée au (12) _____ de Paladru où nous avons un peu nagé.

Workbook

4 **Le mot mystère** Using these definitions, fill in the corresponding spaces in the grid to discover the mystery word. Include accents.

1. C'est l'endroit où Tarzan habite.
2. C'est un endroit où il n'y a pas beaucoup de plantes et où il pleut très peu.
3. C'est un petit animal qui vit (*lives*) dans les arbres.
4. C'est l'action de protéger la nature et les ressources naturelles.
5. On en parle quand une espèce est menacée.
6. Il y en a 13 en France, par exemple, la Normandie et l'Île-de-France.
7. C'est un synonyme du mot «environnement».
8. C'est quand on tue (*kills*) les animaux pour le sport ou pour les manger.
9. C'est le côté d'une haute montagne près de la mer ou de l'océan.
10. Il y en a des milliers pour les animaux et les plantes.
11. C'est l'action de couper les arbres de la forêt.
12. C'est un synonyme du mot «chemin».

Le mot mystère, c'est le nom d'une forme de vacances qui ne détruit pas la nature. _____

5 **Décrivez** Describe these photos, giving as many details as possible.

1. _____
_____
_____

2. _____
_____
_____

3. _____
_____
_____

4. _____
_____
_____

STRUCTURES

13B.1 The subjunctive (Part 2)

1 **La réunion** You are reading the minutes from last week's student meeting on student activities. Complete each sentence with the subjunctive of the verb in parentheses.

1. Solange suggère qu'on _____ (organiser) plus de randonnées en montagne.

2. Damien désire que plus d'étudiants _____ (venir) aux réunions.

3. Isabelle souhaite que les sorties _____ (être) plus fréquentes.

4. Thao recommande que nous _____ (visiter) les grottes (*caves*) qui sont près d'ici.

5. Sophie veut que l'association _____ (faire) plus de publicité (*advertising*).

6. Pavel propose que nous _____ (être) plus actifs.

2 **Le film** You are writing a movie review for the college newspaper on the latest French movie released at your local movie theater. You have interviewed people at the end of the movie. Use these cues to write complete sentences using the subjunctive.

> **Modèle**
> Je / aimer / le film / finir / bien
> *J'aime que le film finisse bien.*

1. Je / regretter / les acteurs / ne pas être / plus connus

   _____

2. Nous / être heureux / un film français / venir / dans notre ville

   _____

3. Elles / être triste / les acteurs / ne pas discuter du film / avec le public

   _____

4. Il / être désolé / il / ne pas y avoir / de sous-titres (*subtitles*)

   _____

5. Elle / avoir peur / les gens / ne pas comprendre / toutes les références culturelles

   _____

6. Ils / être content / l'histoire / faire / rire

   _____

Workbook

3 **Les nouvelles** You have just received your former high school's newsletter. Express your emotions about the news, using the cues provided.

> **Modèle**
>
> Martine part vivre en France. (surpris)   *Je suis surpris(e) que Martine parte vivre en France.*

1. Catherine a un bébé de deux mois. (content)

   _____

2. Sylvain est prof de maths. (heureux)

   _____

3. Marie fait des compétitions de ski. (surpris)

   _____

4. Notre professeur de français n'est plus là. (regretter)

   _____

5. La directrice travaille maintenant au Japon. (triste)

   _____

6. L'équipe de foot perd le championnat. (furieux)

   _____

4 **Qui est-ce?** You are talking to some friends, but you keep on mixing up their names. Write new sentences, using the new subject given in parentheses for the underlined verb to find who actually does what or how people feel. Be careful! Not all sentences will use the subjunctive.

> **Modèle**
>
> Isabelle souhaite <u>faire</u> un pique-nique. (nous)   Jacques souhaite qu'ils <u>aillent</u> au parc.
> *Isabelle souhaite que nous fassions un*   (Jacques)
>   *pique-nique.*   *Jacques souhaite aller au parc.*

1. Je suis heureux de <u>faire</u> quelque chose pour l'environnement. (vous)

   _____

2. Ils veulent que je <u>fasse</u> une randonnée en montagne. (ils)

   _____

3. Vous désirez <u>prévenir</u> les incendies. (elle)

   _____

4. Vous êtes contents qu'ils <u>recyclent</u> plus d'emballages. (vous)

   _____

5. Elles préfèrent <u>interdire</u> les voitures sur le campus. (le président de l'université)

   _____

6. Tu veux <u>abolir</u> l'énergie nucléaire. (le gouvernement)

   _____

7. Nous n'aimons pas que les gens <u>aient</u> des animaux domestiques. (nous)

   _____

8. Il est surpris de ne pas <u>être</u> contre le déboisement. (vous)

   _____

13B.2 The subjunctive (Part 3)

1 **Le séjour** Your friend Elizabeth is planning to spend some time in France, but she is asking herself a lot of questions. Combine elements from column A with elements from column B to know exactly what she is thinking.

A

_____ 1. Comme mon français n'est pas très bon, il n'est pas sûr...

_____ 2. Je vais visiter les principaux monuments; je ne crois pas...

_____ 3. Mon français va s'améliorer, parce qu'il est vrai...

_____ 4. Je compte faire les magasins, mais je sais...

_____ 5. Je voudrais aller au Maroc aussi, mais je doute...

_____ 6. Mon petit ami va rester ici. Je ne pense pas...

_____ 7. Comme je veux goûter aux spécialités locales, il est clair...

_____ 8. Avant de revenir, il est douteux...

B

a. que je dois voyager dans différentes régions de France.

b. que je fais un effort pour parler uniquement en français.

c. que mon séjour soit assez long pour ça.

d. que je puisse communiquer facilement.

e. que j'aie le temps d'acheter des cadeaux pour tout le monde.

f. qu'ils soient fermés.

g. qu'il puisse venir avec moi.

h. qu'ils sont trop chers.

2 **Le pessimiste** Your friend Marc has a very pessimistic outlook on life. He has many academic and social pressures. Plus, he is organizing a party. Complete each sentence with the present subjunctive or indicative form of the verbs in parentheses to know exactly what he thinks.

1. Il doute que nous _____ (réussir) notre examen final.

2. Il croit que je _____ (ne pas pouvoir) partir en France l'été prochain.

3. Il ne pense pas qu'elles _____ (vouloir) venir à notre fête.

4. Pour Marc, il est douteux que les professeurs lui _____ (donner) de bonnes notes.

5. Pour lui, il est évident que nous _____ (aller) avoir des difficultés.

6. Marc doute que ses amis _____ (venir) nombreux.

7. Pour Marc, il est sûr que la fête _____ (être) un désastre.

8. Il n'est pas certain que les étudiants _____ (savoir) comment aller chez lui.

3 **Le Nouvel An** You are at a New Year's party. Many of your friends are making resolutions and wishes for the New Year. Write complete sentences using the cues provided and the subjunctive or the future tense to find out others' opinions about those resolutions.

> **Modèle**
>
> Nadja souhaite pouvoir aller en vacances à la Martinique. (Martin / penser)
> **Martin pense que Nadja pourra aller en vacances à la Martinique.**

1. Je souhaite aller en Côte d'Ivoire pendant un semestre. (Il / ne pas être sûr)

   _____

2. Malika souhaite partir au Maroc. (Il / être évident)

   _____

3. Nous souhaitons savoir parler couramment français en juin. (Tarik / douter)

   _____

4. Vous voulez faire un régime. (Je / ne pas croire)

   _____

5. Ils veulent pouvoir travailler à Montréal pendant l'été. (Nous / ne pas croire)

   _____

6. Tu souhaites avoir un nouveau camarade de chambre. (Il / être douteux)

   _____

7. Stéphanie et Martine souhaitent venir aux soirées de la Maison française. (Il / ne pas être vrai)

   _____

8. Martin veut acheter un nouvel ordinateur. (Il / être sûr)

   _____

4 **Le concours** Your younger sister wants to be a singer and she is eager to participate in a local contest. Complete this paragraph with the most appropriate verbs from the list. There may be more than one possibility.

aller	être	finir	pouvoir	venir
avoir	faire	gagner	savoir	vouloir

Ma sœur veut être chanteuse. Je sais que c'(1) _____ difficile et qu'il faut qu'elle
(2) _____ de la chance.

Elle souhaite que nous (3) _____ à un concours pour jeunes talents. Je doute
qu'elle (4) _____ vraiment combien de personnes vont venir, mais je pense qu'elle
(5) _____ y aller quand même (_anyway_). Il est sûr que certaines personnes
(6) _____ gagner ce concours facilement et qu'elles (7) _____ tout
pour gagner.

Il n'est pas certain que ma petite sœur (8) _____ rivaliser (_compete_) avec elles.
Je ne crois pas qu'elle (9) _____ parmi les finalistes, mais il est vrai qu'elle
(10) _____ juste d'avoir la grippe. Enfin, on verra bien. Que le meilleur gagne!

Unité 13

PANORAMA

Savoir-faire

1 **Qui est-ce?** Give the name and the profession of each of these people. Answer in complete sentences.

  1.   2.   3.   4.

1. _____

2. _____

3. _____

4. _____

2 **Un peu de géographie** Identify these places according to what you read in **Panorama**.

1. C'est le nom des montagnes où on peut faire du ski: _____

2. C'est le berceau de l'horlogerie: _____

3. C'est le pays d'origine des horlogers qui s'installent en Franche-Comté: _____

4. Ce sont les sources d'inspiration pour les toits de Bourgogne: _____

5. C'est la ville où se situe l'Hôtel-Dieu: _____

6. C'est la ville où est né Louis Pasteur: _____

7. C'est la ville où se trouve l'Institut Pasteur: _____

8. Ce sont les lieux où se situent les filiales de l'Institut Pasteur: _____

3 **Complétez** Fill in the blank with a word or expression from **Panorama**.

1. Dijon est une ville importante de la _____.

2. Le Jura est le paradis du _____.

3. La _____ est la deuxième course d'endurance du monde.

4. L'artisanat de l'horlogerie a commencé au _____ siècle.

5. L'Hôtel-Dieu a été construit pour recevoir _____ et

   _____.

6. Louis Pasteur a découvert _____ et _____.

7. La recette bourguignonne des _____ devient populaire au 19e siècle.

4 **Vrai ou faux?** Indicate whether these statements are **vrai** or **faux**. Correct the false statements.

1. Au Moyen Âge, les escargots servaient à la fabrication de sirops contre la toux.

   _____

2. La France importe de grosses quantités d'escargots.

   _____

3. Claire Motte est une actrice célèbre.

   _____

4. La Transjurassienne a le même parcours pour les hommes et les femmes.

   _____

5. On peut faire de la planche à voile sur neige dans le Jura.

   _____

6. Les femmes s'occupaient de la finition et de la décoration des horloges.

   _____

7. Aujourd'hui, l'Hôtel-Dieu est un des hôpitaux les plus modernes de France.

   _____

8. Une école d'horlogerie est créée au 18e siècle.

   _____

5 **Comparez** Using information from **Panorama**, make comparisons that use the appropriate forms of adjectives from the list. **Attention!** One adjective will be used twice and some not at all.

célèbre	grand	jeune	petit
court	important	long	populaire

Modèle

la superficie de la Bourgogne / la superficie de la Franche-Comté
La superficie de la Bourgogne est plus grande que la superficie de la Franche-Comté.

1. la population de la Franche-Comté / la population de la Bourgogne

   _____

2. l'âge de Claude Jade / l'âge de Claire Motte

   _____

3. la longueur de la vie de Louis Lumière / la longueur de la vie d'Auguste Lumière

   _____

4. l'importation d'escargots / la production d'escargots

   _____

5. le ski alpin dans le Jura / le ski de fond dans le Jura

   _____

6. le parcours pour les femmes dans la Transjurassienne / le parcours pour les hommes dans la Transjurassienne

   _____

7. le nombre d'horlogers au 18e siècle / le nombre d'horlogers au 19e siècle

   _____

8. la vente aux enchères de vins de l'Hôtel-Dieu / le monde

   _____

Unité 1

CONTEXTES

Leçon 1A

---

1 **Identifiez** You will hear six short exchanges. For each one, decide whether it is a greeting, an introduction, or a leave-taking.

> **Modèle**
>
> *You hear:* **AUDREY** Bonjour Laura!
>
> **LAURA** Salut Audrey, ça va?
>
> **AUDREY** Ça va bien, merci. Et toi?
>
> **LAURA** Pas mal.
>
> *You select: Greeting*

	Greeting	Introduction	Leave-taking
Modèle	X	_____	_____
1.	_____	_____	_____
2.	_____	_____	_____
3.	_____	_____	_____
4.	_____	_____	_____
5.	_____	_____	_____
6.	_____	_____	_____

---

2 **Questions** Listen to each question or statement and respond with an answer from the list. Repeat the correct response after the speaker.

a. Enchanté(e).
b. À demain.

c. Je m'appelle Marie.
d. Il n'y a pas de quoi.

e. Comme ci, comme ça. Et toi?
f. Très bien, merci. Et vous?

---

3 **Associez** You will hear three conversations. Look at the drawings and select the correct conversation for each group of people.

LES SONS ET LES LETTRES

The French alphabet

The French alphabet is made up of the same 26 letters as the English alphabet. While they look the same, some letters are pronounced differently. Here is the French name of each letter.

lettre	exemple	lettre	exemple	lettre	exemple
a (a)	adresse	j (ji)	justice	s (esse)	spécial
b (bé)	banane	k (ka)	kilomètre	t (té)	table
c (cé)	carotte	l (elle)	lion	u (u)	unique
d (dé)	dessert	m (emme)	mariage	v (vé)	vidéo
e (e)	euro	n (enne)	nature	w (double vé)	wagon
f (effe)	fragile	o (o)	olive	x (iks)	xylophone
g (gé)	genre	p (pé)	personne	y (i grec)	yoga
h (hache)	héritage	q (ku)	quiche	z (zède)	zéro
i (i)	innocent	r (erre)	radio		

Notice that some letters in French words have accents. You'll learn how they influence pronunciation in later lessons. Whenever you spell a word in French, include the name of the accent after the letter.

accent	nom	exemple	orthographe
´	*accent aigu*	identité	*I-D-E-N-T-I-T-E-accent aigu*
`	*accent grave*	problème	*P-R-O-B-L-E-accent grave-M-E*
^	*accent circonflexe*	hôpital	*H-O-accent circonflexe-P-I-T-A-L*
¨	*tréma*	naïve	*N-A-I-tréma-V-E*
¸	*cédille*	ça	*C-cédille-A*

1 **L'alphabet** Practice saying the French alphabet and example words aloud.

2 **Ça s'écrit comment?** Spell these words aloud in French. For double letters, use **deux** (**deux s**).

1. judo	5. existe	9. musique	13. différence
2. yacht	6. clown	10. favorite	14. intelligent
3. forêt	7. numéro	11. kangourou	15. dictionnaire
4. zèbre	8. français	12. parachute	16. alphabet

3 **Dictons** Practice reading these sayings aloud.

1. Grande invitation, petites portions.   2. Tout est bien qui finit bien.

4 **Dictée** You will hear six people introduce themselves. Listen carefully and write the people's names as they spell them.

1. _____

2. _____

3. _____

4. _____

5. _____

6. _____

STRUCTURES

1A.1 Nouns and articles

1 **Identifiez** You will hear a series of words. Decide whether each word is masculine or feminine.

	Masculin	Féminin
Modèle	_____	X _____
1.	_____	_____
2.	_____	_____
3.	_____	_____
4.	_____	_____
5.	_____	_____
6.	_____	_____
7.	_____	_____
8.	_____	_____

2 **Changez** Change each word from the masculine to the feminine or vice versa. Repeat the correct answer after the speaker. (6 *items*)

3 **Transformez** Change each word from the singular to the plural. Repeat the correct answer after the speaker. (8 *items*)

4 **La classe** What does Sophie see in Professor Martin's French class? Listen to what she says and write the missing words in the spaces provided.

1. _____ bureaux

2. _____ professeur

3. _____ étudiants en _____

4. des _____

5. le _____

6. les _____

7. _____ télévision

8. des _____

1A.2 Numbers 0–60

1   **Bingo** You are going to play two games (**jeux**) of bingo. As you hear each number, mark it with an X on your bingo card.

Jeu 1		
2	17	35
26	52	3
15	8	29
7	44	13

Jeu 2		
18	12	16
34	9	25
0	56	41
27	31	58

2   **Numéros** You want to know everything about your friend Marc's new university. Write down his answers to your questions.

> **Modèle**
>
> *You see:* professeurs de littérature
> *You say:* Il y *a des professeurs de littérature?*
> *You hear:* Oui, il y a dix-huit professeurs de littérature.
> *You write:* 18

1. étudiants américains _____
2. ordinateurs dans la bibliothèque _____
3. télévision dans la classe de littérature _____
4. bureaux dans la classe de sociologie _____
5. tables dans le café _____
6. tableaux dans le bureau du professeur de français _____

3   **Les maths** You will hear a series of math problems. Write the missing numbers and solve the problems.

> **Modèle**
>
> Combien font deux plus trois?
> 2 + 3 = 5

plus = *plus*   **moins** = *minus*   **font** = *equals (makes)*

1. _____ + _____ = _____   5. _____ – _____ = _____
2. _____ – _____ = _____   6. _____ + _____ = _____
3. _____ + _____ = _____   7. _____ + _____ = _____
4. _____ – _____ = _____   8. _____ – _____ = _____

4   **Questions** Look at the drawing and answer each question you hear. Repeat the correct response after the speaker. (*5 items*)

Unité 1

CONTEXTES

Leçon 1B

1 **Identifiez** Look at the drawing and listen to the statement. Indicate whether each statement is **vrai** or **faux**.

	Vrai	Faux
1.	○	○
2.	○	○
3.	○	○
4.	○	○
5.	○	○
6.	○	○
7.	○	○
8.	○	○

2 **Les contraires** You will hear a list of masculine nouns. Match the number of each masculine noun to its feminine counterpart.

_____ a. la femme

_____ b. une élève

_____ c. une camarade de classe

_____ d. la fille

_____ e. une étudiante

_____ f. madame

_____ g. l'actrice

_____ h. une copine

3 **Professeur** This professor needs to order new items at the bookstore. You will hear a series of questions. Look at the professor's list and answer each question. Then repeat the correct response after the speaker.

Liste

- 49 crayons
- 55 stylos
- 35 cahiers
- 31 livres
- 12 dictionnaires
- 18 cartes
- 5 corbeilles à papier
- 54 feuilles

LES SONS ET LES LETTRES

Silent letters

Final consonants of French words are usually silent.

françai~~s~~   spor~~t~~   vou~~s~~   salu~~t~~

An unaccented -e (or -es) at the end of a word is silent, but the preceding consonant is pronounced.

français~~e~~   américain~~e~~   orang~~es~~   japonais~~es~~

The consonants -c, -r, -f, and -l are usually pronounced at the ends of words. To remember these exceptions, think of the consonants in the word careful.

parc   bonjour   actif   animal
lac   professeur naïf   mal

---

1   Prononcez Practice saying these words aloud.

1. traditionnel
2. étudiante
3. généreuse
4. téléphones
5. chocolat
6. Monsieur
7. journalistes
8. hôtel
9. sac
10. concert
11. timide
12. sénégalais
13. objet
14. normal
15. importante

---

2   Articulez Practice saying these sentences aloud.

1. Au revoir, Paul. À plus tard!
2. Je vais très bien. Et vous, Monsieur Dubois?
3. Qu'est-ce que c'est? C'est une calculatrice.
4. Il y a un ordinateur, une table et une chaise.
5. Frédéric et Chantal, je vous présente Michel et Éric.
6. Voici un sac à dos, des crayons et des feuilles de papier.

---

3   Dictons Practice reading these sayings aloud.

1. Mieux vaut tard que jamais.
2. Aussitôt dit, aussitôt fait.

---

4   Dictée You will hear a conversation. Listen carefully and use the pauses to write what you have heard. The entire conversation will then be repeated so you can check your work.

AMÉLIE _____

NICOLAS _____

AMÉLIE _____

NICOLAS _____

AMÉLIE _____

NICOLAS _____

AMÉLIE _____

STRUCTURES

1B.1 Subject pronouns and the verb être

1 **Identifiez** For each drawing, you will hear two statements. Choose the one that corresponds to the drawing.

1. a.   b.   2. a.   b.   3. a.   b.   4. a.   b.

2 **Complétez** Listen to the following sentences and write the missing verb. Repeat the sentence.

1. Je _____ étudiante à Boston.

2. Mon amie Maéva _____ suisse.

3. Nous _____ des États-Unis.

4. Mes professeurs _____ intéressants.

5. Vous _____ Madame Dufour?

6. Tu _____ en retard.

3 **Questions** Answer each question you hear. Repeat the correct response after the speaker.

> **Modèle**
> *You hear:* Et toi?
> *You see:* timide
> *You say:* Je suis timide.

1. égoïste
2. intelligent
3. sincère
4. difficile
5. brillant

1B.2 Adjective agreement

1 **Masculin ou féminin?** Change each sentence from the masculine to the feminine or vice versa. Repeat the correct answer after the speaker. (*6 items*)

> **Modèle**
> L'homme est français.
> La femme *est française.*

2 **Singulier ou pluriel?** Change each sentence from the singular to the plural. Repeat the correct answer after the speaker. (*6 items*)

> **Modèle**
> Le garçon est sympathique.
> Les garçons *sont sympathiques.*

3 **Mes camarades de classe.** Describe your classmates using the cues you hear. Repeat the correct response after the speaker.

> **Modèle**
> *You hear:* Anissa
> *You see:* amusant
> *You say:* Anissa *est amusante.*

1. intelligent
2. patient
3. égoïste
4. optimiste
5. élégant
6. sociable
7. poli
8. différent

4 **Complétez** Listen to the following description and write the missing words in the blanks.

Brigitte (1) _____ (2) _____. Elle et Paul, un

(3) _____, (4) _____ étudiants à (5) _____

Laval. Ils (6) _____ (7) _____. Paul est étudiant

en (8) _____ et Brigitte, en (9) _____

(10) _____. Dans le cours de français, il y a des (11) _____

et des (12) _____; il y a aussi une (13) _____ et une

(14) _____. Les étudiants sont très (15) _____,

(16) _____ et (17) _____.

Unité 2

CONTEXTES

Leçon 2A

1 **Classifiez** Indicate whether each word you hear is a person (**personne**), a course (**cours**), an object (**objet**), or a place (**endroit**).

	personne	cours	objet	endroit
1.	_____	_____	_____	_____
2.	_____	_____	_____	_____
3.	_____	_____	_____	_____
4.	_____	_____	_____	_____
5.	_____	_____	_____	_____
6.	_____	_____	_____	_____
7.	_____	_____	_____	_____
8.	_____	_____	_____	_____

2 **Décrivez** For each drawing you will hear two statements. Choose the one that corresponds to the drawing.

1. a.   b.   2. a.   b.   3. a.   b.   4. a.   b.

3 **Les cours** You will hear six people talking about their favorite topics. Decide which classes they attend.

1. _____   a. chimie

2. _____   b. psychologie

3. _____   c. philosophie

4. _____   d. géographie

5. _____   e. stylisme de mode

6. _____   f. histoire

LES SONS ET LES LETTRES

Liaisons

In French, the final sound of a word sometimes links with the first letter of the following word. Consonants at the end of French words are generally silent, but are usually pronounced when the word that follows begins with a vowel sound. This linking of sounds is called a liaison.

À tout_à l'heure!   Comment_allez-vous?

An s or an x in a liaison sounds like the letter *z*.

les_étudiants   trois_élèves   six_élèves   deux_hommes

Always make a liaison between a subject pronoun and a verb that begins with a vowel sound; always make a liaison between an article and a noun that begins with a vowel sound.

nous_aimons   ils_ont   un_étudiant   les_ordinateurs

Always make a liaison between **est** (a form of être) and a word that begins with a vowel or a vowel sound. Never make a liaison with the final consonant of a proper name.

Rober/ est_anglais.   Pari/ est_exceptionnelle.

Never make a liaison with the conjunction et (*and*).

Carole e/ Hélène   Jacques e/ Antoinette

Never make a liaison between a singular noun and an adjective that follows it.

un cour/ horrible   un instrumen/ élégant

1   Prononcez Practice saying these words and expressions aloud.

1. un examen
2. des étudiants
3. les hôtels
4. dix acteurs
5. Paul et Yvette
6. cours important
7. des informations
8. les études
9. deux hommes
10. Bernard aime
11. chocolat italien
12. Louis est

2   Articulez Practice saying these sentences aloud.

1. Nous aimons les arts.
2. Albert habite à Paris.
3. C'est un objet intéressant.
4. Sylvie est avec Anne.
5. Ils adorent les deux universités.

3   Dictons Practice reading these sayings aloud.

1. Les amis de nos amis sont nos amis.
2. Un hôte non invité doit apporter son siège.

4   Dictée You will hear a conversation. Listen carefully and use the pauses to write what you have heard. The entire conversation will then be repeated so you can check your work.

ANNE _____

PATRICK _____

ANNE _____

PATRICK _____

ANNE _____

PATRICK _____

STRUCTURES

2A.1 Present tense of regular -er verbs

1 **À l'université** Describe your activities at the university using the cues. Repeat the correct response after the speaker.

> **Modèle**
>
> *You hear:* Édouard
> *You see:* manger au resto U
> *You say:* Édouard mange au resto U.

1. adorer la mode
2. détester les examens
3. étudier à la bibliothèque
4. retrouver des amis au café
5. aimer mieux la philosophie
6. penser que la chimie est difficile

2 **Changez** Listen to the following statements. Using the cues you hear, say that these people do the same activities. Repeat the correct answer after the speaker. (8 *items*)

> **Modèle**
>
> J'étudie l'architecture. (Charles)
> Charles étudie l'architecture.

3 **Choisissez** Listen to each statement and choose the most logical response.

1. a. Nous mangeons.
   b. Vous mangez.
2. a. Vous travaillez.
   b. Ils travaillent.
3. a. Nous regardons la télé.
   b. Nous dessinons la télé.
4. a. Elles habitent à Paris.
   b. J'habite à Paris.
5. a. Elle aime travailler ici.
   b. Elles aiment travailler ici.
6. a. Tu adores parler.
   b. Tu détestes parler.

4 **Regardez** Listen to the statements and match each one to the illustration it describes.

a. _____   b. _____   c. _____   d. _____

2A.2 Forming questions and expressing negation

1   **Mes camarades de classe** Ask your friend Simon questions with est-ce que, using the cues. Repeat the correct question after the speaker.

> **Modèle**
>
> *You hear:* parler en cours
> *You see:* Bertrand
> *You say:* Est-ce que Bertrand parle en cours?

1. Émilie
2. toi
3. Antoine et Ahmed
4. Pierre-Étienne
5. Sophie et toi
6. Sara et Maude

2   **Questions** Ask your friend Guillaume questions with inversion, using the cues. Repeat the correct question after the speaker.

> **Modèle**
>
> *You hear:* chercher un livre
> *You see:* Catherine
> *You say:* Catherine cherche-t-elle un livre?

1. toi
2. Marie
3. Michel et toi
4. Martin
5. le professeur
6. vous

3   **Répondez** Answer each question in the negative. Repeat the correct response after the speaker. (*6 items*)

> **Modèle**
>
> Est-ce que tu habites en France?
> Non, je n'habite pas en France.

4   **Complétez** Listen to the conversation between Mathilde and David. Answer the questions in the spaces provided.

1. Est-ce que Mathilde aime les maths?

   _____

2. Pourquoi est-ce qu'elle déteste la biologie?

   _____

3. Est-ce qu'il y a des étudiants sympas?

   _____

4. Est-ce que le professeur de physique est ennuyeux (*boring*)?

   _____

5. Y a-t-il des étudiants stupides dans la classe de David?

   _____

Unité 2

CONTEXTES

1 **L'emploi du temps** You will hear a series of statements. Look at Élisabeth's schedule and indicate whether the statements are **vrai** or **faux**.

	lundi	mardi	mercredi	jeudi	vendredi	samedi	dimanche
matin	cours de français		téléphoner à Florence		cours de français		
après-midi		examen de maths		cours de danse		visiter Tours avec Carole	
soir	préparer examen de maths		dîner avec Christian			dîner en famille	dîner en famille

	Vrai	Faux			Vrai	Faux
1.	O	O		5.	O	O
2.	O	O		6.	O	O
3.	O	O		7.	O	O
4.	O	O		8.	O	O

2 **Quel jour?** Olivier is never sure what day of the week it is. Respond to his questions, saying that it is the day before the one he mentions. Then repeat the correct answer after the speaker. (*6 items*)

> **Modèle**
>
> Aujourd'hui, c'est mercredi, n'est-ce pas?
> *Non, aujourd'hui c'est mardi.*

3 **Complétez** Listen to this description and write the missing words in the spaces provided.

Je (1) _____ Nathalie et j' (2) _____ en Californie.

J' (3) _____ le français et j' (4) _____ la grammaire à

l'Alliance française. Les étudiants (5) _____ un peu. Ils

(6) _____ des vidéos et ils (7) _____ des CD. Ils

(8) _____ beaucoup, mais ils (9) _____ la classe amusante.

Après le cours, les étudiants et moi, nous (10) _____ dans un restaurant français.

LES SONS ET LES LETTRES

The letter r

The French **r** is very different from the English *r*. In English, an *r* is pronounced in the middle and toward the front of the mouth. The French **r** is pronounced in the throat.

You have seen that an **-er** at the end of a word is usually pronounced **-ay**, as in the English word *way*, but without the glide sound.

chant**er**   mang**er**   expliqu**er**   aim**er**

In most other circumstances the French **r** has a very different sound. Pronunciation of the French **r** varies according to its position in a word. Note the different ways the **r** is pronounced in these words.

rivière   littérature   ordinateur   devoir

If an **r** falls between two vowels or before a vowel, it is pronounced with slightly more friction.

rare   garage   Europe   rose

An **r** sound before a consonant or at the end of a word is pronounced with slightly less friction.

porte   bourse   adore   jour

---

1 **Prononcez** Practice saying the following words aloud.

1. crayon	5. terrible	9. rentrer	13. être
2. professeur	6. architecture	10. regarder	14. dernière
3. plaisir	7. trouver	11. lettres	15. arriver
4. différent	8. restaurant	12. réservé	16. après

---

2 **Articulez** Practice saying the following sentences aloud.

1. Au revoir, Professeur Colbert!
2. Rose arrive en retard mardi.
3. Mercredi, c'est le dernier jour des cours.
4. Robert et Roger adorent écouter la radio.
5. La corbeille à papier, c'est quarante-quatre euros!
6. Les parents de Richard sont brillants et très agréables.

---

3 **Dictons** Practice reading these sayings aloud.

1. Qui ne risque rien n'a rien.
2. Quand le renard prêche, gare aux oies.

---

4 **Dictée** You will hear six sentences. Each will be read twice. Listen carefully and write what you hear.

1. _____
2. _____
3. _____
4. _____
5. _____
6. _____

STRUCTURES

2B.1 Present tense of avoir

1 Question d'opinion Listen to the statements and respond by saying what each person needs to do. Repeat the correct answer after the speaker. (*6 items*)

> **Modèle**
> Lucie ne mange pas le matin.
> *Lucie a besoin de manger le matin.*

2 Changez Form a new sentence using the cue you hear. Repeat the correct answer after the speaker. (*6 items*)

> **Modèle**
> J'ai sommeil. (nous)
> *Nous avons sommeil.*

3 Répondez Listen to the statements and respond by saying what each person needs to do. Repeat the correct answer after the speaker.

> **Modèle**
> Tu as chaud? (non)
> *Non, je n'ai pas chaud.*

1. oui   3. non   5. non
2. non   4. oui   6. non

4 Choisissez Listen to each situation and choose the appropriate expression. Each situation will be read twice.

1. a. Elle a honte.   b. Elle a de la chance.
2. a. J'ai tort.   b. J'ai raison.
3. a. Il a peur.   b. Il a froid.
4. a. Nous avons chaud.   b. Nous avons sommeil.
5. a. Vous avez de la chance. b. Vous avez l'air gentil.
6. a. Ils ont envie.   b. Ils ont tort.

2B.2 Telling time

1 **L'heure** Look at the clock and listen to the statement. Indicate whether the statement is **vrai** or **faux.**

| 1. vrai ○ | 2. vrai ○ | 3. vrai ○ | 4. vrai ○ | 5. vrai ○ | 6. vrai ○ |
| faux ○ | faux ○ | faux ○ | faux ○ | faux ○ | faux ○ |

2 **Quelle heure est-il?** Listen to the questions and answer them using the cues. Then, compare your answers with the speaker's.

> **Modèle**
>
> *You hear:* Quelle heure est-il?
> *You see:* 2:15 p.m.
> *You say:* Il est deux heures et quart de l'après-midi.

1. 10:25 a.m.   3. 7:45 p.m.   5. 9:15 a.m.   7. 5:20 p.m.
2. 12:10 a.m.   4. 3:30 p.m.   6. 10:50 p.m.   8. 12:30 p.m.

3 **À quelle heure?** You are trying to plan your class schedule. Ask your counselor what time these classes meet and write the answer.

> **Modèle**
>
> *You see:* le cours de géographie
> *You say:* À quelle heure est le cours de géographie?
> *You hear:* Il est à neuf heures et demie du matin.
> *You write:* 9:30 a.m.

1. le cours de biologie _____   4. le cours d'allemand _____

2. le cours d'informatique _____   5. le cours de chimie _____

3. le cours de maths _____   6. le cours de littérature _____

4 **Les trains** Your friend is in Paris and plans to go to the Riviera. He wants to know the train schedule. Using the 24-hour clock, answer his questions using the cues provided. Repeat the correct response after the speaker.

> **Modèle**
>
> *You hear:* À quelle heure est le dernier train pour Nice?
> *You see:* 7:30 p.m.
> *You say:* Il est à dix-neuf heures trente.

1. 9:05 p.m.   3. 10:30 a.m.   5. 12:23 p.m.
2. 8:15 a.m.   4. 5:25 p.m.   6. 10:27 p.m.

Unité 3
CONTEXTES

Leçon 3A

1   **Qui est-ce?** You will hear some questions. Look at the family tree and give the correct answer to each question.

La famille Martin

Paul   Lucie

Gérard   Sophie   Édouard   Mathilde

Lise   Tristan   Antoine   Myriam   Jérôme

1. _____
2. _____
3. _____
4. _____
5. _____
6. _____
7. _____
8. _____
9. _____
10. _____

2   **La famille Martin** Lise's new friend just met her family and wants to verify the various relationships. Look at the family tree and answer the questions. (6 _items_)

> **Modèle**
> Paul est le frère de Gérard, n'est-ce pas?
> Non, Paul est le beau-père de Gérard.

3   **Complétez** Listen to this story and write the missing words. Do not forget accents and hyphens.

Je m'appelle Julien. Mes (1) _____ sont divorcés. J'habite avec ma

(2) _____ et ma (3) _____. Nous partageons une maison avec le

(4) _____ de ma (5) _____. Mon (6) _____ et ma

(7) _____ ont trois (8) _____. Mon (9) _____ s'appelle

Simon et mes (10) _____ s'appellent Coralie et Sixtine. Mon

(11) _____ est marié et ma (12) _____ s'appelle Sabine. J'ai un

(13) _____, Théophile.

LES SONS ET LES LETTRES

L'accent aigu and l'accent grave

In French, diacritical marks (accents) are an essential part of a word's spelling. They indicate how vowels are pronounced or distinguish between words with similar spellings but different meanings. **L'accent aigu** (´) appears only over the vowel e. It indicates that the e is pronounced similarly to the vowel *a* in the English word *cake* but shorter and crisper. The French é lacks the *-y* glide heard in English words like *day* and *late*.

étudier	réservé	élégant	téléphone

L'accent aigu also signals some similarities between French words and English words. Often, an e with **l'accent aigu** at the beginning of a French word marks the place where the letter *s* would appear at the beginning of the English equivalent.

éponge	épouse	état	étudiante
sponge	*spouse*	*state*	*student*

L'accent grave (`) over the vowel e indicates that the e is pronounced like the vowel *e* in the English word *pet*.

très	après	mère	nièce

Although **l'accent grave** does not change the pronunciation of the vowels *a* or *u*, it distinguishes words that have a similar spelling but different meanings.

la	là	ou	où
the	*there*	*or*	*where*

---

1 Prononcez Practice saying these words aloud.

1. agréable	3. voilà	5. frère	7. déjà	9. lycée	11. là
2. sincère	4. faculté	6. à	8. éléphant	10. poème	12. élève

---

2 Articulez Practice saying these sentences aloud.

1. À tout à l'heure!
2. Thérèse, je te présente Michèle.
3. Hélène est très sérieuse et réservée.
4. Voilà mon père, Frédéric, et ma mère, Ségolène.
5. Tu préfères étudier à la fac demain après-midi?

---

3 Dictons Practice saying these sayings aloud.

1. Tel père, tel fils.
2. À vieille mule, frein doré.

---

4 Dictée You will hear eight sentences. Each will be said twice. Listen carefully and write what you hear.

1. _____
2. _____
3. _____
4. _____
5. _____
6. _____
7. _____
8. _____

STRUCTURES

3A.1 Descriptive adjectives

1 **Féminin ou masculin?** Change each sentence from the masculine to the feminine or vice versa. Repeat the correct answer after the speaker. (6 *items*)

> **Modèle**
> L'oncle de Marie est français.
> *La tante de Marie est française.*

2 **Singulier ou pluriel?** Change each sentence from singular to plural and vice versa. Repeat the correct answer after the speaker. (6 *items*)

> **Modèle**
> L'élève est jeune.
> *Les élèves sont jeunes.*

3 **Mes camarades de classe** Describe your classmate using the cues. Repeat the correct answer after the speaker.

> **Modèle**
> *You hear:* Jeanne
> *You see:* petit
> *You say: Jeanne est petite.*

1. brun
2. roux
3. beau
4. sympathique

5. grand et gros
6. heureux et intelligent
7. bon et naïf
8. nouveau

4 **La famille Dumoulin** Look at the picture of the Dumoulin family. Listen to these statements and decide whether each statement is **vrai** or **faux**.

	Vrai	Faux
1.	○	○
2.	○	○
3.	○	○
4.	○	○
5.	○	○
6.	○	○
7.	○	○
8.	○	○

3A.2 Possessive adjectives

1 **Identifiez** Listen to each statement and indicate which possessive adjective you hear.

Modèle

You hear: C'est mon professeur de français.
You mark: an **X** under *my*

	my	your (familiar)	your (formal)	his/her	our	their
Modèle	X					
1.						
2.						
3.						
4.						
5.						
6.						
7.						
8.						

2 **Choisissez** Listen to each question and choose the response with the correct possessive adjective.

1. a. Oui, ton appartement est grand.
   b. Non, mon appartement n'est pas grand.
2. a. Oui, nous habitons avec nos parents.
   b. Non, nous n'habitons pas avec vos parents.
3. a. Oui, c'est ton cousin.
   b. Oui, c'est son cousin.
4. a. Oui, leurs parents rentrent à 10 heures ce soir.
   b. Oui, nos parents rentrent à 10 heures ce soir.
5. a. Non, ma sœur n'étudie pas la chimie.
   b. Non, sa sœur n'étudie pas la chimie.
6. a. Oui, leur nièce est au Brésil.
   b. Oui, ma nièce est au Brésil.
7. a. Non, leurs amis ne sont pas ici.
   b. Non, nos amis ne sont pas ici.
8. a. Oui, leurs grands-parents sont italiens.
   b. Oui, nos grands-parents sont italiens.

3 **Questions** Answer each question you hear in the affirmative using the appropriate possessive adjective. Repeat the correct response after the speaker. (*6 items*)

Modèle

C'est ton ami?
Oui, c'est mon ami.

Unité 3

CONTEXTES

Leçon 3B

1 **Logique ou illogique?** Listen to each statement and indicate whether it is **logique** or **illogique**.

	Logique	Illogique			Logique	Illogique
1.	○	○		5.	○	○
2.	○	○		6.	○	○
3.	○	○		7.	○	○
4.	○	○		8.	○	○

2 **Associez** Choose the word or combination of words logically associated with each word you hear.

1. actif   sportif   faible
2. drôle   pénible   antipathique
3. cruel   mauvais   gentil
4. modeste   intelligent   prêt
5. favori   lent   homme d'affaires
6. architecte   fou   ennuyeux

3 **Professions** Listen to the statements and match them to the photos they describe. Not all statements correspond to a photo.

a. _____   b. _____   c. _____

d. _____   e. _____

LES SONS ET LES LETTRES

L'accent circonflexe, la cédille, and le tréma

L'accent circonflexe (ˆ) can appear over any vowel.

aîné   drôle   diplôme   pâté

L'accent circonflexe indicates that a letter, frequently an *s*, has been dropped from an older spelling. For this reason, l'accent circonflexe can be used to identify similarities between French and English words.

hospital → hôpital   forest → forêt

L'accent circonflexe is also used to distinguish between words with similar spellings but different meanings.

mûr   **mur**   **sûr**   **sur**
ripe   *wall*   *sure*   *on*

La cédille (ˌ) is only used with the letter **c**. It is always pronounced with a soft **c** sound, like the *s* in the English word *yes*. Use a **cédille** to retain the soft **c** sound before an **a**, **o**, or **u**. Before an **e** or an **i**, the letter **c** is always soft, so a **cédille** is not necessary.

garçon   français   ça   leçon

Le tréma (¨) is used to indicate that two vowel sounds are pronounced separately. It is always placed over the second vowel.

égoïste   naïve   Noël   Haïti

---

1   **Prononcez** Practice saying these words aloud.

1. naïf   3. châtain   5. français   7. théâtre   9. égoïste
2. reçu   4. âge   6. fenêtre   8. garçon   10. château

---

2   **Articulez** Practice saying these sentences aloud.

1. Comment ça va?   4. C'est un garçon cruel et égoïste.
2. Comme ci, comme ça.   5. J'ai besoin d'être reçu(e) à l'examen.
3. Vous êtes française, Madame?   6. Caroline, ma sœur aînée, est très drôle.

---

3   **Dictons** Practice reading these sayings aloud.

1. Impossible n'est pas français.
2. Plus ça change, plus c'est la même chose.

---

4   **Dictée** You will hear six sentences. Each will be read twice. Listen carefully and write what you hear. Make sure you include all necessary accents and capitalization.

1. _____
2. _____
3. _____
4. _____
5. _____
6. _____

STRUCTURES

3B.1 Numbers 61–100

1 **Numéros de téléphone** You are at a party and you meet some new people. You want to see them again, but you don't have their telephone numbers. Ask them what their phone numbers are and write down their answers.

> **Modèle**
>
> *You see:* Julie
> *You say:* **Quel est ton numéro de téléphone, Julie?**
> *You hear:* **C'est le zéro un, vingt-trois, trente-huit, quarante-trois, cinquante-deux.**
> *You write:* 01.23.38.43.52

1. Chloé _____   5. Lolita _____

2. Justin _____   6. Yannis _____

3. Ibrahim _____   7. Omar _____

4. Cassandre _____   8. Sara _____

2 **Inventaire** You and your co-worker are taking an inventory at the university bookstore. Answer your co-worker's questions using the cues. Repeat the correct response after the speaker.

> **Modèle**
>
> *You hear:* **Il y a combien de livres de français?**
> *You see:* 61
> *You say:* **Il y a soixante et un livres de français.**

1. 71	3. 87	5. 62	7. 83
2. 92	4. 94	6. 96	8. 66

3 **Message** Listen to this telephone conversation and complete the phone message with the correct information.

MESSAGE TÉLÉPHONIQUE
Pour: _____
De: _____
Téléphone: _____
Message: _____
_____

3B.2 Prepositions of location

1 **Décrivez** Look at the drawing and listen to each statement. Indicate whether each statement is vrai or faux.

	Vrai	Faux
1.	○	○
2.	○	○
3.	○	○
4.	○	○
5.	○	○
6.	○	○
7.	○	○
8.	○	○

2 **Où est...?** Using the drawing and the cues, say where these items are located. Repeat the correct response after the speaker.

> **Modèle**
>
> *You see:* entre
> *You hear:* le cahier
> *You say:* **Le cahier est entre les crayons et les livres.**

1. à côté de   3. en face de   5. devant   7. derrière
2. à droite de   4. près de   6. sur   8. à gauche de

3 **Complétez** Listen to the conversation and correct these statements.

1. Francine habite chez ses parents.

_____

2. La résidence est près des salles de classe.

_____

3. Le gymnase est loin de la résidence.

_____

4. La bibliothèque est derrière le café.

_____

5. Le cinéma est en face du café.

_____

6. Le resto U est derrière la bibliothèque.

_____

Unité 4

Leçon 4A

1 **Choisissez** Listen to each question and choose the most logical answer.

1. a. Non, je ne nage pas.
   b. Oui, elle mange à la piscine.
2. a. Oui, j'ai très faim.
   b. Non, il mange au restaurant.
3. a. Non, elle est au bureau.
   b. Oui, elle adore aller au centre commercial.
4. a. Non, il est absent.
   b. Non, ils sont absents.
5. a. Oui, ils ont une maison en banlieue.
   b. Non, ils sont au musée.
6. a. Oui, elle va à la montagne.
   b. Oui, elle danse beaucoup.
7. a. Oui, on va passer.
   b. Non, nous ne sommes pas chez nous ici.
8. a. Non, je n'aime pas aller en ville.
   b. Non, ils sont trop jeunes.

2 **Les lieux** You will hear six people describe what they are doing. Choose the place that corresponds to the activity.

1. _____   a. au café
2. _____   b. au musée
3. _____   c. au centre commercial
4. _____   d. à la bibliothèque
5. _____   e. au gymnase
6. _____   f. au restaurant

3 **Décrivez** You will hear two statements for each drawing. Choose the one that corresponds to the drawing.

1. a.   b.   2. a.   b.   3. a.   b.   4. a.   b.

LES SONS ET LES LETTRES

Oral vowels

French has two basic kinds of vowel sounds: oral vowels, the subject of this discussion, and nasal vowels, presented in **Leçon 4B**. Oral vowels are produced by releasing air through the mouth. The pronunciation of French vowels is consistent and predictable.

In short words (usually two-letter words), **e** is pronounced similarly to the _a_ in the English word _about_.

    le   **que**   **ce**   **de**

The letter **a** alone is pronounced like the a in _father_.

    la   **ça**   **ma**   **ta**

The letter **i** by itself and the letter **y** are pronounced like the vowel sound in the word _bee_.

    ici   **livre**   **stylo**   **lycée**

The letter combination **ou** sounds like the vowel sound in the English word _who_.

    vous   **nous**   **ou**blier   éc**ou**ter

The French **u** sound does not exist in English. To produce this sound, say _ee_ with your lips rounded.

    tu   **du**   **u**ne   ét**u**dier

1   **Prononcez** Répétez les mots suivants à voix haute.

1. je
2. chat
3. fou
4. ville
5. utile
6. place
7. jour
8. triste
9. mari
10. active
11. Sylvie
12. rapide
13. gymnase
14. antipathique
15. calculatrice
16. piscine

2   **Articulez** Répétez les phrases suivantes à voix haute.

1. Salut, Luc. Ça va?
2. La philosophie est difficile.
3. Brigitte est une actrice fantastique.
4. Suzanne va à son cours de physique.
5. Tu trouves le cours de maths facile?
6. Viviane a une bourse universitaire.

3   **Dictons** Répétez les dictons à voix haute.

1. Qui va à la chasse perd sa place.
2. Plus on est de fous, plus on rit.

4   **Dictée** You will hear eight sentences. Each will be read twice. Listen carefully and write what you hear.

1. _____
2. _____
3. _____
4. _____
5. _____
6. _____
7. _____
8. _____

STRUCTURES

4A.1 The verb aller

1 **Identifiez** Listen to each statement and select the subject of the verb you hear.

> **Modèle**
>
> *You hear:* Il ne va pas au cours de mathématiques
> aujourd'hui.
>
> *You select:* **il**

	je	tu	il/elle/on	nous	vous	ils/elles
Modèle	____	____	X	____	____	____
1.	____	____	____	____	____	____
2.	____	____	____	____	____	____
3.	____	____	____	____	____	____
4.	____	____	____	____	____	____
5.	____	____	____	____	____	____
6.	____	____	____	____	____	____
7.	____	____	____	____	____	____
8.	____	____	____	____	____	____

2 **Où vont-ils?** Describe where these people are going using the cues. Repeat the correct answer after the speaker.

> **Modèle**
>
> *You hear:* Samuel
> *You see:* marché
> *You say:* Samuel va au marché.

1. épicerie   3. magasin   5. hôpital   7. montagne
2. parc   4. église   6. café   8. centre-ville

3 **Transformez** Change each sentence from the present to the immediate future. Repeat the correct answer after the speaker. (*6 items*)

> **Modèle**
>
> Régine bavarde avec sa voisine.
> *Régine va bavarder avec sa voisine.*

4 **Présent ou futur?** Listen to each statement and indicate if the sentence is in the present or the immediate future.

	Présent	Futur proche			Présent	Futur proche
1.	○	○		5.	○	○
2.	○	○		6.	○	○
3.	○	○		7.	○	○
4.	○	○				

4A.2 Interrogative words

1 **Logique ou illogique?** You will hear some questions and responses. Decide if they are **logique** or **illogique**.

	Logique	Illogique			Logique	Illogique
1.	○	○		5.	○	○
2.	○	○		6.	○	○
3.	○	○		7.	○	○
4.	○	○		8.	○	○

2 **Questions** Answer each question you hear, using the cue provided. Repeat the correct answer after the speaker. (*6 items*)

> **Modèle**
>
> *You hear:* Pourquoi est-ce que
>   tu ne vas pas au café?
> *You see:* aller travailler
> *You say: Parce que je vais travailler.*

1. chez lui
2. avec sa cousine
3. Bertrand
4. à un journaliste
5. absent
6. sérieux

3 **Questions** Listen to each answer and ask the question that prompted the answer. Repeat the correct question after the speaker. (*6 items*)

> **Modèle**
>
> *You hear:* Grégoire va au bureau.
> *You say: Où va Grégoire?*

4 **Conversation** Listen to the conversation and answer the questions.

1. Pourquoi est-ce que Pauline aime son nouvel appartement?

_____

2. Où est cet appartement?

_____

3. Comment est la propriétaire?

_____

4. Combien de personnes travaillent au musée?

_____

Unité 4

CONTEXTES

Leçon 4B

---

1   **Associez**   In each group, select the word that is logically associated with the word you hear.

1. frites   baguette   limonade
2. table   sandwich   pourboire
3. beurre   addition   serveur
4. morceau   coûter   soif
5. verre   éclair   sucre
6. plusieurs   soupe   apporter

---

2   **Logique ou illogique?**   Listen to these statements and indicate whether they are **logique** or **illogique**.

	Logique	Illogique			Logique	Illogique
1.	○	○		5.	○	○
2.	○	○		6.	○	○
3.	○	○		7.	○	○
4.	○	○		8.	○	○

---

3   **Décrivez**   Listen to each sentence and match the food or drink in the photo to the sentence which mentions it.

a. _____

b. _____

c. _____

d. _____

---

4   **Complétez**   Listen to this story and write the missing words in the spaces provided.

Bonjour, je m'appelle Raymond. J'aime les journées (1) _____ *La Rotonde*, près

de chez moi. Le matin, je commence un livre avec un bon café au (2) _____.

Le midi, j'adore être à la terrasse. Je mange un sandwich (3) _____ ou jambon

(4) _____. Quand j'ai froid, j'aime mieux (5) _____.

L'après-midi, je (6) _____ avec les (7) _____. Ils sont

sympas, alors je laisse toujours un bon (8) _____.

LES SONS ET LES LETTRES

Nasal vowels

When vowels are followed by an **m** or an **n** in a single syllable, they usually become nasal vowels. Nasal vowels are produced by pushing air through both the mouth and the nose.

The nasal vowel sound you hear in **français** is usually spelled **an** or **en**.

    an   fr**an**çais   **en**chanté   **en**f**an**t

The nasal vowel sound you hear in **bien** may be spelled **en, in, im, ain,** or **aim**. The nasal vowel sound you hear in **brun** may be spelled **un** or **um**.

    exam**en**   améric**ain**   lu**n**di   par**fum**

The nasal vowel sound you hear in **bon** is spelled **on** or **om**.

    t**on**   all**ons**   comb**ien**   **on**cle

When **m** or **n** is followed by a vowel sound, the preceding vowel is not nasal.

    image   inutile   ami   amour

---

1   **Prononcez** Répétez les mots suivants à voix haute.

1. blond	5. garçon	9. quelqu'un	13. impatient
2. dans	6. avant	10. différent	14. rencontrer
3. faim	7. maison	11. amusant	15. informatique
4. entre	8. cinéma	12. télévision	16. comment

---

2   **Articulez** Répétez les phrases suivantes à voix haute.

1. Mes parents ont cinquante ans.
2. Tu prends une limonade, Martin?
3. Le Printemps est un grand magasin.
4. Lucien va prendre le train à Montauban.
5. Pardon, Monsieur, l'addition s'il vous plaît!
6. Jean-François a les cheveux bruns et les yeux marron.

---

3   **Dictons** Répétez les dictons à voix haute.

1. L'appétit vient en mangeant.
2. N'allonge pas ton bras au-delà de ta manche.

---

4   **Dictée** You will hear eight sentences. Each will be read twice. Listen carefully and write what you hear.

1. _____
2. _____
3. _____
4. _____
5. _____
6. _____
7. _____
8. _____

STRUCTURES

4B.1 The verbs prendre and boire

1 **Identifiez** Listen to each statement and select the verb that you hear.

> **Modèle**
>
> *You hear:* Nous n'allons pas apprendre
> le chinois cette année.
> *You select:* apprendre

	apprendre	prendre	comprendre	boire
Modèle	X			
1.				
2.				
3.				
4.				
5.				
6.				
7.				
8.				

2 **Conjuguez** Listen to the sentences, then form a new sentence using the cue you hear. Repeat the correct response after the speaker.

> **Modèle**
>
> *You hear:* Elle prend un café tous les matins. (nous)
> *You say:* Nous prenons un café tous les matins.

1. (vous)   2. (elles)   3. (nous)   4. (Jean-Christophe)   5. (ils)   6. (nous)

3 **Choisissez** Listen to each question and choose the most logical answer.

1. a. Non, elle n'a pas faim.
   b. Non, elle n'a pas soif.
2. a. Parce qu'il n'a pas de jambon.
   b. Parce que je prends un chocolat aussi.
3. a. Je ne prends pas de sucre.
   b. Oui, avec du sucre et un peu de lait.
4. a. Non, je n'aime pas le pain.
   b. Non, je prends du pain.

5. a. Oui, ils prennent ça tous les jours.
   b. Non, ils n'aiment pas le café.
6. a. Je bois un café.
   b. Je prends un éclair au café.
7. a. Quand elles ont soif.
   b. Non, elles n'ont pas soif.
8. a. Pourquoi pas?
   b. Non, je prends un sandwich.

4B.2 Partitives

1 **Questions** Listen to the questions and answer them in the affirmative, using the cue provided. Repeat the correct response after the speaker.

> **Modèle**
> *You hear:* Qu'est-ce qu'il va prendre à midi?
> *You see:* jambon
> *You say:* Il va prendre du jambon à midi.

1. thé glacé   4. chili mexicain
2. soupe   5. pain de campagne
3. eau gazeuse

2 **Décrivez** You will hear two statements for each drawing. Choose the one that corresponds to the drawing.

1. a. _____ b. _____   2. a. _____ b. _____   3. a. _____ b. _____   4. a. _____ b. _____

3 **Transformez** Listen to the statements, then change them so that they use a partitive. Repeat the correct response after the speaker. (*6 items*)

> **Modèle**
> *You hear:* Ils mangent une baguette.
> *You say:* Ils mangent de la baguette.

4 **Le matin** Listen to this conversation. Then read each statement and indicate whether it is **vrai** or **faux**.

1. Antoine propose du café et du thé à Mélanie.

   Vrai ○   Faux ○

2. Mélanie boit un chocolat chaud.

   Vrai ○   Faux ○

3. Elle ne prend pas de sucre.

   Vrai ○   Faux ○

4. Il y a des croissants et de la baguette.

   Vrai ○   Faux ○

5. Mélanie prend de la baguette et du beurre.

   Vrai ○   Faux ○

Unité 5
CONTEXTES

Leçon 5A

1 **Identifiez** You will hear a series of words. Write the word that does not belong in each series.

1. _____   5. _____

2. _____   6. _____

3. _____   7. _____

4. _____   8. _____

2 **Choisissez** Listen to each question and choose the most logical answer.

1. a. Oui, le lundi et le vendredi.
   b. Non, je déteste les bandes dessinées.

2. a. Chez mes parents.
   b. Rarement.

3. a. Avec mon ami.
   b. Une fois par mois.

4. a. Nous jouons pour gagner.
   b. Nous jouons surtout le soir.

5. a. Oui, j'aime le cinéma.
   b. J'aime mieux le golf.

6. a. Non, ils ne travaillent pas.
   b. Ils bricolent beaucoup.

7. a. Oui, son équipe est numéro un.
   b. Oui, c'est son passe-temps préféré.

8. a. Oui, ils jouent aujourd'hui.
   b. Il n'y a pas de spectacle.

3 **Les lieux** You will hear a couple describing their leisure activities on a typical weekend day. Write each activity in the appropriate space.

	la femme	l'homme
le matin	_____	_____
à midi	_____	_____
l'après-midi	_____	_____
le soir	_____	_____

LES SONS ET LES LETTRES

Intonation

In short, declarative sentences, the pitch of your voice, or intonation, falls on the final word or syllable.

Nathalie est française.   **Hector joue au football.**

In longer, declarative sentences, intonation rises, then falls.

À trois heures et demie, j'ai sciences politiques.

In sentences containing lists, intonation rises for each item in the list and falls on the last syllable of the last one.

Martine est jeune, blonde et jolie.

In long, declarative sentences, such as those containing clauses, intonation may rise several times, falling on the final syllable.

Le samedi, à dix heures du matin, je vais au centre commercial.

Questions that require a yes or no answer have rising intonation. Information questions have falling intonation.

C'est ta mère?   **Est-ce qu'elle joue au tennis?**

Quelle heure est-il?   **Quand est-ce que tu arrives?**

---

1   **Prononcez** Répétez les phrases suivantes à voix haute.

1. J'ai dix-neuf ans.
2. Tu fais du sport?
3. Quel jour sommes-nous?
4. Sandrine n'habite pas à Paris.
5. Quand est-ce que Marc arrive?
6. Charlotte est sérieuse et intellectuelle.

---

2   **Articulez** Répétez les dialogues à voix haute.

1. —Qu'est-ce que c'est?
   —C'est un ordinateur.
2. —Tu es américaine?
   —Non, je suis canadienne.
3. —Qu'est-ce que Christine étudie?
   —Elle étudie l'anglais et l'espagnol.
4. —Où est le musée?
   —Il est en face de l'église.

---

3   **Dictons** Répétez les dictons à voix haute.

1. Si le renard court, le poulet a des ailes.
2. Petit à petit, l'oiseau fait son nid.

---

4   **Dictée** You will hear eight sentences. Each will be read twice. Listen carefully and write what you hear.

1. _____
2. _____
3. _____
4. _____
5. _____
6. _____
7. _____
8. _____

STRUCTURES

5A.1 The verb faire

1 **Identifiez** Listen to each statement and mark an **X** in the column of the verb form you hear.

> **Modèle**
> *You hear:* François ne fait pas de sport.
> *You mark:* an **X** under **fait**

	fais	fait	faisons	faites	font
Modèle	_____	X	_____	_____	_____
1.	_____	_____	_____	_____	_____
2.	_____	_____	_____	_____	_____
3.	_____	_____	_____	_____	_____
4.	_____	_____	_____	_____	_____
5.	_____	_____	_____	_____	_____
6.	_____	_____	_____	_____	_____
7.	_____	_____	_____	_____	_____
8.	_____	_____	_____	_____	_____

2 **Conjuguez** Form a new sentence using the cue you hear as the subject. Repeat the correct response after the speaker. (*6 items*)

> **Modèle**
> *You hear:* Je ne fais jamais la cuisine. (vous)
> *You say:* Vous ne faites jamais la cuisine.

3 **Complétez** You will hear the subject of a sentence. Complete the sentence using a form of **faire** and the cue provided. Repeat the correct response after the speaker.

> **Modèle**
> *You hear:* Mon cousin
> *You see:* vélo
> *You say:* Mon cousin fait du vélo.

1. baseball
2. camping
3. cuisine
4. jogging
5. randonnée
6. ski

4 **Complétez** Listen to this story and write the missing verbs.

Je m'appelle Aurélien. Ma famille et moi sommes très sportifs. Mon père (1) _____ du ski de

compétition. Il (2) _____ aussi de la randonnée en montagne avec mon oncle. Ma mère

(3) _____ du cheval. Son frère et sa sœur (4) _____ du foot. Mon grand frère et moi

(5) _____ du volley à l'école et de la planche à voile. Je (6) _____ aussi du tennis. Ma

sœur et notre cousine (7) _____ du golf. Et vous, que (8) _____-vous comme sport?

5A.2 Irregular -ir verbs

1 **Conjuguez** Form a new sentence using the cue you hear as the subject. Repeat the correct answer after the speaker.

> **Modèle**
> *You hear:* Vous ne dormez pas! (tu)
> *You say:* Tu ne dors pas!

1. (nous)   2. (toi et ton frère)   3. (Denis et Anne)   4. (mon chat)   5. (les sandwichs)   6. (leurs chevaux)

2 **Identifiez** Listen to each sentence and write the infinitive of the verb you hear.

> **Modèle**
> *You hear:* L'équipe court au stade Grandjean.
> *You write: courir*

1. _____   5. _____
2. _____   6. _____
3. _____   7. _____
4. _____   8. _____

3 **Questions** Answer each question you hear using the cue provided. Repeat the correct answer after the speaker.

> **Modèle**
> *You hear:* Avec qui tu cours aujourd'hui?
> *You see:* Sarah
> *You say: Je cours avec Sarah.*

1. chez ma tante   2. plus tard   3. les enfants   4. mon ami   5. le chocolat   6. une demi-heure

4 **Les activités** Listen to each statement and write the number of the statement below the drawing it describes. There are more statements than there are drawings.

a. _____

b. _____

c. _____

d. _____

e. _____

f. _____

Unité 5
CONTEXTES

Leçon 5B

1 **Le temps** Listen to each statement and write the number of the statement below the drawing it describes. There are more statements than there are drawings.

a. _____

b. _____

c. _____

d. _____

2 **Identifiez** You will hear a series of words. Write the word that does not belong in each series.

1. _____   4. _____

2. _____   5. _____

3. _____   6. _____

3 **Questions** Answer each question you hear using the cues. Repeat the correct response after the speaker.

> **Modèle**
>
> *You hear:* Qu'est-ce qu'on va faire cet été?
> *You see:* faire du camping et une randonnée
> *You say:* Cet été, on va faire du camping et
>   une randonnée.

1. au printemps

2. le 1er février

3. aller souvent au cinéma

4. aimer bricoler

5. aller à un spectacle

6. l'été

LES SONS ET LES LETTRES

Open vs. closed vowels: Part 1

You have already learned that é is pronounced like the vowel *a* in the English word *cake*. This is a closed e sound.

étudiant   agréable   nationalité   enchanté

The letter combinations -er and -ez at the end of a word are pronounced the same way, as is the vowel sound in single-syllable words ending in -es.

travailler   avez   mes   les

The vowels spelled è and ê are pronounced like the vowel in the English word *pet*, as is an e followed by a double consonant. These are open e sounds.

répète   première   pêche   italienne

The vowel sound in *pet* may also be spelled et, ai, or ei.

secret   français   fait   seize

Compare these pairs of words. To make the vowel sound in *cake*, your mouth should be slightly more closed than when you make the vowel sound in *pet*.

mes   mais   ces   cette   théâtre   thème

---

1 **Prononcez** Répétez les mots suivants à voix haute.

1. thé	4. été	7. degrés	10. discret
2. lait	5. neige	8. anglais	11. treize
3. belle	6. aider	9. cassette	12. mauvais

---

2 **Articulez** Répétez les phrases suivantes à voix haute.

1. Hélène est très discrète.
2. Céleste achète un vélo laid.
3. Il neige souvent en février et en décembre.
4. Désirée est canadienne; elle n'est pas française.

---

3 **Dictons** Répétez les dictons à voix haute.

1. Péché avoué est à demi pardonné.
2. Qui sème le vent récolte la tempête.

---

4 **Dictée** You will hear eight sentences. Each will be read twice. Listen carefully and write what you hear.

1. _____
2. _____
3. _____
4. _____
5. _____
6. _____
7. _____
8. _____

STRUCTURES

5B.1 Numbers 101 and higher

1   **Dictée** Listen carefully and write each number as numerals rather than as words.

1. _____   3. _____   5. _____   7. _____

2. _____   4. _____   6. _____   8. _____

2   **Les prix** Listen to each statement and write the correct price next to each object.

1. la montre: _____ €

2. la maison: _____ €

3. l'équipe de baseball: _____ €

4. les cours de tennis: _____ €

5. une randonnée à cheval d'une semaine: _____ €

6. l'ordinateur: _____ €

3   **Le sport** Look at the number of members of sporting clubs in France. Listen to these statements and decide whether each statement is **vrai** or **faux**.

	Nombre de membres
basket-ball	427.000
football	2.066.000
golf	325.000
handball	319.000
judo	577.000
natation	214.000
rugby	253.000
tennis	1.068.000

	Vrai	Faux		Vrai	Faux
1.	○	○	4.	○	○
2.	○	○	5.	○	○
3.	○	○	6.	○	○

4   **Questions** Answer each question you hear using the cues. Repeat the correct response after the speaker.

> **Modèle**
> *You hear:* Combien de personnes pratiquent la natation en France?
> *You see:* 214.000
> *You say:* Deux cent quatorze mille personnes pratiquent la natation en France.

1. 371   2. 880   3. 101   4. 412   5. 1.630   6. 129

5B.2 Spelling change -er verbs

1 **Décrivez** You will hear two statements for each drawing. Choose the one that corresponds to the drawing.

1. a.   b.   2. a.   b.   3. a.   b.   4. a.   b.

2 **Conjuguez** Form a new sentence using the cue you hear as the subject. Repeat the correct response after the speaker. (*6 items*)

> **Modèle**
>
> *You hear:* Vous ne payez pas maintenant? (tu)
> *You say:* Tu ne payes/paies pas maintenant?

3 **Transformez** Change each sentence from the immediate future to the present. Repeat the correct answer after the speaker. (*6 items*)

> **Modèle**
>
> *You hear:* Ils vont envoyer leurs papiers.
> *You say:* Ils envoient leurs papiers.

4 **Identifiez** Listen to each sentence and write the infinitive of the verb you hear.

> **Modèle**
>
> *You hear:* Monique promène le chien de sa sœur.
> *You write:* promener

1. _____   5. _____

2. _____   6. _____

3. _____   7. _____

4. _____   8. _____

Unité 6
CONTEXTES

Leçon 6A

1 **Logique ou illogique?** You will hear some statements. Decide if each one is **logique** or **illogique**.

	Logique	Illogique			Logique	Illogique
1.	○	○		5.	○	○
2.	○	○		6.	○	○
3.	○	○		7.	○	○
4.	○	○		8.	○	○

2 **Choisissez** For each drawing you will hear three statements. Choose the one that corresponds to the drawing.

1. a.   b.   c.   2. a.   b.   c.   3. a.   b.   c.   4. a.   b.   c.

3 **L'anniversaire** Listen as Véronique talks about a party she has planned. Then, answer the questions in the spaces provided.

1. Pour qui Véronique organise-t-elle une fête?

_____

2. Quand est cette fête?

_____

3. Pourquoi est-ce qu'on organise cette fête?

_____

4. Qui est-ce que Véronique invite?

_____

5. Qui achète le cadeau?

_____

6. Qui apporte de la musique?

_____

7. Quelle sorte de gâteau est-ce que Christian va acheter?

_____

8. Qu'est-ce que les invités vont faire à la fête?

_____

LES SONS ET LES LETTRES

Open vs. closed vowels: Part 2

The letter combinations **au** and **eau** are pronounced like the vowel sound in the English word *coat*, but without the glide heard in English. These are closed o sounds.

ch**au**d   **au**ssi   be**au**coup   tabl**eau**

When the letter **o** is followed by a consonant sound, it is usually pronounced like the vowel in the English word *raw*. This is an open o sound.

h**o**mme   téléph**o**ne   **o**rdinateur   **o**range

When the letter **o** occurs as the last sound of a word or is followed by a z sound, such as a single **s** between two vowels, it is usually pronounced with the closed o sound.

tr**o**p   hér**o**s   r**o**se   ch**o**se

When the letter **o** has an **accent circonflexe**, it is usually pronounced with the closed o sound.

dr**ô**le   bient**ô**t   p**ô**le   c**ô**té

---

1 **Prononcez** Répétez les mots suivants à voix haute.

1. rôle	4. chaud	7. oiseau	10. nouveau
2. porte	5. prose	8. encore	11. restaurant
3. dos	6. gros	9. mauvais	12. bibliothèque

2 **Articulez** Répétez les phrases suivantes à voix haute.

1. À l'automne, on n'a pas trop chaud.
2. Aurélie a une bonne note en biologie.
3. Votre colocataire est d'origine japonaise?
4. Sophie aime beaucoup l'informatique et la psychologie.
5. Nos copains mangent au restaurant marocain aujourd'hui.
6. Comme cadeau, Robert et Corinne vont préparer un gâteau.

3 **Dictons** Répétez les dictons à voix haute.

1. Tout nouveau, tout beau.   2. La fortune vient en dormant.

4 **Dictée** You will hear six sentences. Each will be read twice. Listen carefully and write what you hear.

1. _____

2. _____

3. _____

4. _____

5. _____

6. _____

STRUCTURES

6A.1 Demonstrative adjectives

1 **La fête** You are at a party. Listen to what the guests have to say about the party, and select the demonstrative adjective you hear.

> **Modèle**
> *You hear:* J'adore ces petits gâteaux au chocolat.
> *You select:* **ces**

	ce	cet	cette	ces
Modèle	_____	_____	_____	X _____
1.	_____	_____	_____	_____
2.	_____	_____	_____	_____
3.	_____	_____	_____	_____
4.	_____	_____	_____	_____
5.	_____	_____	_____	_____
6.	_____	_____	_____	_____
7.	_____	_____	_____	_____
8.	_____	_____	_____	_____

2 **Changez** Listen to each item and form a sentence, using the cue you hear. Repeat the correct answer after the speaker. (6 *items*)

> **Modèle**
> des biscuits
> Je vais acheter *ces biscuits.*

3 **Transformez** Form a new sentence using the cue in your lab manual. Repeat the correct response after the speaker.

> **Modèle**
> *You hear:* J'aime ces bonbons.
> *You see:* fête
> *You say:* J'aime *cette fête.*

1. dessert	3. hôte	5. eaux minérales
2. glace	4. mariage	6. sandwich

4 **Demandez** Answer each question you hear in the negative. Repeat the correct answer after the speaker. (6 *items*)

> **Modèle**
> Tu aimes cette glace?
> Non, je n'aime pas *cette glace-ci,* j'aime *cette glace-là.*

6A.2 The **passé composé** with **avoir**

1 **Identifiez** Listen to each sentence and decide whether the verb is in the **présent** or the **passé composé**.

> **Modèle**
> *You hear:* Tu as fait tout ça?
> *You select:* **passé composé**

Modèle	présent	passé composé
Modèle	_____	X
1.	_____	_____
2.	_____	_____
3.	_____	_____
4.	_____	_____
5.	_____	_____
6.	_____	_____
7.	_____	_____
8.	_____	_____

2 **Changez** Change each sentence from the **présent** to the **passé composé**. Repeat the correct answer after the speaker. (*8 items*)

> **Modèle**
> J'apporte la glace.
> J'ai *apporté la glace.*

3 **Questions** Answer each question you hear using the cue in your lab manual. Repeat the correct response after the speaker.

> **Modèle**
> *You hear:* Où as-tu acheté ce gâteau?
> *You see:* au marché
> *You say:* J'ai *acheté ce gâteau au marché.*

1. avec Élisabeth   3. oui   5. non   7. oui
2. Marc et Audrey   4. non   6. oui   8. Christine et Alain

4 **C'est prêt?** Listen to this conversation between Virginie and Caroline. Make a list of what is already done and a list of what still needs to be prepared.

Est déjà préparé _____

N'est pas encore préparé _____

Unité 6

CONTEXTES

Leçon 6B

1 **Logique ou illogique?** Listen to each statement and indicate if it is **logique** or **illogique**.

	Logique	Illogique			Logique	Illogique
1.	○	○		5.	○	○
2.	○	○		6.	○	○
3.	○	○		7.	○	○
4.	○	○		8.	○	○

2 **Choisissez** Listen as each person talks about the clothing he or she needs to buy, then choose the activity for which the clothing would be appropriate.

1. a. voyager en été   b. faire du ski en hiver

2. a. marcher à la montagne   b. aller à la piscine l'été

3. a. faire de la planche à voile   b. faire du jogging

4. a. aller à l'opéra   b. jouer au golf

5. a. partir en voyage   b. faire une randonnée

6. a. faire une promenade   b. faire de l'aérobic

3 **Questions** Listen to each question, then respond, saying the opposite. Repeat the correct answer after the speaker. (*6 items*)

> **Modèle**
>
> Cette écharpe est-elle longue?
> Non, *cette écharpe est courte.*

4 **Quelle couleur?** Respond to each question, using the cues provided. Repeat the correct answer after the speaker.

> **Modèle**
>
> *You hear:* De quelle couleur est cette chemise?
> *You see:* vert
> *You say: Cette chemise est verte.*

1. gris   2. bleu   3. violet   4. marron   5. blanc   6. jaune

5 **Décrivez** You will hear some questions. Look at the drawing and write the answer to each question.

Sylvie   Corinne

1. _____

2. _____

3. _____

4. _____

LES SONS ET LES LETTRES

Open vs. closed vowels: Part 3

The letter combination **eu** can be pronounced two different ways, open and closed. Compare the pronunciation of the vowel sounds in these words.

heure	meilleur	cheveux	neveu

When **eu** is the last sound of a syllable, it has a closed vowel sound, sort of like the vowel sound in the English word *full*. While this exact sound does not exist in English, you can make the closed **eu** sound by saying é with your lips rounded.

deux	bleu	peu	mieux

When **eu** is followed by a *z* sound, such as a single **s** between two vowels, it is usually pronounced with the closed **eu** sound.

chanteuse	généreuse	sérieuse	curieuse

When **eu** is followed by a pronounced consonant, it has a more open sound. The open **eu** sound does not exist in English. To pronounce it, say è with your lips only slightly rounded.

peur	jeune	chanteur	beurre

The letter combination **œu** is usually pronounced with an open **eu** sound.

sœur	bœuf	œuf	chœur

1   **Prononcez** Répétez les mots suivants à voix haute.

1. leur	4. vieux	7. monsieur	10. tailleur
2. veuve	5. curieux	8. coiffeuse	11. vendeuse
3. neuf	6. acteur	9. ordinateur	12. couleur

2   **Articulez** Répétez les phrases suivantes à voix haute.

1. Le professeur Heudier a soixante-deux ans.
2. Est-ce que Matthieu est jeune ou vieux?
3. Monsieur Eustache est un chanteur fabuleux.
4. Eugène a les yeux bleus et les cheveux bruns.

3   **Dictons** Répétez les dictons à voix haute.

1. Qui vole un œuf, vole un bœuf.
2. Les conseillers ne sont pas les payeurs.

4   **Dictée** You will hear four sentences. Each will be read twice. Listen carefully and write what you hear.

1. _____

2. _____

3. _____

4. _____

STRUCTURES

6B.1 Indirect object pronouns

1   **Choisissez** Listen to each question and choose the most logical response.

1. a. Oui, je lui ai montré ma robe.
   b. Oui, je leur ai montré ma robe.
2. a. Oui, je leur ai envoyé un cadeau.
   b. Oui, je vous ai envoyé un cadeau.
3. a. Non, je ne leur ai pas téléphoné.
   b. Non, je ne lui ai pas téléphoné.
4. a. Oui, nous allons leur donner cette cravate.
   b. Oui, nous allons lui donner cette cravate.
5. a. Non, il ne m'a pas prêté sa moto.
   b. Non, il ne t'a pas prêté sa moto.
6. a. Oui, ils vous ont répondu.
   b. Oui, ils nous ont répondu.

2   **Transformez** Aurore is shopping. Say for whom she is buying these items, using indirect object pronouns. Repeat the correct answer after the speaker. (6 *items*)

> **Modèle**
> Aurore achète un livre à Audrey.
> Aurore lui achète un livre.

3   **Questions** Answer each question you hear, using indirect object pronouns and the cues provided. Repeat the correct response after the speaker.

> **Modèle**
> *You hear:* Tu poses souvent des questions à tes parents?
> *You see:* oui
> *You say:* Oui, je leur pose souvent des questions.

1. non
2. une écharpe
3. des gants
4. non
5. non
6. à 8 heures

6B.2 Regular and irregular -re verbs

1 **Identifiez** Listen to each sentence and write the infinitive form of the verb you hear.

> **Modèle**
>
> *You hear:* L'enfant sourit à ses parents.
> *You write:* sourire

1. _____   5. _____

2. _____   6. _____

3. _____   7. _____

4. _____   8. _____

2 **Changez** Listen to the sentences, then form new sentences, using the cue you hear as the subject. Repeat the sentence after the speaker. (6 *items*)

> **Modèle**
>
> *You hear:* Elle attend le bus. (nous)
> *You say:* Nous attendons le bus.

3 **Répondez** Listen to the questions and answer them using the cues given. Repeat the correct answer after the speaker.

> **Modèle**
>
> *You hear:* Quel jour est-ce que tu rends visite à
>   tes parents?
> *You see:* le dimanche
> *You say:* Je rends visite à mes parents
>   le dimanche.

1. non   3. oui   5. le mois dernier
2. une robe   4. non   6. trois

4 **Complétez** Listen to this description and write the missing words.

Le mercredi, je (1) _____ à mes grands-parents. Je ne (2) _____

pas, je prends le train. Je (3) _____ à Soissons, où mes grands-parents

(4) _____. Quand ils (5) _____ le train arriver, ils

(6) _____. Nous rentrons chez eux; nous ne (7) _____

pas de temps et nous déjeunons tout de suite. L'après-midi passe vite et il est déjà l'heure de reprendre le

train. Je (8) _____ à mes grands-parents de leur (9) _____

bientôt. Ils ne (10) _____ pas non plus, alors j'appelle un taxi pour aller prendre

mon train.

Unité 7

CONTEXTES

1 **Identifiez** You will hear a series of words. Write the word that does not belong to each series.

1. _____   5. _____
2. _____   6. _____
3. _____   7. _____
4. _____   8. _____

2 **Décrivez** For each drawing, you will hear two statements. Choose the one that corresponds to the drawing.

1. a.   b.   2. a.   b.   3. a.   b.

3 **À l'agence** Listen to the conversation between Éric and a travel agent. Then, read the statements below and decide whether they are **vrai** or **faux**.

	Vrai	Faux
1. Éric pense partir en vacances une semaine.	○	○
2. Éric aime skier et jouer au golf.	○	○
3. Pour Éric, la campagne est une excellente idée.	○	○
4. Éric préfère la mer.	○	○
5. Il n'y a pas de plage en Corse.	○	○
6. Éric prend ses vacances la dernière semaine de juin.	○	○
7. Le vol pour Ajaccio est le 9 juin.	○	○
8. Le billet d'avion aller-retour coûte 120 euros.	○	○

LES SONS ET LES LETTRES

ch, qu, ph, th, and gn

The letter combination **ch** is usually pronounced like the English *sh*, as in the word *shoe*.

chat **ch**ien **ch**ose en**ch**anté

In words borrowed from other languages, the pronunciation of **ch** may be irregular. For example, in words of Greek origin, **ch** is pronounced **k**.

psy**ch**ologie te**ch**nologie ar**ch**aïque ar**ch**éologie

The letter combination **qu** is almost always pronounced like the letter **k**.

quand prati**qu**er kios**qu**e **qu**elle

The letter combination **ph** is pronounced like an **f**.

télé**ph**one **ph**oto pro**ph**ète géogra**ph**ie

The letter combination **th** is pronounced like the letter **t**. English *th* sounds, as in the words *this* and *with*, never occur in French.

thé a**th**lète biblio**th**èque sympa**th**ique

The letter combination **gn** is pronounced like the sound in the middle of the English word *onion*.

monta**gn**e espa**gn**ol ga**gn**er Allema**gn**e

---

1 **Prononcez** Répétez les mots suivants à voix haute.

1. thé
2. quart
3. chose
4. question
5. cheveux
6. parce que
7. champagne
8. casquette
9. philosophie
10. fréquenter
11. photographie
12. sympathique

---

2 **Articulez** Répétez les phrases suivantes à voix haute.

1. Quentin est martiniquais ou québécois?
2. Quelqu'un explique la question à Joseph.
3. Pourquoi est-ce que Philippe est inquiet?
4. Ignace prend une photo de la montagne.
5. Monique fréquente un café en Belgique.
6. Théo étudie la physique.

---

3 **Dictons** Répétez les dictons à voix haute.

1. La vache la première au pré lèche la rosée. 2. N'éveillez pas le chat qui dort.

---

4 **Dictée** You will hear six sentences. Each will be said twice. Listen carefully and write what you hear.

1. _____
2. _____
3. _____
4. _____
5. _____
6. _____

STRUCTURES

7A.1 The passé composé with être

1 **Choisissez** Listen to each sentence and indicate whether the verb is conjugated with **avoir** or **être**.

	avoir	être
1.	○	○
2.	○	○
3.	○	○
4.	○	○
5.	○	○
6.	○	○
7.	○	○
8.	○	○

2 **Changez** Change each sentence from the **présent** to the **passé composé**. Repeat the correct answer after the speaker. (*8 items*)

> **Modèle**
>
> Vous restez au Québec trois semaines.
> *Vous êtes resté(e)s au Québec trois semaines.*

3 **Questions** Answer each question you hear, using the cues given. Repeat the correct response after the speaker.

> **Modèle**
>
> *You hear:* Qui est parti en vacances avec toi?
> *You see:* Caroline
> *You say: Caroline est partie en vacances avec moi.*

1. au Canada   3. mercredi   5. trois jours
2. non   4. par la Suisse et par l'Italie   6. oui

4 **Ça va?** Listen to Patrick and Magali and answer the questions in the spaces provided.

1. Est-ce que Patrick est fatigué? _____

2. Avec qui Magali est-elle sortie? _____

3. Où sont-ils allés? _____

4. Qui Magali a-t-elle rencontré? _____

5. Qu'est-ce qu'ils ont fait ensuite? _____

6. À quelle heure Magali est-elle rentrée chez elle? _____

7A.2 Direct object pronouns

1 **Choisissez** Listen to each question and choose the most logical answer.

1. a. Oui, je la regarde.
   b. Oui, je les regarde.
2. a. Non, je ne l'ai pas.
   b. Non, je ne les ai pas.
3. a. Non, je ne l'attends pas.
   b. Non, je ne t'attends pas.
4. a. Oui, nous vous écoutons.
   b. Oui, nous les écoutons.
5. a. Oui, je l'ai appris.
   b. Oui, je les ai appris.
6. a. Oui, ils vont te chercher.
   b. Oui, ils vont nous chercher.
7. a. Oui, je vais les acheter.
   b. Oui, je vais l'acheter.
8. a. Oui, je l'ai acheté.
   b. Oui, je les ai achetés.

2 **Changez** Restate each sentence you hear, using a direct object pronoun. Repeat the correct answer after the speaker. (*8 items*)

> **Modèle**
> Nous regardons la télévision.
> Nous la regardons.

3 **Répondez** Answer each question you hear, using the cues given. Repeat the correct answer after the speaker.

> **Modèle**
> Qui va t'attendre à la gare? (mes parents)
> Mes parents vont m'attendre à la gare.

1. au marché   3. oui   5. sur Internet
2. ce matin   4. midi   6. oui

4 **Questions** Answer each question in the negative, using a direct object pronoun. Repeat the correct response after the speaker. (*6 items*)

> **Modèle**
> Est-ce que vos grands-parents vous ont attendus?
> Non, ils ne nous ont pas attendus.

Unité 7
CONTEXTES

Leçon 7B

1 **Identifiez** You will hear a series of words. Write the word that does not belong in each series.

1. _____   5. _____

2. _____   6. _____

3. _____   7. _____

4. _____   8. _____

2 **La réception** Look at the picture and listen to each statement. Then, decide if the statement is **vrai** or **faux**.

	Vrai	Faux
1.	○	○
2.	○	○
3.	○	○
4.	○	○
5.	○	○
6.	○	○
7.	○	○
8.	○	○

3 **Complétez** Listen to this description and write the missing words in the spaces provided.

Pour les étudiants, les (1) _____ sont très bon marché quand ils ont envie de

voyager. Généralement, elles ont de grandes (2) _____ avec trois, quatre ou cinq

(3) _____. C'est très sympa quand vous partez (4) _____

avec vos amis. Les auberges sont souvent petites et il faut faire des (5) _____.

Dans ma ville, l'auberge a une toute petite (6) _____, vingt chambres et trois

(7) _____. Il n'y a pas d' (8) _____.

LES SONS ET LES LETTRES

ti, sti, and ssi

The letters **ti** followed by a consonant are pronounced like the English word *tea*, but without the puff released in the English pronunciation.

actif   petit   tigre   utiles

When the letter combination **ti** is followed by a vowel sound, it is often pronounced like the sound linking the English words *miss you*.

dictionnaire   patient   initial   addition

Regardless of whether it is followed by a consonant or a vowel, the letter combination **sti** is pronounced *stee*, as in the English word *steep*.

gestion   question   Sébastien   artistique

The letter combination **ssi** followed by another vowel or a consonant is usually pronounced like the sound linking the English words *miss you*.

passion   expression   mission   profession

Words that end in **-sion** or **-tion** are often cognates with English words, but they are pronounced quite differently. In French, these words are never pronounced with a *sh* sound.

compression   nation   attention   addition

1 Prononcez Répétez les mots suivants à voix haute.

1. artiste   3. réservation   5. position   7. possession   9. compassion
2. mission   4. impatient   6. initiative 8. nationalité 10. possible

2 Articulez Répétez les phrases suivantes à voix haute.

1. L'addition, s'il vous plaît.
2. Christine est optimiste et active.
3. Elle a fait une bonne première impression.
4. Laëtitia est impatiente parce qu'elle est fatiguée.
5. Tu cherches des expressions idiomatiques dans le dictionnaire.

3 Dictons Répétez les dictons à voix haute.

1. De la discussion jaillit la lumière.   2. Il n'est de règle sans exception.

4 Dictée You will hear six sentences. Each will be said twice. Listen carefully and write what you hear.

1. _____
2. _____
3. _____
4. _____
5. _____
6. _____

STRUCTURES

7B.1 Regular -ir verbs

1 **Changez** Form a new sentence, using the cue you hear as the subject. Repeat the correct answer after the speaker. (*8 items*)

> **Modèle**
>
> Je finis tous les devoirs de français. (nous)
> Nous finissons tous les devoirs de français.

2 **Répondez** Answer each question using the cues given. Repeat the correct response after the speaker.

> **Modèle**
>
> *You hear:* Qui choisit le gâteau au chocolat?
> *You see:* mes parents
> *You say:* Mes parents choisissent le gâteau
>   au chocolat.

1. dix heures   3. il fait chaud   5. Béatrice et Julie
2. non   4. oui   6. oui

3 **Logique ou illogique?** Listen to each statement and indicate if it is **logique** or **illogique**.

	Logique	Illogique		Logique	Illogique
1.	○	○	5.	○	○
2.	○	○	6.	○	○
3.	○	○	7.	○	○
4.	○	○	8.	○	○

4 **Conversation** Listen to Anne and Léa's conversation and answer the questions.

1. Pourquoi est-ce que Léa est heureuse? _____

2. Est-ce qu'elle a réussi ses examens? _____

3. Pourquoi la robe verte est-elle serrée? _____

4. Est-ce que la robe rouge est assez large? _____

5. Pourquoi Léa préfère-t-elle une robe un peu large? _____

6. Quelle robe Léa choisit-elle? _____

7B.2 The impératif

1 | **Identifiez** Listen to each statement and select the correct subject of the verb.

> **Modèle**
> *You hear:* Aie de la patience.
> *You select:* **tu**

	tu	**nous**	**vous**
Modèle	X		
1.			
2.			
3.			
4.			
5.			
6.			
7.			
8.			

2 | **Changez** Change each command you hear to the negative. Repeat the correct answer after the speaker. (*8 items*)

> **Modèle**
> Donne-moi ton livre.
> *Ne me donne pas ton livre.*

3 | **Ensemble** Your friend does not feel like doing anything, and you suggest working together to accomplish what needs to be done. Listen to each complaint and encourage her by using an affirmative command. Repeat the correct response after the speaker. (*6 items*)

> **Modèle**
> *You hear:* Je n'ai pas envie de faire ces réservations.
> *You say:* Faisons-les ensemble!

4 | **Suggestions** You will hear a conversation. Use affirmative and negative commands to write four pieces of advice that Marc and Paul should follow.

1. _____

2. _____

3. _____

4. _____

Unité 8

CONTEXTES

Leçon 8A

1 **Décrivez** Listen to each sentence and match its number to the drawing of the household item mentioned.

a. _____   b. _____   c. _____

d. _____   e. _____   f. _____

2 **Identifiez** You will hear a series of words. Write the word that does not belong in each series.

1. _____   5. _____

2. _____   6. _____

3. _____   7. _____

4. _____   8. _____

3 **Logique ou illogique?** You will hear some statements. Decide if they are **logique** or **illogique**.

	Logique	Illogique			Logique	Illogique
1.	○	○		5.	○	○
2.	○	○		6.	○	○
3.	○	○		7.	○	○
4.	○	○		8.	○	○

LES SONS ET LES LETTRES

s and ss

You've already learned that an s at the end of a word is usually silent.

lavabos   copains   vas   placards

An s at the beginning of a word, before a consonant, or after a pronounced consonant is pronounced like the s in the English word *set*.

soir   salon   studio   absolument

A double s is pronounced like the *ss* in the English word *kiss*.

grosse   assez   intéressant rousse

An s at the end of a word is often pronounced when the following word begins with a vowel sound. An s in a liaison sounds like a z, like the s in the English word *rose*.

très élégant   trois hommes

The other instance where the French s has a z sound is when there is a single s between two vowels within the same word. The s is pronounced like the s in the English word *music*.

musée   amusant   oiseau   besoin

These words look alike, but have different meanings. Compare the pronunciations of each word pair.

poison   poisson   désert   dessert

1   Prononcez Répétez les mots suivants à voix haute.

1. sac	4. chose	7. surprise	10. expressions
2. triste	5. bourse	8. assister	11. sénégalaise
3. suisse	6. passer	9. magasin	12. sérieusement

2   Articulez Répétez les phrases suivantes à voix haute.

1. Le spectacle est très amusant et la chanteuse est superbe.
2. Est-ce que vous habitez dans une résidence universitaire?
3. De temps en temps, Suzanne assiste à l'inauguration d'expositions au musée.
4. Heureusement, mes professeurs sont sympathiques, sociables et très sincères.

3   Dictons Répétez les dictons à voix haute.

1. Si jeunesse savait, si vieillesse pouvait.
2. Les oiseaux de même plumage s'assemblent sur le même rivage.

4   Dictée You will hear six sentences. Each will be said twice. Listen carefully and write what you hear.

1. _____
2. _____
3. _____
4. _____
5. _____
6. _____

STRUCTURES

8A.1 Adverbs

1   **Complétez** Listen to each statement and select the word or phrase that best completes it.

1. a. couramment   b. faiblement   c. difficilement
2. a. gentiment   b. fortement   c. joliment
3. a. facilement   b. élégamment   c. malheureusement
4. a. constamment   b. brillamment   c. utilement
5. a. rapidement   b. fréquemment   c. patiemment
6. a. rarement   b. rapidement   c. lentement

2   **Changez** Form a new sentence by changing the adjective given into an adverb. Repeat the correct answer after the speaker.

> **Modèle**
> *You hear:* Julie étudie.
> *You see:* sérieux
> *You say:* Julie étudie sérieusement.

1. poli
2. rapide
3. différent
4. courant
5. patient
6. prudent

3   **Répondez** Answer each question you hear in the negative, using the cue given. Repeat the correct answer after the speaker.

> **Modèle**
> *You hear:* Ils vont très souvent au cinéma?
> *You see:* rarement
> *You say:* Non, ils vont rarement au cinéma.

1. mal
2. tard
3. rarement
4. méchamment
5. vite
6. facilement

8A.2 The imparfait

1 **Identifiez** Listen to each sentence and select the verb tense you hear.

1. a. présent b. imparfait c. passé composé
2. a. présent b. imparfait c. passé composé
3. a. présent b. imparfait c. passé composé
4. a. présent b. imparfait c. passé composé
5. a. présent b. imparfait c. passé composé
6. a. présent b. imparfait c. passé composé
7. a. présent b. imparfait c. passé composé
8. a. présent b. imparfait c. passé composé
9. a. présent b. imparfait c. passé composé
10. a. présent b. imparfait c. passé composé

2 **Changez** Form a new sentence, using the cue you hear. Repeat the correct answer after the speaker. (6 items)

Modèle

Je dînais à huit heures. (nous)
Nous dînions à huit heures.

3 **Répondez** Answer each question you hear, using the cue given. Repeat the correct response after the speaker.

Modèle

You hear: Qu'est-ce que tu faisais quand tu avais 15 ans?
You see: aller au lycée Condorcet
You say: J'allais au lycée Condorcet.

1. jouer au tennis avec François
2. aller à la mer près de Cannes
3. étudier à la bibliothèque de l'université
4. sortir au restaurant avec des amis
5. finir nos devoirs et regarder la télé
6. sortir le chien et jouer au foot
7. partir skier dans les Alpes
8. sortir avec des amis et aller au cinéma

Unité 8

CONTEXTES

Leçon 8B

---

1 **Logique ou illogique?** Listen to these statements and indicate whether they are **logique** or **illogique**.

	Logique	Illogique
1.	○	○
2.	○	○
3.	○	○
4.	○	○
5.	○	○
6.	○	○
7.	○	○
8.	○	○

---

2 **Les tâches ménagères** Martin is a good housekeeper and does everything that needs to be done in the house. Listen to each statement and decide what he did. Then, repeat the correct answer after the speaker. (6 items)

> **Modèle**
>
> Les vêtements étaient sales.
> Alors, il a fait la lessive.

---

3 **Décrivez** Julie has invited a few friends over. When her friends are gone, she goes in the kitchen. Look at the drawing and write the answer to each question you hear.

1. _____

2. _____

3. _____

4. _____

LES SONS ET LES LETTRES

Semi-vowels

French has three semi-vowels. Semi-vowels are sounds that are produced in much the same way as vowels, but also have many properties in common with consonants. Semi-vowels are also sometimes referred to as *glides* because they glide from or into the vowel they accompany.

     hier   chien   soif   nuit

The semi-vowel that occurs in the word **bien** is very much like the *y* in the English word *yes*. It is usually spelled with an **i** or a **y** (pronounced *ee*), then glides into the following sound. This semi-vowel sound may also be spelled **ll** after an **i**.

     nation   balayer   bien   brillant

The semi-vowel that occurs in the word **soif** is like the *w* in the English word *was*. It usually begins with **o** or **ou**, then glides into the following vowel.

     trois   froid   oui   Louis

The third semi-vowel sound occurs in the word **nuit**. It is spelled with the vowel **u**, as in the French word **tu**, then glides into the following sound.

     lui   suis   cruel   intellectuel

1 Prononcez Répétez les mots suivants à voix haute.

1. oui
2. taille
3. suisse
4. fille
5. mois
6. cruel
7. minuit
8. jouer
9. cuisine
10. juillet
11. échouer
12. croissant

2 Articulez Répétez les phrases suivantes à voix haute.

1. Voici trois poissons noirs.
2. Louis et sa famille sont suisses.
3. Parfois, Grégoire fait de la cuisine chinoise.
4. Aujourd'hui, Matthieu et Damien vont travailler.
5. Françoise a besoin de faire ses devoirs d'histoire.
6. La fille de Monsieur Poirot va conduire pour la première fois.

3 Dictons Répétez les dictons à voix haute.

1. La nuit, tous les chats sont gris.
2. Vouloir, c'est pouvoir.

4 Dictée You will hear six sentences. Each will be said twice. Listen carefully and write what you hear.

1. _____
2. _____
3. _____
4. _____
5. _____
6. _____

STRUCTURES

8B.1 The passé composé vs. the imparfait

1   **Identifiez**   Listen to each statement. Write the verbs that you hear and indicate whether they are in the **imparfait (I)** or the **passé composé (PC)**.

> **Modèle**
>
> *You hear:* Quand je suis entrée dans la cuisine,
> maman faisait la vaisselle.
> *You write:* suis entrée under **passé composé** and
> faisait under **imparfait**

	Imparfait	Passé composé
Modèle	faisait	suis entrée
1.	_____	_____
2.	_____	_____
3.	_____	_____
4.	_____	_____
5.	_____	_____
6.	_____	_____
7.	_____	_____
8.	_____	_____

2   **Répondez**   Answer each question, using the cues given. Substitute direct object pronouns for the direct object nouns when appropriate. Repeat the correct response after the speaker.

> **Modèle**
>
> *You hear:* Pourquoi as-tu passé l'aspirateur?
> *You see:* la cuisine / être sale
> *You say:* Je l'ai passé parce que la cuisine était sale.

1. avoir des invités
2. pleuvoir
3. être fatigué
4. avoir soif
5. ranger l'appartement
6. faire beau
7. pendant que Myriam / préparer le repas
8. être malade

3   **Vrai ou faux?**   Listen as Coralie tells you about her childhood. Then, read each statement and decide whether it is **vrai** or **faux**.

	Vrai	Faux
1. Quand elle était petite, Coralie habitait à Paris avec sa famille.	○	○
2. Son père était architecte.	○	○
3. Coralie a des frères et une sœur.	○	○
4. Tous les soirs, Coralie mettait la table.	○	○
5. Sa mère sortait le chien après le dîner.	○	○
6. Un jour, ses parents ont tout vendu.	○	○
7. Coralie aime beaucoup habiter près de la mer.	○	○

8B.2 The verbs **savoir** and **connaître**

1 **Connaître ou savoir** You will hear some sentences with a beep in place of the verb. Decide which form of **connaître** or **savoir** should complete each sentence.

1. a. sais   b. connais
2. a. sait   b. connaît
3. a. savons   b. connaissons
4. a. connaissent   b. savent
5. a. connaissez   b. savez
6. a. connaissons   b. savons

2 **Changez** Listen to the following statements and say that you do the same activities. Repeat the correct answer after the speaker. (6 *items*)

> **Modèle**
> Alexandre sait parler chinois.
> *Moi aussi, je sais parler chinois.*

3 **Répondez** Answer each question, using the cue that you hear. Repeat the correct response after the speaker. (6 *items*)

> **Modèle**
> Est-ce que tes parents connaissent tes amis? (oui)
> *Oui, mes parents connaissent mes amis.*

4 **Mon amie** Listen as Salomé describes her roommate Then, read each statement and decide whether it is **vrai** or **faux**.

	Vrai	Faux
1. Salomé a connu Christine au bureau.	O	O
2. Christine sait parler russe.	O	O
3. Christine sait danser.	O	O
4. Salomé connaît maintenant des recettes.	O	O
5. Christine sait passer l'aspirateur.	O	O
6. Christine ne sait pas repasser.	O	O

Unité 9

CONTEXTES

Leçon 9A

1 **Identifiez** Listen to each question and select the appropriate category for each one.

> **Modèle**
> *You hear:* Un steak, qu'est-ce que c'est?
> *You select:* **viande**

	viande	poisson	légume(s)	fruit(s)
Modèle	X			
1.				
2.				
3.				
4.				
5.				
6.				
7.				
8.				
9.				
10.				

2 **Quelques suggestions** Listen to each sentence and write the number under the drawing of the food mentioned.

a. _____ b. _____ c. _____ d. _____

e. _____ f. _____ g. _____ h. _____

3 **Au restaurant** You will hear a couple ordering food in a restaurant. Write the items they order in the appropriate category.

	LÉA	THÉO
Pour commencer		
Viande ou poisson		
Légumes		
Dessert		
Boisson		

LES SONS ET LES LETTRES

e caduc and e muet

In **Leçon 4A**, you learned that the vowel e in very short words is pronounced similarly to the *a* in the English word *about*. This sound is called an **e caduc**. An **e caduc** can also occur in longer words and before words beginning with vowel sounds.

      rechercher   devoirs   le haricot   le onze

An **e caduc** often occurs in order to break up clusters of several consonants.

      appartement   quelquefois   poivre vert   gouvernement

An **e caduc** is sometimes called **e muet** (*mute*). It is often dropped in spoken French.

      Tu ne sais pas.   Je veux bien!   C'est un livre intéressant.

An unaccented e before a single consonant sound is often silent, unless its omission makes the word difficult to pronounce.

      semaine   petit   finalement

An unaccented e at the end of a word is usually silent and often marks a feminine noun or adjective.

      fraise   salade   intelligente   jeune

---

1   **Prononcez** Répétez les mots suivants à voix haute.

   1. vendredi   3. exemple   5. tartelette   7. boucherie   9. pomme de terre

   2. logement   4. devenir   6. finalement   8. petits pois   10. malheureusement

---

2   **Articulez** Répétez les phrases suivantes à voix haute.

   1. Tu ne vas pas prendre de casquette?   4. Marc me parle souvent au téléphone.

   2. J'étudie le huitième chapitre maintenant.   5. Mercredi, je réserve dans une auberge.

   3. Il va passer ses vacances en Angleterre.   6. Finalement, ce petit logement est bien.

---

3   **Dictons** Répétez les dictons à voix haute.

   1. L'habit ne fait pas le moine.

   2. Le soleil luit pour tout le monde.

---

4   **Dictée** You will hear six sentences. Each will be said twice. Listen carefully and write what you hear.

   1. _____

   2. _____

   3. _____

   4. _____

   5. _____

   6. _____

STRUCTURES

9A.1 The verb venir and the passé récent

1 **Identifiez** Listen to each sentence and decide whether the verb is in the near future or recent past.

> **Modèle**
>
> *You hear:* Pierre vient d'aller au marché.
> *You select:* **passé récent**

	passé récent	futur proche
Modèle	X	
1.		
2.		
3.		
4.		
5.		
6.		
7.		
8.		

2 **Changez** Change each sentence from the **passé composé** to the **passé récent**, using the correct form of **venir de**. Repeat the correct answer after the speaker. (*6 items*)

> **Modèle**
>
> Éric et Mathilde sont allés en Corse.
> *Éric et Mathilde viennent d'aller en Corse.*

3 **Répondez** Use the **passé récent** to answer each question you hear. Repeat the correct response after the speaker. (*5 items*)

> **Modèle**
>
> Tu vas téléphoner à Martin?
> *Je viens de téléphoner à Martin.*

9A.2 The verbs **devoir, vouloir, pouvoir**

1 Changez Form a new sentence, using the cue you hear as the subject. Repeat the correct answer after the speaker. (6 *items*)

> **Modèle**
>
> Je veux apprendre le français. (Mike et Sara)
> *Mike et Sara veulent apprendre le français.*

2 Répondez Answer each question you hear, using the cue given. Repeat the correct answer after the speaker.

> **Modèle**
>
> *You hear:* Est-ce que tu as pu faire tes devoirs hier soir?
> *You see:* non
> *You say:* Non, je n'ai pas pu faire mes devoirs hier soir.

1. à midi
2. des légumes
3. étudier régulièrement
4. vouloir manger des escargots
5. au marché
6. au cinéma

3 La fête Listen to the following description. Then, read each statement and decide whether it is **vrai** or **faux**.

	Vrai	Faux
1. Madeleine est heureuse de pouvoir aller à l'anniversaire de Sophie.	O	O
2. Elle n'a pas voulu dire à Sophie qu'elle était fatiguée.	O	O
3. Elle a pu parler à Sophie dans l'après-midi.	O	O
4. Sophie a invité qui elle voulait.	O	O
5. Sophie et ses amis peuvent danser toute la nuit.	O	O
6. Madeleine doit organiser la musique chez Sophie.	O	O

4 Complétez Nathalie is at her neighbor's house. Listen to what she says and write the missing words in the spaces provided.

Bonjour, excusez-moi, est-ce que (1) _____ utiliser votre téléphone, s'il vous plaît? (2) _____ appeler un taxi immédiatement. Ma famille et moi,

(3) _____ partir tout de suite chez ma belle-mère. La situation est assez grave.

(4) _____ donner à manger à notre chat quelques jours? Mon mari et moi,

(5) _____ revenir au plus vite. Les enfants (6) _____ retourner à l'école la semaine prochaine et mon mari ne (7) _____ pas être absent de son bureau plus d'une semaine, mais nous ne (8) _____ pas vous donner de date précise. Si vous ne (9) _____ pas donner à manger à notre chat tous les jours, (10) _____ aussi demander à un autre voisin de venir.

Unité 9

Leçon 9B

CONTEXTES

1 **Logique ou illogique?** Listen to each statement and indicate whether it is **logique** or **illogique**.

	Logique	Illogique
1.	○	○
2.	○	○
3.	○	○
4.	○	○
5.	○	○
6.	○	○
7.	○	○
8.	○	○

2 **Choisissez** Listen to each statement and choose the option that completes it logically.

1. a. Il la goûte.
   b. Il la débarrasse.
2. a. Nous achetons un poivron.
   b. Nous achetons du pâté de campagne.
3. a. Le garçon la vend.
   b. Le garçon l'apporte.
4. a. avec une fourchette.
   b. avec une cuillère.
5. a. dans un verre.
   b. dans un bol.
6. a. une cuillère de sucre.
   b. une cuillère de mayonnaise.

3 **À table!** Céline has something to do tonight. Write down what it is. Then, list what she has put on the table and what she has forgotten.

1. Céline doit _____

   _____

2. Céline a mis _____

   _____

3. Céline a oublié _____

   _____

LES SONS ET LES LETTRES

Stress and rhythm

In French, all syllables are pronounced with more or less equal stress, but the final syllable in a phrase is elongated slightly.

> Je fais souvent du **sport**, mais aujourd'hui j'ai envie de rester à la mai**son**.

French sentences are divided into three basic kinds of rhythmic groups.

Noun phrase	*Verb phrase*	*Prepositional phrase*
Caroline et Dominique	sont venues	chez moi.

The final syllable of a rhythmic group may be slightly accentuated either by rising intonation (pitch) or elongation.

> Caroline et Dominique sont venues chez moi.

In English, you can add emphasis by placing more stress on certain words. In French, you can repeat the word to be emphasized by adding a pronoun or you can elongate the first consonant sound.

> Je ne sais pas, **moi**.   Quel **id**iot!   C'est **f**antastique!

1   **Prononcez** Répétez les phrases suivantes à voix haute.

1. Ce n'est pas vrai, ça.
2. Bonjour, Mademoiselle.
3. Moi, je m'appelle Florence.
4. La clé de ma chambre, je l'ai perdue.
5. Je voudrais un grand café noir et un croissant, s'il vous plaît.
6. Nous allons tous au marché, mais Marie, elle va au centre commercial.

2   **Articulez** Répétez les phrases en mettant l'emphase sur les mots indiqués.

1. C'est *impossible*!
2. Le film était *super*!
3. Cette tarte est *délicieuse*!
4. Quelle idée *extraordinaire*!
5. Ma sœur parle *constamment*.

3   **Dictons** Répétez les dictons à voix haute.

1. Les chemins les plus courts ne sont pas toujours les meilleurs.
2. Le chat parti, les souris dansent.

4   **Dictée** You will hear six sentences. Each will be said twice. Listen carefully and write what you hear.

1. _____
2. _____
3. _____
4. _____
5. _____
6. _____

STRUCTURES

9B.1 Comparatives and superlatives of adjectives and adverbs

1 **Choisissez** You will hear a series of descriptions. Choose the statement that expresses the correct comparison.

1. a. Simone est plus jeune que Paul.   b. Simone est moins jeune que Paul.
2. a. Pierre joue moins bien que Luc.   b. Pierre joue mieux que Luc.
3. a. Je regarde la télé plus souvent que toi.   b. Je regarde la télé aussi souvent que toi.
4. a. Claire est plus belle qu'Odile.   b. Claire est moins belle qu'Odile.
5. a. Abdel étudie plus tard que Pascal.   b. Pascal étudie plus tard qu'Abdel.
6. a. Je sors aussi souvent que Julie.   b. Je sors moins souvent que Julie.

2 **Comparez** Look at each drawing and answer the question you hear with a comparative statement. Repeat the correct response after the speaker.

1. Mario, Lucie   2. François, Léo   3. Alice, Joséphine

3 **Pas d'accord** Olivier and Juliette never agree. Respond to each one of Olivier's statements, using the opposite comparative. Repeat the correct response after the speaker. (*6 items*)

Modèle

Malika est plus amusante que Julie.
Non, Malika *est moins amusante que Julie.*

4 **Répondez** Listen to the statements, then rephrase them, using the absolute superlative. Repeat the correct response after the speaker. (*6 items*)

Modèle

Les magasins sur cette avenue sont très chers.
Oui, les magasins sur *cette avenue sont les plus chers.*

9B.2 Double object pronouns

1 **Choisissez** Listen to each statement and choose the correct response.

1. a. Elle la lui a demandée. b. Elle le lui a demandé.
2. a. Il la lui a apportée. b. Il les lui a apportées.
3. a. Il le lui a décrit. b. Il le leur a décrit.
4. a. Il vous la prépare. b. Il vous le prépare.
5. a. Il les lui a demandées. b. Il la lui a demandée.
6. a. Ils vont le lui laisser. b. Ils vont les lui laisser.

2 **Changez** Repeat each statement, replacing the direct and indirect object nouns with pronouns. Repeat the correct answer after the speaker. (6 *items*)

Modèle
J'ai posé la question à Michel.
Je la lui ai *posée.*

3 **Répondez** Answer the questions, using the cues you hear. Repeat the correct answer after the speaker. (6 *items*)

Modèle
Vous me servez les escargots? (non)
Non, je ne vous les sers pas.

4 **Complétez** Magali is talking to her friend Pierre about a party. Listen to what they say, and write the missing words in the spaces provided.

MAGALI Jeudi prochain, c'est l'anniversaire de Jennifer et je veux lui faire une fête surprise. Elle

travaille ce jour-là, alors je (1) _____ pour samedi.

PIERRE C'est une très bonne idée. Ne t'inquiète pas, je ne vais pas (2) _____.

Si tu veux, je peux l'emmener au cinéma pendant que tu prépares la fête.

MAGALI D'accord. Julien m'a donné quelques idées pour la musique et pour les boissons. Il

(3) _____ quand nous avons parlé hier soir.

PIERRE Super! Tu as pensé au gâteau au chocolat? Je peux (4) _____. C'est

ma spécialité!

MAGALI Merci, c'est vraiment gentil. Jennifer adore le chocolat, elle va l'adorer!

PIERRE Et pour le cadeau?

MAGALI Je vais (5) _____ cet après-midi. Elle m'a parlé d'une jupe noire qu'elle

aime beaucoup dans un magasin près de chez moi. Je vais (6) _____.

PIERRE Tu as raison, le noir lui va bien.

MAGALI Bon, je pars faire mes courses. À plus tard!

PIERRE À samedi, Magali!

Unité 10

Leçon 10A

CONTEXTES

1 **Décrivez** For each drawing, you will hear two statements. Choose the one that corresponds to it.

1. a.   b.   2. a.   b.   3. a.   b.   4. a.   b.

2 **Répondez** Laure is going to babysit your nephew. Answer the questions about his daily routine, using the cues in your lab manual. Repeat the correct response after the speaker.

> **Modèle**
>
> *You hear:* À quelle heure est-ce qu'il prend son petit-déjeuner?
> *You see:* 8h00
> *You say:* Il prend son petit-déjeuner à huit heures.

1. 7h30
2. faire sa toilette
3. 9h15
4. non
5. avec la serviette rouge
6. après tous les repas

3 **La routine de Frédéric** Listen to Frédéric talk about his daily routine. Then, read each statement and decide whether it is **vrai** or **faux**.

	Vrai	Faux
1. Frédéric se réveille tous les matins à six heures.	○	○
2. Frédéric va acheter une baguette à la boulangerie.	○	○
3. Frédéric prépare le café.	○	○
4. Frédéric se maquille.	○	○
5. Frédéric se lave et se rase.	○	○
6. Frédéric s'habille lentement.	○	○
7. Frédéric ne se brosse jamais les dents.	○	○

LES SONS ET LES LETTRES

Diacriticals for meaning

Some French words with different meanings have nearly identical spellings except for a diacritical mark (*accent*). Sometimes a diacritical does not affect pronunciation at all.

ou	où	a	à
or	*where*	*has*	*to, at*

Sometimes, you can clearly hear the difference between the words.

côte	côté	sale	salé
coast	*side*	*dirty*	*salty*

Very often, two similar-looking words are different parts of speech. Many similar-looking word pairs are those with and without an -é at the end.

âge	âgé	entre	entré (entrer)
age (n.)	*elderly* (adj.)	*between* (prep.)	*entered* (p.p.)

In such instances, context should make their meaning clear.

Tu as quel **âge**?   C'est un homme **âgé**.
How old are you? / What is your age?   *He's an elderly man.*

---

1   Prononcez Répétez les mots suivants à voix haute.

1. la (*the*)   là (*there*)   3. jeune (*young*)   jeûne (*fasting*)
2. êtes (*are*)   étés (*summers*)   4. pêche (*peach*)   pêché (*fished*)

---

2   Articulez Répétez les phrases suivantes à voix haute.

1. J'habite dans une ferme (*farm*).   3. Est-ce que tu es prête?
   Le magasin est fermé (*closed*).   J'ai prêté ma voiture à Marcel.
2. Les animaux mangent du maïs (*corn*).   4. La lampe est à côté de la chaise.
   Je suis suisse, mais il est belge.   J'adore la côte ouest de la France.

---

3   Dictons Répétez les dictons à voix haute.

1. À vos marques, prêts, partez!
2. C'est un prêté pour un rendu.

---

4   Dictée You will hear six sentences. Each will be said twice. Listen carefully and write what you hear.

1. _____
2. _____
3. _____
4. _____
5. _____
6. _____

STRUCTURES

10A.1 Reflexive verbs

1 **Transformez** Form a new sentence, using the cue you hear. Repeat the correct answer after the speaker. (*6 items*)

> **Modèle**
> Je me lève à huit heures. (mon frère)
> **Mon frère se lève à huit heures.**

2 **Répondez** Answer each question you hear, using the cues given. Repeat the correct response after the speaker.

> **Modèle**
> *You hear:* Tu prends un bain tous les matins?
> *You see:* non
> *You say:* **Non, je ne prends pas de bain tous les matins.**

1. tôt
2. le matin
3. oui / nous
4. non
5. non
6. après minuit

3 **Qu'est-ce qu'il dit?** Listen to Gérard talk about his family. Replace what he says with a reflexive verb. Repeat the correct response after the speaker. (*6 items*)

> **Modèle**
> Je sors de mon lit.
> **Je me lève.**

4 **En vacances** Answer each question you hear with a command, using the cue you hear. Repeat the correct response after the speaker. (*8 items*)

> **Modèle**
> Je prends un bain? (non)
> **Non, ne prends pas de bain.**

10A.2 Reflexives: **Sens idiomatique**

1 **Décrivez** For each drawing, you will hear two statements. Choose the one that corresponds to the drawing.

1. a.   b.   2. a.   b.   3. a.   b.   4. a.   b.

2 **Répondez** Answer each question you hear in the affirmative. Repeat the correct response after the speaker. (*6 items*)

> **Modèle**
> Est-ce que tu t'entends bien avec ta sœur?
> *Oui, je m'entends bien avec ma sœur.*

3 **Les deux sœurs** Listen as Amélie describes her relationship with her sister. Then read the statements in your lab manual and decide whether they are **vrai** or **faux**.

	Vrai	Faux
1. Amélie et Joëlle s'entendent bien.	○	○
2. Elles s'intéressent à la politique.	○	○
3. Elles ne se disputent jamais.	○	○
4. Quand elles sont ensemble, elles s'ennuient parfois.	○	○
5. Amélie est étudiante et Joëlle travaille.	○	○
6. Joëlle s'habille très bien.	○	○
7. Le samedi, elles se reposent dans un parc du centre-ville.	○	○
8. Elles s'énervent quand elles essaient des robes et des tee-shirts.	○	○

Unité 10

CONTEXTES

Leçon 10B

1 **Décrivez** For each drawing, you will hear two statements. Choose the one that corresponds to the drawing.

1. a.   b.

2. a.   b.

3. a.   b.

4. a.   b.

2 **Identifiez** You will hear a series of words. Write each one in the appropriate category.

> **Modèle**
>
> *You hear:* Il tousse.
> *You write:* **tousse** under **symptôme**

	endroit	symptôme	diagnostic	traitement
Modèle	_____	tousse	_____	_____
1.	_____	_____	_____	_____
2.	_____	_____	_____	_____
3.	_____	_____	_____	_____
4.	_____	_____	_____	_____
5.	_____	_____	_____	_____
6.	_____	_____	_____	_____
7.	_____	_____	_____	_____
8.	_____	_____	_____	_____
9.	_____	_____	_____	_____
10.	_____	_____	_____	_____

LES SONS ET LES LETTRES

p, t, and c

Read the following English words aloud while holding your hand an inch or two in front of your mouth. You should feel a small burst of air when you pronounce each of the consonants.

    pan   top   cope   pat

In French, the letters **p**, **t**, and **c** are not accompanied by a short burst of air. This time, try to minimize the amount of air you exhale as you pronounce these consonants. You should feel only a very small burst of air or none at all.

    panne   taupe   capital   cœur

To minimize a *t* sound, touch your tongue to your teeth and gums, rather than just your gums.

    taille   tête   tomber   tousser

Similarly, you can minimize the force of a *p* by smiling slightly as you pronounce it.

    pied   poitrine   pilule   piqûre

When you pronounce a hard **k** sound, you can minimize the force by releasing it very quickly.

    corps   cou   casser   comme

1 Prononcez Répétez les mots suivants à voix haute.

1. plat
2. cave
3. tort
4. timide
5. commencer
6. travailler
7. pardon
8. carotte
9. partager
10. problème
11. rencontrer
12. confiture
13. petits pois
14. colocataire
15. canadien

2 Articulez Répétez les phrases suivantes à voix haute.

1. Paul préfère le tennis ou les cartes?
2. Claude déteste le poisson et le café.
3. Claire et Thomas ont-ils la grippe?
4. Tu préfères les biscuits ou les gâteaux?

3 Dictons Répétez les dictons à voix haute.

1. Les absents ont toujours tort.
2. Il n'y a que le premier pas qui coûte.

4 Dictée You will hear six sentences. Each will be said twice. Listen carefully and write what you hear.

1. _____
2. _____
3. _____
4. _____
5. _____
6. _____

STRUCTURES

10B.1 The **passé composé** of reflexive verbs

1 **Identifiez** Listen to each sentence and decide whether the verb is in the **présent**, **imparfait**, or **passé composé**.

> **Modèle**
>
> *You hear:* Michel a mal aux dents.
> *You select:* **présent**

	présent	imparfait	passé composé
Modèle	X		
1.			
2.			
3.			
4.			
5.			
6.			
7.			
8.			
9.			
10.			

2 **Changez** Change each sentence from the **présent** to the **passé composé**. Repeat the correct answer after the speaker. (*8 items*)

> **Modèle**
>
> Nous nous reposons après le tennis.
> *Nous nous sommes reposés après le tennis.*

3 **Répondez** Answer each question you hear, using the cue given. Repeat the correct response after the speaker.

> **Modèle**
>
> *You hear:* Est-ce que tu t'es ennuyé au concert?
> *You see:* non
> *You say:* Non, je ne me suis pas ennuyé au concert.

1. se promener   2. se tromper d'adresse   3. non   4. tôt   5. bien sûr   6. oui

4 **Complétez** Listen to Véronique's story and write the missing words in the spaces provided.

Manon (1) _____ quand Véronique, sa fille de onze ans, n'est pas rentrée de l'école à

cinq heures. Elle (2) _____ de lire et a regardé par la fenêtre. À cinq heures et demie, elle

(3) _____. Dans la rue, à six heures, Véronique (4) _____ de rentrer. Qu'est-il arrivé

à Véronique? Elle est sortie de l'école avec une amie; elles (5) _____ et elles (6) _____

dans une boulangerie. Véronique a ensuite quitté son amie, mais elle (7) _____ de rue. Quand

Véronique est finalement rentrée à la maison, Manon (8) _____. Véronique (9) _____

que sa mère avait eu peur et elles ont rapidement arrêté de (10) _____.

10B.2 The pronouns y and en

1 **Choisissez** Listen to each question and choose the most logical answer.

1. a. Non, je n'en ai pas.   b. Non, je n'y ai pas.
2. a. Oui, nous les faisons.   b. Oui, nous en faisons.
3. a. Oui, il en fait régulièrement.   b. Oui, il y va régulièrement.
4. a. Non, nous en prenons pas souvent.   b. Non, nous n'en prenons pas souvent.
5. a. Oui, ils n'y sont pas allés.   b. Oui, ils y sont allés.
6. a. Non, je ne vais pas en boire.   b. Non, je n'en bois pas.
7. a. Oui, nous y allons.   b. Oui, nous en allons.
8. a. Oui, nous y revenons.   b. Oui, nous en revenons.

2 **Changez** Restate each sentence you hear, using the pronouns **y** or **en**. Repeat the correct answer after the speaker. (*8 items*)

> **Modèle**
> Nous sommes allés chez le dentiste.
> Nous y *sommes allés.*

3 **Répondez** André is at his doctor's for a checkup. Answer each question, using the cues you hear. Repeat the correct answer after the speaker. (*6 items*)

> **Modèle**
> Vous habitez à Lyon? (oui)
> *Oui, j'y habite.*

4 **Aux urgences** Listen to the dialogue between the nurse, Madame Pinon, and her daughter Florence, and write the missing answers in the spaces provided.

1. INFIRMIÈRE   C'est la première fois que vous venez aux urgences?

2. MME PINON   _____

3. INFIRMIÈRE   Vous avez un médecin?

4. MME PINON   _____

5. INFIRMIÈRE   Vous avez une allergie, Mademoiselle?

6. FLORENCE   _____

7. MME PINON   Vous allez lui faire une piqûre?

8. INFIRMIÈRE   _____

Unité 11

Leçon 11A

CONTEXTES

1 **Associez** Select the word or words that are most logically associated with each word you hear.

1. imprimante	CD	écran
2. clavier	page d'accueil	être connecté
3. enregistrer	éteindre	sonner
4. téléphone	lecteur MP3	portable
5. démarrer	fermer	sauvegarder
6. télévision	stéréo	jeu vidéo

2 **Logique ou illogique?** Listen to these statements and indicate whether each one is **logique** or **illogique**.

	Logique	Illogique
1.	○	○
2.	○	○
3.	○	○
4.	○	○
5.	○	○
6.	○	○
7.	○	○
8.	○	○

3 **Décrivez** For each drawing, you will hear three statements. Choose the one that corresponds to the drawing.

1. a.   b.   c.   2. a.   b.   c.

LES SONS ET LES LETTRES

Final consonants

You already learned that final consonants are usually silent, except for the letters c, r, f, and l.

    ave**c**   hive**r**   che**f**   hôte**l**

You've probably noticed other exceptions to this rule. Often, such exceptions are words borrowed from other languages. These final consonants are pronounced.

Latin	*English*	*Inuit*	*Latin*
foru**m**	sno**b**	anora**k**	ga**z**

Numbers, geographical directions, and proper names are common exceptions.

    cin**q**   su**d**   Agnè**s**   Maghre**b**

Some words with identical spellings are pronounced differently to distinguish between meanings or parts of speech.

    fil~~s~~ = *son*   fil**s** = *threads*
    tou**s** (pronoun) = *everyone*   tou~~s~~ (adjective) = *all*

The word **plus** can have three different pronunciations.

    plu~~s~~ de (silent s)   plu**s** que (s sound)   plus‿ou moins (z sound in liaison)

1   **Prononcez** Répétez les mots suivants à voix haute.

1. cap	4. club	7. strict	10. Alfred
2. six	5. slip	8. avril	11. bifteck
3. truc	6. actif	9. index	12. bus

2   **Articulez** Répétez les phrases suivantes à voix haute.

1. Leur fils est gentil, mais il est très snob.
2. Au restaurant, nous avons tous pris du bifteck.
3. Le sept août, David assiste au forum sur le Maghreb.
4. Alex et Ludovic jouent au tennis dans un club de sport.
5. Prosper prend le bus pour aller à l'est de la ville.

3   **Dictons** Répétez les dictons à voix haute.

    1. Plus on boit, plus on a soif.   2. Un pour tous, tous pour un!

4   **Dictée** You will hear eight sentences. Each will be read twice. Listen carefully and write what you hear.

1. _____
2. _____
3. _____
4. _____
5. _____
6. _____
7. _____
8. _____

STRUCTURES

11A.1 Prepositions with the infinitive

1 **Identifiez** Listen to each statement and select the preposition you hear before the infinitive.

> **Modèle**
>
> _You hear:_ Yasmina n'a pas pensé à acheter des fleurs.
> _You select:_ à

	à	de	pas de préposition
Modèle	X		
1.			
2.			
3.			
4.			
5.			
6.			
7.			
8.			

2 **Choisissez** You will hear some statements with a beep in place of the preposition. Decide which preposition should complete each sentence.

	à	de		à	de
1.	○	○	5.	○	○
2.	○	○	6.	○	○
3.	○	○	7.	○	○
4.	○	○	8.	○	○

3 **Questions** Answer each question you hear in the affirmative, using the cue given. Repeat the correct response after the speaker.

> **Modèle**
>
> _You hear:_ Tu as réussi?
> _You see:_ fermer le logiciel
> _You say:_ Oui, j'ai réussi à fermer le logiciel.

1. télécharger le document
2. enregistrer
3. utiliser les écouteurs
4. se connecter
5. éteindre la télévision
6. imprimer des photos
7. surfer jusqu'à 11 heures
8. partir tout de suite

4 **Finissez** You will hear incomplete sentences. Choose the correct ending for each sentence.

1. a. à sauvegarder mon document.
   b. de trouver la solution.
2. a. d'acheter un nouveau logiciel.
   b. éteindre l'ordinateur.
3. a. à sortir le soir.
   b. de regarder la télé.
4. a. acheter un enregistreur DVR ce week-end.
   b. à trouver un appareil photo pas trop cher.
5. a. de fermer la fenêtre.
   b. éteindre le moniteur.
6. a. d'essayer un nouveau jeu vidéo?
   b. à nettoyer son bureau?

11A.2 Reciprocal reflexives

1 **Questions** Answer each question you hear in the negative. Repeat the correct response after the speaker. (6 *items*)

> **Modèle**
> Est-ce que vous vous êtes rencontrés ici?
> Non, nous ne nous sommes pas rencontrés ici.

2 **Conjuguez** Form a new sentence, using the cue you hear as the subject. Repeat the correct answer after the speaker. (6 *items*)

> **Modèle**
> Marion s'entend bien avec sa famille. (vous)
> Vous vous entendez bien avec votre famille.

3 **Identifiez** Listen to Clara describe her relationship with her friend Anne. Listen to each sentence and write the infinitives of the verbs you hear.

1. _____   5. _____
2. _____   6. _____
3. _____   7. _____
4. _____   8. _____

4 **Les rencontres** Listen to each statement and match it to the drawing it describes. There are more statements than there are drawings.

a. _____

b. _____   c. _____

d. _____   e. _____

Unité 11

CONTEXTES

1 **Logique ou illogique?** Listen to these statements and indicate whether each one is **logique** or **illogique**.

	Logique	Illogique			Logique	Illogique
1.	○	○		5.	○	○
2.	○	○		6.	○	○
3.	○	○		7.	○	○
4.	○	○		8.	○	○

2 **Les problèmes** Listen to people complaining about problems with their car. Then, decide whether or not they need to take their car to the mechanic to get it repaired.

Modèle

You hear: Mon embrayage est cassé.
You select: **Visite chez le mécanicien nécessaire**

	Visite chez le mécanicien nécessaire	Visite pas nécessaire
Modèle	X	
1.		
2.		
3.		
4.		
5.		
6.		
7.		
8.		

3 **Décrivez** For each drawing, you will hear two statements. Choose the one that corresponds to the drawing.

1. a. b.
2. a. b.
3. a. b.
4. a. b.

LES SONS ET LES LETTRES

The letter x

The letter **x** in French is sometimes pronounced *-ks*, like the *x* in the English word *axe*.

      taxi   **expliquer**   mexicain   texte

Unlike English, some French words begin with a *ks-* sound.

      xylophone   **xénon**   **xénophile**   **X**avière

The letters **ex-** followed by a vowel are often pronounced like the English word *eggs*.

      exemple   **exa**men   **exi**l   **exa**ct

Sometimes an **x** is pronounced *s*, as in the following numbers.

      soi**x**ante   si**x**   di**x**

An **x** is pronounced *z* in a liaison. Otherwise, an **x** at the end of a word is usually silent.

      deu~x~ enfants   si~x~ éléphants   mieu~x~   curieu~x~

1   **Prononcez** Répétez les mots suivants à voix haute.

1. fax	4. prix	7. excuser	10. expression
2. eux	5. jeux	8. exercice	11. contexte
3. dix	6. index	9. orageux	12. sérieux

2   **Articulez** Répétez les phrases suivantes à voix haute.

1. Les amoureux sont devenus époux.
2. Soixante-dix euros! La note (*bill*) du taxi est exorbitante!
3. Alexandre est nerveux parce qu'il a deux examens.
4. Xavier explore le vieux quartier d'Aix-en-Provence.
5. Le professeur explique l'exercice aux étudiants exceptionnels.

3   **Dictons** Répétez les dictons à voix haute.

1. Les beaux esprits se rencontrent.
2. Les belles plumes font les beaux oiseaux.

4   **Dictée** You will hear eight sentences. Each will be read twice. Listen carefully and write what you hear.

1. _____
2. _____
3. _____
4. _____
5. _____
6. _____
7. _____
8. _____

STRUCTURES

11B.1 Le conditionnel

1   Identifiez Listen to each sentence and write the infinitive of the verb you hear.

> **Modèle**
>
> *You hear:* Un mécanicien réparerait notre voiture.
> *You write:* réparer

1. _____   4. _____

2. _____   5. _____

3. _____   6. _____

2   Choisissez Listen to each sentence and decide whether you hear a verb in the present or the conditional.

	Présent	Conditionnel		Présent	Conditionnel
1.	○	○	5.	○	○
2.	○	○	6.	○	○
3.	○	○	7.	○	○
4.	○	○	8.	○	○

3   Conjuguez Form a new sentence, using the cue you hear as the subject. Repeat the correct response after the speaker. (*6 items*)

> **Modèle**
>
> Nous ferions le plein d'essence. (la mécanicienne)
> *La mécanicienne ferait le plein d'essence.*

4   Complétez Listen to Frédéric making hypotheses about driving to Belgium with his friends, and write the missing words in the spaces provided.

Je (1) _____ en Belgique avec mes amis. Bien sûr, nous (2) _____ nos ceintures de sécurité avant de partir. Nous n'(3) _____ pas de faire le plein avant de partir, et nous (4) _____ tous changer un pneu crevé. Je n'(5) _____ pas d'accident parce que je (6) _____ toujours attention et je (7) _____ la limitation de vitesse. Mes amis (8) _____ contents de faire un voyage en voiture avec moi!

11B.2 Uses of le conditionnel; Si clauses

1 **Finissez** You will hear incomplete statements. Choose the correct ending for each statement.

1. a. si on le lui demandait.
   b. si c'est possible.
2. a. si tu le voulais.
   b. si tu imprimes ce fichier pour moi.
3. a. il n'a pas d'amende.
   b. il ne pourrait pas se blesser.
4. a. je te prêterais mon baladeur CD.
   b. tu pouvais essayer de l'allumer.
5. a. si elle n'a pas de travail à faire.
   b. si elle avait le temps.
6. a. il y a moins de problèmes en ville.
   b. elle ne nous donnerait pas d'amende.

2 **Modifiez** Change each sentence you hear to form a **si** clause with the **imparfait**. Repeat the correct response after the speaker. (*6 items*)

> **Modèle**
> On va à la station-service ensemble?
> Si on allait à la station-service ensemble?

3 **Observations** Respond to each observation you hear, using the cue given. Repeat the correct response after the speaker. (*6 items*)

> **Modèle**
> *You hear:* Il fait beau.
> *You see:* je / aimer / marcher jusqu'au bureau
> *You say:* Alors, j'aimerais marcher jusqu'au bureau.

1. nous / devoir / aller au cinéma
2. le mécanicien / pouvoir / le réparer
3. il / vouloir / éteindre la télé
4. ils / devoir / la payer
5. tu / aimer / composer le numéro de la station-service
6. leurs parents / pouvoir / les emmener au cinéma

4 **Transformez** Change each pair of sentences to a speculation or hypothesis. Repeat the correct response after the speaker. (*6 items*)

> **Modèle**
> Nous voulons acheter un meuble pour l'appartement.
> Nous en parlons à notre colocataire.
> Si nous voulions acheter un meuble pour l'appartement,
> nous en parlerions à notre colocataire.

Unité 12

CONTEXTES

Leçon 12A

1 **Logique ou illogique?** Listen to these sentences and indicate whether each one is **logique** or **illogique**.

	Logique	Illogique
1.	○	○
2.	○	○
3.	○	○
4.	○	○
5.	○	○
6.	○	○
7.	○	○
8.	○	○

2 **Les courses** Look at the drawing and listen to Rachel's description of her day. During each pause, write the name of the place she went. The first one has been done for you.

1. _____Laverie Express_____   5. _____

2. _____   6. _____

3. _____   7. _____

4. _____   8. _____

3 **Questions** Look at the drawing again and answer each question you hear with the correct information. Repeat the correct response after the speaker. (*6 items*)

> **Modèle**
>
> Il y a une laverie rue des Écoles?
> *You say:* Non, il y a une laverie avenue Mazarin.

LES SONS ET LES LETTRES

The letter h

You already know that the letter **h** is silent in French, and you are familiar with many French words that begin with an **h muet**. In such words, the letter **h** is treated as if it were a vowel. For example, the articles **le** and **la** become **l'** and there is a liaison between the final consonant of a preceding word and the vowel following the **h**.

l'heure   l'homme   des hôtels   des hommes

Some words begin with an **h aspiré**. In such words, the **h** is still silent, but it is not treated like a vowel. Words beginning with **h aspiré**, like these you've already learned, are not preceded by **l'** and there is no liaison.

la honte   les haricots verts   le huit mars   les hors-d'œuvre

Words that begin with an **h aspiré** are normally indicated in dictionaries by some kind of symbol, usually an asterisk (*).

1 Prononcez Répétez les mots suivants à voix haute.

1. le hall
2. la hi-fi
3. l'humeur
4. la honte
5. le héron
6. l'horloge
7. l'horizon
8. le hippie
9. l'hilarité
10. la Hongrie
11. l'hélicoptère
12. les hamburgers
13. les hiéroglyphes
14. les hors-d'œuvre
15. les hippopotames
16. l'hiver

2 Articulez Répétez les phrases suivantes à voix haute.

1. Hélène joue de la harpe.
2. Hier, Honorine est allée à l'hôpital.
3. Le hamster d'Hervé s'appelle Henri.
4. La Havane est la capitale de Cuba.
5. L'anniversaire d'Héloïse est le huit mars.
6. Le hockey et le hand-ball sont mes sports préférés.

3 Dictons Répétez les dictons à voix haute.

1. La honte n'est pas d'être inférieur à l'adversaire, c'est d'être inférieur à soi-même.
2. L'heure, c'est l'heure; avant l'heure, c'est pas l'heure; après l'heure, c'est plus l'heure.

4 Dictée You will hear eight sentences. Each will be read twice. Listen carefully and write what you hear.

1. _____
2. _____
3. _____
4. _____
5. _____
6. _____
7. _____
8. _____

STRUCTURES

12A.1 Voir, recevoir, and apercevoir

1 **Choisissez** You will hear some sentences with a beep in place of the verb. Select the form of **voir**, **recevoir**, or **apercevoir** that correctly completes each sentence.

> **Modèle**
> *You hear:* Jeanne *(beep)* Guillaume à la banque.
> *You see:* aperçoit   avons aperçu
> *You select:* **aperçoit**

1. aperçois   avez aperçu
2. ont reçu   recevons
3. reçoivent   reçoit
4. apercevons   aperçoit
5. avons vu   voyez
6. recevez   reçoivent

2 **Conjuguez** Form a new sentence, using the cue you hear as the subject. Repeat the correct answer after the speaker.

> **Modèle**
> Vous ne recevez pas cette chaîne ici. (Monsieur David)
> *Monsieur David ne reçoit pas cette chaîne ici.*

1. (nous)   3. (tu)   5. (vous)
2. (elles)   4. (je)   6. (il)

3 **Questions** Answer each question you hear, using the cue in your lab manual. Repeat the correct response after the speaker.

> **Modèle**
> *You hear:* Où est-ce qu'il a aperçu la poste?
> *You see:* en face
> *You say:* *Il a aperçu la poste en face.*

1. cet après-midi   3. le mois de janvier   5. les filles
2. à la poste   4. la semaine dernière   6. du troisième étage

4 **La liste** Look at Hervé's shopping list for Christmas and answer each question you hear. Repeat the correct response after the speaker. (*6 items*)

Aurore	un rendez-vous dans un salon de beauté
grands-parents	un voyage à la Martinique
cousin François	du papier à lettres
parents	un lecteur de DVD et un smartphone
Jean-Michel	une montre

12A.2 Negative/Affirmative expressions

1   **Identifiez**   Listen to each statement and select the negative expression you hear.

> **Modèle**
> You hear: Je ne reçois jamais de lettre.
> You select: **ne... jamais**

	ne... rien	ne... que	personne	ne... personne	ne... jamais	ne... plus
Modèle	_____	_____	_____	_____	X	_____
1.	_____	_____	_____	_____	_____	_____
2.	_____	_____	_____	_____	_____	_____
3.	_____	_____	_____	_____	_____	_____
4.	_____	_____	_____	_____	_____	_____
5.	_____	_____	_____	_____	_____	_____
6.	_____	_____	_____	_____	_____	_____
7.	_____	_____	_____	_____	_____	_____
8.	_____	_____	_____	_____	_____	_____

2   **Transformez**   Change each sentence you hear to say the opposite is true. Repeat the correct answer after the speaker. (*6 items*)

> **Modèle**
> Je vais toujours à cette agence.
> *Je ne vais jamais à cette agence.*

3   **Questions**   Answer each question you hear in the negative. Repeat the correct response after the speaker. (*6 items*)

> **Modèle**
> Vous avez reçu quelqu'un aujourd'hui?
> *Non, nous n'avons reçu personne.*

4   **Au téléphone**   Listen to this phone conversation between Philippe and Sophie. Then, decide whether each statement is **vrai** or **faux**.

	Vrai	Faux
1. Philippe ne peut voir personne aujourd'hui.	○	○
2. Il n'a jamais organisé de rendez-vous.	○	○
3. Le service de Sophie n'a rien reçu.	○	○
4. Il n'y a aucun rendez-vous pour le lundi matin.	○	○
5. Il ne reste de rendez-vous que pour le lundi matin.	○	○

Unité 12

CONTEXTES

Leçon 12B

1 **Orientez-vous** Listen to each pair of places and describe their location in relation to each other, using the cue given. Repeat the correct answer after the speaker.

> **Modèle**
> *You hear:* Paris, New York
> *You see:* est
> *You say:* Paris est à l'est de New York.

1. nord   3. près de   5. ouest
2. est   4. loin de   6. sud

2 **Décrivez** Look at the drawing and listen to each statement. Indicate whether each statement is **vrai** or **faux**.

	Vrai	Faux
1.	○	○
2.	○	○
3.	○	○
4.	○	○
5.	○	○
6.	○	○

3 **Complétez** Listen to Laurent describe where he lives and write the missing words in the spaces provided.

Voici les (1) _____ pour venir chez moi. À la sortie de l'aéroport, suivez le

(2) _____ jusqu'au centre-ville. Quand vous arrivez à la fontaine, (3) _____ à

droite. Prenez le (4) _____ pour (5) _____. Tournez ensuite dans la première rue à

droite et (6) _____ (7) _____ jusqu'au bout de la rue. J'habite un grand

(8) _____ à l'angle de cette rue et de l'avenue Saint-Michel.

LES SONS ET LES LETTRES

Les majuscules et les minuscules

Some of the rules governing capitalization are the same in French as they are in English. However, many words that are capitalized in English are not capitalized in French. For example, the French pronoun **je** is never capitalized except when it is the first word in a sentence.

Aujourd'hui, **je** vais au marché.	Today, **I** am going to the market.

Days of the week, months, and geographical terms are not capitalized in French.

Qu'est-ce que tu fais **l**undi après-midi?	Mon anniversaire, c'est le 14 **o**ctobre.
Cette ville est sur la **m**er Méditerranée.	Il habite 5 **r**ue de la Paix.

Languages are not capitalized in French, nor are adjectives of nationality. However, if the word is a noun that refers to a person or people of a particular nationality, it is capitalized.

Tu apprends le français.	C'est une voiture allemande.
You are learning French.	*It's a German car.*
Elle s'est mariée avec un Italien.	Les Français adorent le foot.
She married an Italian.	*The French love soccer.*

As a general rule you should write capital letters with their accents. Diacritical marks can change the meaning of words, so not including them can create ambiguities.

LES AVOCATS SERONT JUG**É**S.	LES AVOCATS SERONT JUG**E**S.
Lawyers will be judged.	*Lawyers will be the judges.*

---

1   **Décidez** Listen to these sentences and decide whether the words below should be capitalized.

1. a. canadienne	b. Canadienne	5. a. océan	b. Océan
2. a. avril	b. Avril	6. a. je	b. Je
3. a. japonais	b. Japonais	7. a. mercredi	b. Mercredi
4. a. québécoises	b. Québécoises	8. a. marocain	b. Marocain

---

2   **Écoutez** You will hear a paragraph containing the words below. Decide whether each word should be capitalized (**majuscule**) or not (**minuscule**).

	Majuscule	Minuscule		Majuscule	Minuscule
1. lundi	_____	_____	4. suisse	_____	_____
2. avenue	_____	_____	5. quartier	_____	_____
3. français	_____	_____			

---

3   **Dictée** You will hear eight sentences. Each will be read twice. Listen carefully and write what you hear.

1. _____
2. _____
3. _____
4. _____
5. _____
6. _____
7. _____
8. _____

STRUCTURES

12B.1 Le futur simple

1 Identifiez Listen to each sentence and write the infinitive of the verb you hear.

> **Modèle**
> *You hear:* Ils se déplaceront pour le 14 juillet.
> *You write:* **se déplacer**

1. _____   5. _____
2. _____   6. _____
3. _____   7. _____
4. _____   8. _____

2 Choisissez Listen to each sentence and decide whether you hear a verb in the **futur** or the **conditionnel**.

1. futur   conditionnel   5. futur   conditionnel
2. futur   conditionnel   6. futur   conditionnel
3. futur   conditionnel   7. futur   conditionnel
4. futur   conditionnel   8. futur   conditionnel

3 Identifiez Listen to each statement and select the verb that you hear.

> **Modèle**
> *You hear:* Nous ne serons pas au parc cet après-midi.
> *You select:* **être**

	aller	avoir	être	faire	savoir
Modèle	_____	_____	X	_____	_____
1.	_____	_____	_____	_____	_____
2.	_____	_____	_____	_____	_____
3.	_____	_____	_____	_____	_____
4.	_____	_____	_____	_____	_____
5.	_____	_____	_____	_____	_____
6.	_____	_____	_____	_____	_____
7.	_____	_____	_____	_____	_____
8.	_____	_____	_____	_____	_____

4 Finissez You will hear incomplete statements. Choose the correct ending for each statement.

1. a. quand il voit sa carte postale.   b. quand il recevra sa lettre.
2. a. quand elle dépense moins.   b. quand elle aura moins de dépenses.
3. a. nous le disons à Michel.   b. nous vous le dirons.
4. a. dès que les cours ont fini.   b. quand je finirai mes études.
5. a. dès qu'on nous l'a demandé.   b. dès qu'il le faudra.
6. a. dès que le téléphone a sonné.   b. quand Mademoiselle Lefèvre ne sera pas là.

12B.2 Relative pronouns **qui**, **que**, **dont**, and **où**

1 **Identifiez** Listen to each statement and select the relative pronoun that you hear.

> **Modèle**
>
> *You hear:* C'est la fontaine que je préfère.
> *You select:* **que**

	qui	que	dont	où
Modèle	_____	X	_____	_____
1.	_____	_____	_____	_____
2.	_____	_____	_____	_____
3.	_____	_____	_____	_____
4.	_____	_____	_____	_____
5.	_____	_____	_____	_____
6.	_____	_____	_____	_____
7.	_____	_____	_____	_____
8.	_____	_____	_____	_____

2 **Finissez** You will hear incomplete sentences. Choose the correct ending for each sentence.

1. a. tu as perdu.   b. est perdu
2. a. leur a donné des indications.   b. je connais bien.
3. a. j'allume.   b. s'allume.
4. a. est sur ce chemin.   b. la jeune fille photographie.
5. a. traverse ces deux rues.   b. tu vois au coin.
6. a. elle peut regarder la fontaine facilement.   b. n'est pas loin.

3 **Complétez** Listen to Annette complain about getting around a new town, and write the missing relative pronouns in the spaces provided.

J'avais un rendez-vous cet après-midi à 14h00 avec mon petit ami, Maurice, dans la ville

(1) _____ habite sa famille. Il m'a dit de le retrouver en ville à la statue de la femme avec un

oiseau (2) _____ est près de la fontaine. Je n'arrive pas à me déplacer facilement dans une

ville (3) _____ je ne connais pas. J'ai donc cherché le plan dans mon sac, mais il n'y était

pas! J'ai essayé de téléphoner à quelqu'un à l'office du tourisme, mais la cabine téléphonique

(4) _____ je suis allée était cassée! Heureusement, j'ai regardé au bout de la rue et j'ai réussi

à trouver l'office du tourisme (5) _____ j'ai parlé avant. La dame (6) _____

travaillait à l'office m'a donné les indications (7) _____ j'avais besoin. Je me suis enfin

orientée et j'ai rencontré Maurice à l'heure. Ouf!

4 **Transformez** You will hear two sentences. Form a new sentence, using a relative pronoun. Repeat the correct answer after the speaker. (*6 items*)

> **Modèle**
>
> Le timbre a coûté un euro. (J'ai acheté ce timbre hier.)
> *Le timbre que j'ai acheté hier a coûté un euro.*

Unité 13

CONTEXTES

Leçon 13A

1 Identifiez You will hear a series of words. Write the word that does not belong in each series.

1. _____   5. _____

2. _____   6. _____

3. _____   7. _____

4. _____   8. _____

2 Choisissez Listen to each question and choose the most logical response.

1. a. Oui, les usines polluent.   b. Oui, les voitures sont un danger pour l'environnement.
2. a. C'est pour éviter le gaspillage.   b. Oui, il est utile.
3. a. Parce que l'eau, c'est la vie.   b. Parce qu'il faut proposer des solutions.
4. a. La pluie acide.   b. L'accident à la centrale.
5. a. Deux fois par semaine.   b. À cause de la surpopulation.
6. a. Non, nous n'avons pas d'espace.   b. Oui, il y en a souvent ici.

3 Décrivez Look at the illustration and listen to the statements. Indicate whether each statement is vrai or faux.

	Vrai	Faux		Vrai	Faux
1.	○	○	4.	○	○
2.	○	○	5.	○	○
3.	○	○	6.	○	○

LES SONS ET LES LETTRES

Les liaisons obligatoires et les liaisons interdites

Rules for making liaisons are complex, and have many exceptions. Generally, a liaison is made between pronouns, and between a pronoun and a verb that begins with a vowel or vowel sound.

vous en avez   nous habitons   ils aiment   elles arrivent

Make liaisons between articles, numbers, or the verb **est** and a noun that begins with a vowel or a vowel sound.

un éléphant   les amis   dix hommes   Roger est enchanté.

There is a liaison after many single-syllable adverbs, conjunctions, and prepositions.

très intéressant   chez eux   quand elle   quand on décidera

Many expressions have obligatory liaisons that may or may not follow these rules.

C'est-à-dire...   Comment allez-vous?   plus ou moins   avant-hier

Never make a liaison before or after the conjunction **et** or between a noun and a verb that follows it. Likewise, do not make a liaison between a singular noun and an adjective that follows it.

un garçon et une fille   Gilbert adore le football.   un cours intéressant

There is no liaison before **h aspiré** or before the word **oui** and before numbers.

un hamburger   les héros   un oui et un non   mes onze animaux

---

1 **Prononcez** Répétez les mots suivants à voix haute.

1. les héros   2. mon petit ami   3. un pays africain   4. les onze étages

---

2 **Articulez** Répétez les phrases suivantes à voix haute.

1. Ils en veulent onze.   3. Christelle et Albert habitent en Angleterre.
2. Vous vous êtes bien amusés hier soir?   4. Quand est-ce que Charles a acheté ces objets?

---

3 **Dictons** Répétez les dictons à voix haute.

1. Deux avis valent mieux qu'un.   2. Les murs ont des oreilles.

---

4 **Dictée** You will hear eight sentences. Each will be said twice. Listen carefully and write what you hear.

1. _____
2. _____
3. _____
4. _____
5. _____
6. _____
7. _____
8. _____

STRUCTURES

13A.1 The interrogative pronoun **lequel** and demonstrative pronouns

1   Identifiez Listen to each statement and select the form of **lequel** that you hear.

> **Modèle**
>
> *You hear:* Desquels parlez-vous?
> *You select:* **desquels**

	lequel	laquelle	lesquels	duquel	desquels	auquel	auxquelles
Modèle	_____	_____	_____	_____	X	_____	_____
1.	_____	_____	_____	_____	_____	_____	_____
2.	_____	_____	_____	_____	_____	_____	_____
3.	_____	_____	_____	_____	_____	_____	_____
4.	_____	_____	_____	_____	_____	_____	_____
5.	_____	_____	_____	_____	_____	_____	_____
6.	_____	_____	_____	_____	_____	_____	_____
7.	_____	_____	_____	_____	_____	_____	_____
8.	_____	_____	_____	_____	_____	_____	_____

2   Complétez You will hear questions with a beep in place of the interrogative pronoun. Decide which form of **lequel** should complete each sentence. Repeat the correct question after the speaker. (*6 items*)

> **Modèle**
>
> *You hear:* Le danger? (*beep*) penses-tu?
> *You say:* Le danger? Auquel penses-tu?

3   En vacances Listen to each statement and indicate which drawing it describes. There are more statements than there are drawings.

a. _____   b. _____   c. _____

d. _____   e. _____

4   Logique ou illogique? Listen to these statements and indicate whether they are **logique** or **illogique**.

	Logique	Illogique			Logique	Illogique
1.	○	○		5.	○	○
2.	○	○		6.	○	○
3.	○	○		7.	○	○
4.	○	○		8.	○	○

13A.2 The subjunctive (Part 1): introduction, regular verbs, and impersonal expressions

1 **Choisissez** You will hear some sentences with a beep in place of a verb. Decide which verb should complete each sentence.

> **Modèle**
>
> *You hear:* Il est impossible que ce gaspillage (*beep*).
> *You see:* continue   continuait
> *You select:* continue

1. abolissions   abolissons
2. aidez   aidiez
3. connaissent   connaîtraient
4. travaillent   travaillaient

5. intéressons   intéressions
6. arrêtaient   arrêtent
7. interdise   interdit
8. proposiez   proposez

2 **Conjuguez** Form a new sentence, using the cue you hear as the subject. Repeat the correct response after the speaker. (6 *items*)

> **Modèle**
>
> *You hear:* Est-ce qu'il faut que je recycle ces emballages? (nous)
> *You say:* Est-ce qu'il faut que nous recyclions ces emballages?

3 **Transformez** Change each sentence you hear to the present subjunctive, using the expressions given. Repeat the correct response after the speaker.

> **Modèle**
>
> *You hear:* Tu recycleras ces bouteilles.
> *You see:* Il est important...
> *You say:* Il est important que tu recycles ces bouteilles.

1. Il n'est pas essentiel...
2. Il est bon...
3. Il est important...

4. Il est dommage...
5. Il ne faut pas...
6. Il vaut mieux...

4 **Complétez** Listen to what Manu wants to do to save the environment and write the missing words in the spaces provided.

Il faut que nous (1) _____ notre quotidien. Il vaut mieux que nous (2) _____

d'utiliser des sacs en plastique et il est important que les gens (3) _____ à recycler chez

eux! Il est essentiel aussi que nous n' (4) _____ plus de produits ménagers dangereux;

il est bon qu'on (5) _____ des produits plus naturels. Enfin, il est nécessaire que nous

(6) _____ tous de ne pas gaspiller l'électricité, car il est impossible que les pays

(7) _____ à développer l'énergie nucléaire. Avec ces simples idées, il est très possible

que nous (8) _____ à sauver la planète!

Unité 13

Leçon 13B

CONTEXTES

1 **Associez** Select the word or words that are logically associated with each word you hear.

1. chasser	détruire	préserver
2. désert	rivière	lac
3. promenade	marche	autoroute
4. champ	bois	forêt
5. étoile	champ	falaise
6. montagne	chasse	extinction

2 **Logique ou illogique?** Listen to these statements and indicate whether they are **logique** or **illogique**.

	Logique	Illogique			Logique	Illogique
1.	○	○		5.	○	○
2.	○	○		6.	○	○
3.	○	○		7.	○	○
4.	○	○		8.	○	○

3 **Décrivez** Look at the picture. Listen to each statement and indicate whether it is **vrai** or **faux**.

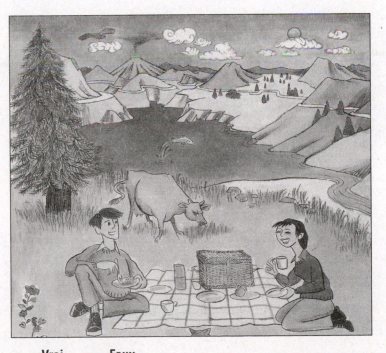

	Vrai	Faux
1.	○	○
2.	○	○
3.	○	○
4.	○	○
5.	○	○
6.	○	○

LES SONS ET LES LETTRES

Homophones

Many French words sound alike, but are spelled differently. As you have already learned, sometimes the only difference between two words is a diacritical mark. Other words that sound alike have more obvious differences in spelling.

a / à	ou / où	sont / son	en / an

Several forms of a single verb may sound alike. To tell which form is being used, listen for the subject or words that indicate tense.

je **parle**	tu **parles**	ils **parlent**
vous **parlez**	j'ai **parlé**	je vais **parler**

Many words that sound alike are different parts of speech. Use context to tell them apart.

VERB	POSSESSIVE ADJECTIVE	PREPOSITION	NOUN
Ils **sont** belges.	C'est **son** mari.	Tu vas **en** France?	Il a un **an**.

You may encounter multiple spellings of words that sound alike. Again, context is the key to understanding which word is being used.

je **peux** *I can*	elle **peut** *she can*	**peu** *a little, few*
le **foie** *the liver*	la **foi** *faith*	une **fois** *one time*
haut *high*	l'**eau** *water*	**au** *at, to, in the*

1 **Prononcez** Répétez les paires de mots suivantes à voix haute.

1. ce	se	4. foi	fois	7. au	eau	10. lis	lit
2. leur	leurs	5. ces	ses	8. peut	peu	11. quelle	qu'elle
3. né	nez	6. vert	verre	9. où	ou	12. c'est	s'est

2 **Choisissez** Choisissez le mot qui convient à chaque phrase.

1. Je (lis / lit) le journal tous les jours.
2. Son chien est sous le (lis / lit).
3. Corinne est (née / nez) à Paris.
4. Elle a mal au (née / nez).

3 **Jeux de mots** Répétez les jeux de mots à voix haute.

1. Le ver vert va vers le verre.
2. Mon père est maire, mon frère est masseur.

4 **Dictée** You will hear eight sentences. Each will be said twice. Listen carefully and write what you hear.

1. _____
2. _____
3. _____
4. _____
5. _____
6. _____
7. _____
8. _____

STRUCTURES

13B.1 The subjunctive (Part 2): will and emotion, irregular subjunctive forms

1   **Identifiez**   Listen to each sentence and write the infinitive of the subjunctive verb you hear.

> **Modèle**
> *You hear:* Je veux que tu regardes la Lune ce soir.
> *You write:* regarder

1. _____   4. _____

2. _____   5. _____

3. _____   6. _____

2   **Conjuguez**   Form a new sentence, using the cue you hear as the subject of the verb in the subjunctive. Repeat the correct response after the speaker. (*6 items*)

> **Modèle**
> *You hear:* J'aimerais que tu fasses attention. (vous)
> *You say:* J'aimerais que vous fassiez attention.

3   **Associez**   Listen to each statement and indicate which illustration it describes. There are more statements than there are drawings.

a. _____   b. _____   c. _____

d. _____   e. _____   f. _____

4   **Les conseils**   Listen to Julien give advice to his sons. Then, read each statement and indicate whether it is **vrai** or **faux**.

	Vrai	Faux
1. Julien exige que ses fils soient prudents.	○	○
2. Il veut qu'ils aient froid.	○	○
3. Il ne recommande pas qu'ils utilisent des cartes.	○	○
4. Il préférerait qu'ils aient un téléphone.	○	○
5. Il aimerait qu'ils prennent des photos.	○	○

13B.2 The subjunctive (Part 3): verbs of doubt, disbelief, and uncertainty; more irregular subjunctive forms

1 **Identifiez** Listen to each statement in the subjunctive and select the verb that you hear.

Modèle

You hear: Il est impossible qu'ils aillent à la forêt tropicale ce week-end.

You select: **aller**

	aller	pouvoir	savoir	vouloir
Modèle	X			
1.				
2.				
3.				
4.				
5.				
6.				
7.				
8.				

2 **Choisissez** Listen to each sentence and decide whether the second verb is in the indicative or in the subjunctive.

1. a. indicatif   b. subjonctif   5. a. indicatif   b. subjonctif
2. a. indicatif   b. subjonctif   6. a. indicatif   b. subjonctif
3. a. indicatif   b. subjonctif   7. a. indicatif   b. subjonctif
4. a. indicatif   b. subjonctif   8. a. indicatif   b. subjonctif

3 **Au téléphone** You will hear some statements with a beep in place of the verb. Decide which form of **croire** should complete each sentence. Repeat the correct response after the speaker.

Modèle

You hear: Madame Duplessis (*beep*) que l'effet de serre est grave.

You select: **croit**

You say: Madame Duplessis croit que l'effet de serre est grave.

1. ont cru   avons cru   4. crus   cru
2. croiront   croyons   5. Croient   Crois
3. crois   croie   6. croyez   croyiez

4 **Conjuguez** Form a new sentence, using the cue you hear as the subject. Repeat the correct response after the speaker. (*6 items*)

Modèle

You hear: Elle croit qu'elle a vu une espèce menacée dans le bois. (nous)

You say: **Nous croyons que nous avons vu une espèce menacée dans le bois.**

Unité 1, Leçon A

AU CAFÉ

Avant de regarder

1 **Qu'est-ce qui se passe?** Look at the photo and guess what these people might be saying to one another.

_____
_____
_____
_____

En regardant la vidéo

2 **Identifiez-les!** Match these characters with their names.

1. _____

2. _____

3. _____

4. _____

5. _____

6. _____

7. _____

  a. Amina
  b. David
  c. Sandrine
  d. Stéphane
  e. Rachid
  f. Michèle
  g. Madame Forestier

3 **Qui...?** Watch the scene on the terrace and indicate which character says each of these lines. Write **R** for Rachid, **A** for Amina, **S** for Sandrine, or **D** for David.

_____ 1. Ben… ça va. Et toi?

_____ 2. Je vous présente un ami.

_____ 3. Enchanté.

_____ 4. Bienvenue à Aix-en-Provence.

_____ 5. Bon, à tout à l'heure.

_____ 6. À bientôt, David.

4 **Complétez** Watch as Valérie takes a phone call from her son's school, and complete the conversation with the missing words from the list.

au revoir	bonjour	problème
beaucoup	Madame	

1. Allô. Oui. _____, Madame Richard.

2. Il y a un _____ au lycée?

3. Oui, merci, merci, _____ Richard.

4. Merci _____!

5. De rien, _____!

Après la vidéo

5 **Vrai ou faux?** Indicate whether these statements are **vrai** or **faux**.

	Vrai	Faux
1. David is a university student.	○	○
2. David is Canadian.	○	○
3. Madame Richard is a political science teacher.	○	○
4. Stéphane is a college student.	○	○
5. Rachid rushes off to his French class.	○	○

6 **Expliquez** In English, explain what is happening in this photo.

_____

_____

_____

_____

7 **À vous!** Imagine that Rachid is introducing you to one of his friends. Write a short dialogue in French in which you greet one another, exchange names, and talk briefly before saying good-bye.

_____

_____

_____

_____

_____

_____

_____

_____

Unité 1, Leçon B

LES COPAINS

Roman-photo

Avant de regarder

1 **Qu'est-ce qui se passe?** In this video module, David asks about the people he has just met. In preparation for watching the video, make a list of adjectives you might hear.

_____

_____

_____

_____

_____

En regardant la vidéo

2 **Mettez-les en ordre!** Watch the first scene and number these nationalities in the order in which they are mentioned.

_____ a. anglais

_____ b. américain

_____ c. canadien

_____ d. français

_____ e. italien

3 **Oui, maman!** Watch the scene between Stéphane and his mother, and complete the paragraph with the missing words.

brillant	classe	filles	livre
cahier	fenêtres	intelligent	professeur

Stéphane! Tu es (1) _____, mais tu n'es pas

(2) _____! En (3) _____,

on fait attention au (4) _____, au

(5) _____ et au (6) _____!

Pas aux (7) _____. Et pas aux

(8) _____!

4 **Qui...?** Watch the scene as Amina and David chat on the terrace, and indicate which character says each of these lines. Write **A** for Amina, **D** for David, or **V** for Valérie.

_____ 1. Bon, elle est chanteuse, alors, elle est un peu égoïste.

_____ 2. Et Rachid, mon colocataire? Comment est-il?

_____ 3. Michèle! Un stylo, s'il vous plaît! Vite!

_____ 4. Tu es de quelle origine?

_____ 5. Oh! Rachid! C'est un ange!

_____ 6. D'origine sénégalaise.

Après la vidéo

5 **Identifiez-les!** According to the video, which characters do these statements describe? Each description may fit more than one character.

1. Il/Elle est agréable. _____

2. Il/Elle est d'origine sénégalaise. _____

3. Il/Elle est sociable. _____

4. Il/Elle est patient(e). _____

5. Il/Elle est américain(e). _____

6. Il/Elle est d'origine algérienne. _____

7. Il/Elle est égoïste. _____

8. Il/Elle est modeste. _____

9. Il/Elle est français(e). _____

10. Il/Elle est réservé(e). _____

6 **Vrai ou faux?** Indicate whether these statements are **vrai** or **faux**.

	Vrai	Faux
1. Rachid est un excellent camarade de chambre.	O	O
2. Stéphane est brillant.	O	O
3. Sandrine est chanteuse.	O	O
4. Madame Forestier est calme.	O	O
5. Michèle est optimiste.	O	O
6. Il y a un touriste américain.	O	O

7 **À vous!** In this episode, you see the contents of Stéphane's backpack. In French, list as many items as you can that you carry in your backpack.

Dans mon sac à dos, il y a... _____

_____

_____

_____

_____

_____

Unité 2, Leçon A

Roman-photo

TROP DE DEVOIRS!

Avant de regarder

1 **Qu'est-ce qui se passe?** In this video, the characters talk about their classes and what they think about them. What words and expressions do you think they might use?

_____
_____
_____
_____
_____

En regardant la vidéo

2 **Qui...?** Watch the first scene and indicate which character says each of these lines. Write **An** for Antoine, **R** for Rachid, or **D** for David.

_____ 1. Les études, c'est dans la tête.

_____ 2. Est-ce que tu oublies ton coloc?

_____ 3. On a rendez-vous avec Amina et Sandrine.

_____ 4. Je déteste le cours de sciences po.

_____ 5. Le P'tit Bistrot? Sympa.

_____ 6. Je n'aime pas tellement le prof, Monsieur Dupré, mais c'est un cours intéressant et utile.

_____ 7. Ah oui? Bon, ben, salut, Antoine!

_____ 8. Moi, je pense que c'est très difficile, et il y a beaucoup de devoirs.

3 **Finissez-les!** Watch the scene as the four friends discuss their day. Match the first half of these sentences with their completions according to what you hear.

_____ 1. Je suis chanteuse, …

_____ 2. C'est cool! …

_____ 3. Donne-moi…

_____ 4. Comme j'adore…

_____ 5. C'est différent de l'université américaine, …

_____ 6. J'aime bien les cours…

_____ 7. Bon, Pascal, …

_____ 8. Demain, on étudie…

a. J'adore Dumas.

b. au revoir, chéri.

c. *Les Trois Mousquetaires* d'Alexandre Dumas.

d. de littérature et d'histoire françaises.

e. mais c'est intéressant.

f. mais j'adore les classiques de la littérature.

g. penser à toi!

h. le sac à dos, Sandrine.

Video Manual: Roman-photo

4   **Les matières**   Place check marks next to the subjects Stéphane is studying.

❏   1.   les maths   ❏   6.   le stylisme

❏   2.   la physique   ❏   7.   l'histoire-géo

❏   3.   l'anglais   ❏   8.   les sciences politiques

❏   4.   le droit   ❏   9.   la chimie

❏   5.   le français   ❏   10.   la psychologie

Après la vidéo

5   **Vrai ou faux?**   Indicate whether these statements are **vrai** or **faux**.

	Vrai	Faux
1. Rachid déteste le cours de sciences po.	○	○
2. Rachid et Antoine partagent un des appartements du P'tit Bistrot.	○	○
3. Rachid n'aime pas Monsieur Dupré.	○	○
4. Rachid pense que le cours de sciences po est très difficile.	○	○
5. Rachid pense que le cours de sciences po est utile.	○	○
6. Stéphane n'étudie pas l'anglais.	○	○
7. Stéphane déteste les maths.	○	○
8. Stéphane pense que Madame Richard donne trop de devoirs.	○	○
9. Stéphane adore l'histoire-géo.	○	○
10. Stéphane n'aime pas Monsieur Dupré.	○	○

6   **Expliquez**   What is happening in this photo? In English, describe the events leading up to this moment.

_____

_____

_____

_____

_____

_____

_____

7   **À vous!**   Give your opinion about four of your classes. Use a variety of adjectives to describe them.

1. Mon cours de/d'_____, c'est _____.

2. Mon cours de/d'_____, c'est _____.

3. Mon cours de/d'_____, c'est _____.

4. Mon cours de/d'_____, c'est _____.

Unité 2, Leçon B

ON TROUVE UNE SOLUTION

Roman-photo

Avant de regarder

1   **Qu'est-ce qui se passe?**   Look at the title of this episode and the photo below. What problem do you think Rachid and Stéphane are discussing? What solution might they find?

_____

_____

_____

_____

_____

En regardant la vidéo

2   **Qui...?**   Indicate which character says each of these lines. Write **R** for Rachid, **As** for Astrid, **S** for Sandrine, **D** for David, or **St** for Stéphane.

_____ 1. Quel jour sommes-nous?

_____ 2. Alors, cette année, tu as des cours difficiles, n'est-ce pas?

_____ 3. C'est un examen très important.

_____ 4. C'est difficile, mais ce n'est pas impossible.

_____ 5. Euh, n'oublie pas, je suis de famille française.

_____ 6. Mais le sport, c'est la dernière des priorités.

_____ 7. Tu as tort, j'ai très peur du bac!

_____ 8. Il n'est pas tard pour commencer à travailler pour être reçu au bac.

3   **Complétez**   Watch the conversation between Astrid and Stéphane, and complete the segment below with the words from the list.

copains	envie	oublient
d'accord	livres	passer

Je suis (1) _____ avec toi, Stéphane! Moi non

plus, je n'aime pas (2) _____ mes journées et

mes week-ends avec des (3) _____.

J'ai (4) _____ de passer les week-ends avec

mes (5) _____... des copains qui

n'(6) _____ pas les rendez-vous!

Video Manual: Roman-photo

4 Mettez-les en ordre! Number these events in the order in which they occur in the video.

_____ a. Astrid et Rachid parlent du bac.

_____ b. Stéphane parle de ses problèmes.

_____ c. Rachid présente David à Astrid.

_____ d. Rachid propose une solution.

_____ e. Astrid et Rachid trouvent Stéphane au parc.

Après la vidéo

5 Qui est-ce? Select the person each statement describes.

_____ 1. Il/Elle a cours de stylisme.

    a. Sandrine   b. Amina   c. Astrid   d. Rachid   e. Stéphane

_____ 2. Il/Elle ne fait pas ses devoirs.

    a. Sandrine   b. Amina   c. Astrid   d. Rachid   e. Stéphane

_____ 3. Il/Elle a cours de chant.

    a. Sandrine   b. Amina   c. Astrid   d. Rachid   e. Stéphane

_____ 4. Il/Elle n'écoute pas les profs.

    a. Sandrine   b. Amina   c. Astrid   d. Rachid   e. Stéphane

_____ 5. Il/Elle travaille avec Stéphane le mercredi.

    a. Sandrine   b. Amina   c. Astrid   d. Rachid   e. Stéphane

6 Vrai ou faux? Indicate whether these statements are **vrai** or **faux**.

	Vrai	Faux
1. Le cours de stylisme est à quatre heures vingt.	○	○
2. Aujourd'hui, c'est mercredi.	○	○
3. On a rendez-vous avec David demain à cinq heures.	○	○
4. Le cours de chant est le mardi et le jeudi.	○	○
5. Stéphane n'assiste pas au cours.	○	○
6. Stéphane a rendez-vous avec Rachid dimanche.	○	○

7 À vous! In this episode, you heard the characters discuss their classes and when they have them. Complete these sentences to say what days you have classes. Use the words listed and any other words you know.

anglais   maths   lundi   jeudi
français sciences   mardi   vendredi
histoire   mercredi samedi

Modèle
J'ai cours de *physique* le *lundi et le mercredi.*

1. J'ai cours de/d' _____ le _____.

2. J'ai cours de/d' _____ le _____.

3. J'ai cours de/d' _____ le _____.

4. J'ai cours de/d' _____ le _____.

Unité 3, Leçon A

L'ALBUM DE PHOTOS

Avant de regarder

1 **Examinez le titre** Look at the title of the video module. Based on the title and the video still below, what do you think you will see in this episode? Use your imagination and answer in French.

_____
_____
_____
_____
_____

En regardant la vidéo

2 **Les photos de tante Françoise** As the characters look at the family photos, check off each family member you see or hear described.

❑ 1. Stéphane's younger cousin, Bernard
❑ 2. Valérie's older brother, Henri
❑ 3. Valérie's sister-in-law
❑ 4. Valérie's sister
❑ 5. Stéphane's least favorite cousin, Charles
❑ 6. Stéphane's dog, Socrate
❑ 7. Charles' dog, Socrate
❑ 8. Françoise's daughter, Sophie
❑ 9. Sophie's brother, Bernard
❑ 10. Henri's oldest son, Charles

3 **Associez** Match each person with the adjective(s) used to describe him or her in this video segment. Some adjectives may be used for more than one person.

a. heureux/heureuse
b. sérieux/sérieuse
c. brillant(e)
d. intelligent(e)
e. timide
f. sociable
g. joli(e)
h. curieux/curieuse

_____ 1. Amina
_____ 2. Michèle
_____ 3. Henri
_____ 4. Charles
_____ 5. Sophie
_____ 6. Françoise
_____ 7. Rachid
_____ 8. Stéphane

4 **Vrai ou faux?** Indicate whether each statement is **vrai** or **faux**.

	Vrai	Faux
1. Amina connaît (knows) bien Cyberhomme.	○	○
2. Michèle et Amina sont amies.	○	○
3. Valérie pense que Stéphane doit (should) étudier davantage (more).	○	○
4. Stéphane pense qu'il étudie beaucoup.	○	○
5. Stéphane ne comprend (understand) pas comment utiliser un CD-ROM.	○	○
6. Stéphane et Valérie regardent des photos sur l'ordinateur d'Amina.	○	○
7. Michèle est une amie de Sophie.	○	○
8. Stéphane n'aime pas Socrate.	○	○
9. Valérie pense que Rachid est un bon (good) étudiant.	○	○
10. Amina pense que préparer le bac avec Rachid est une mauvaise idée.	○	○

Après la vidéo

5 **Corrigez** Each statement below contains one incorrect piece of information. Underline the incorrect word(s), and write the correct one(s) in the space provided.

1. Cyberhomme est le cousin d'Amina.
_____

2. Michèle est timide. _____

3. Stéphane a vingt-quatre ans. _____

4. Stéphane adore ses cours. _____

5. Stéphane a un dictionnaire espagnol-français.
_____

6. Il a aussi un cahier pour le cours de

   littérature. _____

7. Henri a quarante-sept ans. _____

8. Henri est célibataire. _____

9. Il y a un chat sur la photo. _____

10. Amina aime l'idée de Stéphane; elle est

    pessimiste. _____

6 **Répondez** Answer these questions in complete sentences.

1. Amina mange-t-elle?

_____

2. Qu'est-ce qu'Amina a besoin de faire (*do*)?

_____

3. Qu'est-ce qu'il y a dans le sac à dos de Stéphane?

_____

4. Quel (*Which*) cousin est-ce que Stéphane n'aime pas?

_____

5. Combien d'enfants Henri et Françoise ont-ils?

_____

6. Pourquoi est-ce une idée géniale de préparer le bac avec Rachid?

_____

7 **À vous!** In your own words, describe the people in the family photo according to what you heard in the video episode. Give their names, explain how they are related to one another, and add any other details you remember, such as age, appearance, or personality.

_____

_____

_____

_____

_____

_____

_____

_____

Video Manual: *Roman-photo*

Unité 3, Leçon B

ON TRAVAILLE CHEZ MOI!

Avant de regarder

1 **La famille de Rachid** Look at this photo and use your imagination to write a brief description of Rachid's family. Who are the people? What do they look like? What are their personalities like? What are their professions?

_____

_____

_____

_____

_____

En regardant la vidéo

2 **Qui...?** As you watch this episode, indicate which person says each statement. Write **A** for Amina, **R** for Rachid, **D** for David, **S** for Sandrine, and **St** for Stéphane.

_____ 1. Il n'est pas dans ton sac à dos?

_____ 2. Mais non! La table à côté de la porte.

_____ 3. Numéro de téléphone 06.62.70.94.87. Mais qui est-ce?

_____ 4. Tu n'es pas drôle!

_____ 5. On travaille chez moi!

_____ 6. Sandrine est tellement pénible.

_____ 7. J'ai besoin d'un bon café.

_____ 8. Allez, si x égale 83 et y égale 90, la réponse c'est...

3 **Les professions** Match the professions in the right column to the people in the left column. There are more professions listed than you will need.

_____ 1. Stéphane   a. coiffeur

_____ 2. Valérie   b. propriétaire

_____ 3. le père de Rachid   c. avocate

_____ 4. la mère de Rachid   d. journaliste

                            e. architecte

                            f. médecin

4 **Ce n'est pas vrai!** Place check marks beside the actions that do *not* occur in each scene.

Au café...

❑ 1. Rachid aide Sandrine à trouver
       son téléphone.

❑ 2. Stéphane va (*goes*) étudier chez Rachid.

❑ 3. Sandrine parle avec Pascal.

❑ 4. Sandrine demande où est David.

❑ 5. Un téléphone sonne (*rings*).

Chez David et Rachid...

❑ 6. David demande où est Sandrine.

❑ 7. David dit (*says*) qu'il a envie de manger
       quelque chose.

❑ 8. David va au café.

❑ 9. Rachid parle avec sa famille.

❑ 10. Stéphane donne la bonne réponse.

Après la vidéo

5 **Choisissez** Select the option that best completes each statement.

1. Sandrine ne trouve pas _____.
   a. sa montre   b. son téléphone   c. son sac à dos

2. Stéphane pense que Sandrine est _____.
   a. pénible   b. belle   c. naïve

3. David a envie d'aller (*to go*) au café parce que _____ y (*there*) est.
   a. Amina   b. Valérie   c. Sandrine

4. Rachid pense que _____ est pénible.
   a. Stéphane   b. David   c. Valérie

5. Les _____ de Rachid habitent en Algérie.
   a. parents   b. sœurs   c. grands-parents

6. Ses _____ habitent à Marseille.
   a. cousins   b. parents   c. deux frères

7. Le père de Rachid est _____.
   a. travailleur   b. occupé   c. nerveux

8. La mère de Rachid est _____.
   a. vieille   b. agréable   c. active

6 **Répondez** Answer these questions in complete sentences.

1. Quand Sandrine cherche son téléphone, où est-il?

   _____

2. Qui appelle (*is calling*) Sandrine au téléphone?

   _____

3. Pourquoi est-ce que Stéphane pense que Sandrine est pénible?

   _____

4. Comment est la famille de Rachid?

   _____

5. Pourquoi est-ce que Stéphane et Rachid préparent le bac?

   _____

7 **À vous!** In your own words, make a list of what happens in this episode in chronological order. Include as many details as you can. Your list should include at least six entries.

_____

_____

_____

_____

_____

_____

Unité 4, Leçon A

STAR DU CINÉMA

Avant de regarder

1 **Examinez le titre** Look at the title of the video module. Based on the title and the video still below, what do you think Sandrine, Amina, and David are saying? Use your imagination.

_____
_____
_____
_____
_____

En regardant la vidéo

2 **Qui...?** Indicate which character says each of these lines. Write **D** for David, **A** for Amina, **S** for Sandrine, or **P** for Pascal.

_____ 1. Et quand est-ce que tu vas rentrer?

_____ 2. Je vais passer chez Amina pour bavarder avec elle.

_____ 3. Bon, moi, je vais continuer à penser à toi jour et nuit.

_____ 4. Elle est là, elle est là!

_____ 5. C'est une de mes actrices préférées!

_____ 6. Mais elle est où, cette épicerie?

_____ 7. Il n'y a pas d'église en face du parc!

_____ 8. Oh, elle est belle!

_____ 9. Elle est vieille?!

_____ 10. Tu es complètement fou!

3 **Qu'est-ce qu'elle va faire?** Watch the telephone conversation between Pascal and Sandrine. Then place check marks beside the activities Sandrine mentions.

❑ 1. étudier
❑ 2. déjeuner
❑ 3. passer chez Amina
❑ 4. aller au cinéma
❑ 5. penser à Pascal jour et nuit
❑ 6. bavarder avec Amina
❑ 7. aller danser
❑ 8. dépenser de l'argent

4 **Complétez** Complete these sentences with the missing words you hear in this video segment.

1. Mais, _____ est là?

2. _____?!? Qui?!? Où?!?

3. Mais elle est _____, cette épicerie?

4. Elle est à l'épicerie _____ l'église, _____ du parc.

5. Et _____ d'églises est-ce qu'il y a à Aix?

6. Bon, ben, l'église _____ la place.

7. Elle est ici au _____ ou en _____?

8. _____ est-ce qu'elle ne fréquente pas le P'tit Bistrot?

Après la vidéo

5 **Une vraie star!** For items 1–7, fill in the missing letters in each word. Unscramble the letters in the boxes to find the answer to item 8.

1. Pascal adore b __ __ __ ☐ __ __ __ au téléphone.

2. Sandrine va déjeuner au c __ __ ☐ __ __-__ __ __ __ __.

3. Pascal est le p __ __ __ __ ☐ __ __ de Sandrine.

4. David pense que Juliette Binoche est à une é __ __ ☐ __ __ __ __ à Aix-en-Provence.

5. Il n'y a pas d'é __ __ ☐ __ __ en face du parc.

6. Amina pense que Juliette Binoche est c __ __ ☐.

7. Sandrine pense que Juliette Binoche est j __ __ __ ☐.

8. Juliette Binoche est _____.

6 **Mettez-les en ordre!** Number these events in the order in which they occur.

_____ a. David pense qu'il voit (*sees*) Juliette Binoche.

_____ b. Amina, Sandrine et David découvrent (*discover*) que la femme à l'épicerie n'est pas Juliette Binoche.

_____ c. Amina, Sandrine et David trouvent l'épicerie.

_____ d. Sandrine et Pascal parlent au téléphone.

_____ e. Amina, Sandrine et David cherchent Juliette Binoche.

7 **À vous!** Complete the chart with activities you plan to do this week. Then indicate when and where you will do each activity.

Activité	Quand?	Où?

Nom _____   Date _____

Unité 4, Leçon B

L'HEURE DU DÉJEUNER

Roman-photo

Avant de regarder

1   **Au café**   What kinds of things do you say and do when you have lunch in a café?

_____

_____

_____

_____

_____

En regardant la vidéo

2   **Qui...?**   Watch this segment and indicate who these statements describe. Write **A** for Amina, **D** for David, **R** for Rachid, and **S** for Sandrine.

1. _____ et _____ ont envie de manger un sandwich.

2. _____ a envie d'une bonne boisson.

3. _____ a envie de dessiner un peu.

4. _____ a un examen de sciences po.

5. _____ et _____ vont au café.

6. _____ et _____ rentrent.

3   **Qu'est-ce qu'elles commandent?**   Watch this video segment and check the boxes to indicate whether Sandrine, Amina, or no one (**personne**) is having these foods and beverages.

	Sandrine	Amina	personne
1. la soupe de poisson	_____	_____	_____
2. un éclair	_____	_____	_____
3. de l'eau minérale	_____	_____	_____
4. un sandwich au fromage	_____	_____	_____
5. du pain	_____	_____	_____
6. un sandwich jambon-fromage	_____	_____	_____
7. une limonade	_____	_____	_____
8. des frites	_____	_____	_____

Video Manual: *Roman-photo*

4 **Qu'est-ce qui se passe?** Match the actions in the left column with the people who do them. Some actions apply to more than one person.

_____ 1. prendre un sandwich

_____ 2. ne pas comprendre l'addition

_____ 3. commander un café et des croissants

_____ 4. faire (*commit*) une erreur

_____ 5. ne pas boire de limonade

_____ 6. prendre du jus d'orange uniquement le matin

a. Valérie

b. Michèle

c. Sandrine

d. Amina

e. les clients de la table 7

f. les clients de la table 8

Après la vidéo

5 **Corrigez** Each statement below contains one piece of false information. Underline the incorrect word(s), and write the correct one(s) in the space provided.

1. Amina a envie de manger un croissant. _____

2. David et Sandrine vont au café. _____

3. Rachid a un examen d'histoire. _____

4. Valérie sert (*serves*) une soupe de fromage. _____

5. Amina et Sandrine boivent du coca. _____

6. Valérie explique l'erreur de l'addition aux clients. _____

6 **Sélectionner** Select the expression that correctly completes each statement.

1. Sandrine a _____.
   a. froid   b. soif   c. peur

2. David a envie _____.
   a. d'étudier   b. de dessiner   c. d'aller au cinéma

3. Sandrine voudrait (*would like to*) apprendre à préparer _____.
   a. des éclairs   b. des frites   c. des croissants

4. La boisson gazeuse de la table huit coûte _____.
   a. 1,25 €   b. 1,50 €   c. 1,75 €

5. Les clients de la table sept commandent _____.
   a. un thé   b. une limonade   c. une bouteille d'eau minérale

7 **À vous!** What might you order to eat and drink in a café? Complete these statements according to the situations described.

1. **Vous avez très faim:** Moi, je vais prendre _____ et _____.

2. **Vous avez froid:** Je vais manger _____. Comme boisson, je vais prendre _____.

3. **Vous n'avez pas très faim:** Je vais prendre _____ ou peut-être _____.

4. **Vous avez soif:** Comme boisson, je vais prendre _____.

5. **Vous avez sommeil:** Comme boisson, je vais prendre _____.

6. **Vous avez chaud:** Je vais boire _____. Je ne vais pas prendre _____.

Unité 5, Leçon A

AU PARC

Roman-photo

Avant de regarder

1   **Les loisirs** Look at the photo and consider the title of this video episode. What do you think this episode will be about?

_____

_____

_____

_____

_____

_____

_____

_____

En regardant la vidéo

2   **Qui...?** Watch the first scene and indicate which character says each of these lines. Write **D** for David, **R** for Rachid, or **S** for Sandrine.

_____ 1. Oh, là, là... On fait du sport aujourd'hui!

_____ 2. Je joue au foot très souvent et j'adore!

_____ 3. Mon passe-temps favori, c'est de dessiner la nature.

_____ 4. Oh, quelle belle journée! Faisons une promenade!

_____ 5. Je n'ai pas beaucoup de temps libre avec mes études.

_____ 6. J'ai besoin d'être sérieux.

3   **Les activités** Check off the activities that are mentioned in the video.

☐ 1. faire du vélo   ☐ 8. faire du ski

☐ 2. jouer au football   ☐ 9. jouer au baseball

☐ 3. aller à la pêche   ☐ 10. jouer aux cartes

☐ 4. dessiner   ☐ 11. faire de la planche à voile

☐ 5. jouer au volleyball   ☐ 12. jouer au basket

☐ 6. jouer aux échecs   ☐ 13. jouer au football américain

☐ 7. sortir   ☐ 14. jouer au tennis

4 Complétez Watch the segment with Rachid and Stéphane, and complete these sentences with the missing words.

STÉPHANE Pfft! Je n'aime pas (1) _____.

RACHID Mais, qu'est-ce que tu aimes, à part (2) _____?

STÉPHANE Moi? J'aime presque tous (3) _____. Je fais (4) _____, (5) _____, du vélo… et j'adore (6) _____.

5 David et Sandrine Watch the conversation between David and Sandrine, then choose the best endings for these sentences.

1. Selon David, les sports favoris des Américains sont _____.
   a. le baseball et le basket   b. le football et le volley-ball   c. le football et le tennis
2. Les Américains adorent regarder _____ à la télé.
   a. le basket   b. le football américain   c. le baseball
3. Sandrine aime bien _____ le week-end.
   a. faire du sport   b. dessiner   c. sortir
4. Sandrine aime _____.
   a. aller au cinéma   b. aller à des concerts   c. aller au cinéma et à des concerts
5. Sandrine adore _____.
   a. danser   b. regarder des films   c. chanter
6. David aime _____.
   a. jouer au basket   b. dessiner   c. bricoler

Après la vidéo

6 J'aime… Complete the chart with the activities, pastimes, or sports that you enjoy participating in. Also, indicate when and where you do each activity.

Mes loisirs préférés	Quand?	Où?

7 À vous! Answer these questions in French.

1. Est-ce que vos amis sont sportifs? Quels sont leurs sports préférés?

2. Qu'est-ce que vous aimez faire avec vos amis quand vous avez du temps libre?

3. Qu'est-ce que vous allez faire ce week-end? Mentionnez au moins trois choses.

Video Manual: *Roman-photo*

Unité 5, Leçon B

Roman-photo

QUEL TEMPS!

Avant de regarder

1 **Le temps** In this video episode, the characters talk about seasons, the date, and the weather. What kinds of expressions do you think they might use?

_____

_____

_____

_____

En regardant la vidéo

2 **Les mois de l'année** Which months are mentioned in this video episode?

☐ 1. janvier   ☐ 7. juillet

☐ 2. février   ☐ 8. août

☐ 3. mars   ☐ 9. septembre

☐ 4. avril   ☐ 10. octobre

☐ 5. mai   ☐ 11. novembre

☐ 6. juin   ☐ 12. décembre

3 **Quel temps fait-il?** In what order are these weather conditions mentioned in the video?

_____ a. Il fait bon.

_____ b. Il pleut.

_____ c. Il fait chaud.

_____ d. Il fait beau.

_____ e. Il neige.

_____ f. Il fait froid.

4 **Qui...?** Watch the scene in Rachid and David's apartment, and indicate which character says these lines. Write **D** for David, **R** for Rachid, or **S** for Sandrine.

_____ 1. Je sors même quand il fait très froid.

_____ 2. Je déteste la pluie. C'est pénible.

_____ 3. Cette année, je fête mes vingt et un ans.

_____ 4. Oh là là! J'ai soif.

_____ 5. C'est vrai, David, tu as vraiment du talent.

_____ 6. Mais... qu'est-ce que vous faites, tous les deux?

5   **Descriptions** Indicate which person each statement describes.

1. _____ Il/Elle étudie Napoléon.
     a. Rachid   b. David   c. Stéphane   d. Sandrine
2. _____ Son anniversaire, c'est le 15 janvier.
     a. Rachid   b. David   c. Stéphane   d. Sandrine
3. _____ Il/Elle préfère l'été.
     a. Rachid   b. David   c. Stéphane   d. Sandrine
4. _____ Il/Elle aime regarder les sports à la télé.
     a. Rachid   b. David   c. Stéphane   d. Sandrine
5. _____ Il/Elle célèbre ses dix-huit ans samedi prochain.
     a. Rachid   b. David   c. Stéphane   d. Sandrine

Après la vidéo

6   **Vrai ou faux?** Indicate whether these statements are **vrai** or **faux**.

	Vrai	Faux
1. À Washington, il pleut souvent à l'automne et en hiver.	○	○
2. Stéphane a dix-neuf ans.	○	○
3. Le Tour de France commence au mois d'août.	○	○
4. L'anniversaire de Sandrine est le 20 juillet.	○	○
5. Sandrine va préparer une omelette pour David et Rachid.	○	○
6. Pour célébrer son anniversaire, Sandrine invite ses amis au restaurant.	○	○

7   **À vous!** Answer these questions in French.

1. C'est quand, votre anniversaire?

_____

_____

2. Quelle est votre saison préférée? Pourquoi? _____

_____

_____

3. Qu'est-ce que vous aimez faire quand il fait beau? _____

_____

_____

4. Qu'est-ce que vous aimez faire quand il pleut? _____

_____

_____

Unité 6, Leçon A

Roman-photo

LES CADEAUX

Avant de regarder

1 **Qu'est-ce qui se passe?** Look at the video still. What are the people doing? Consider the title and the photo, and guess what will happen in this episode.

_____

_____

_____

_____

_____

En regardant la vidéo

2 **Les desserts** Watch the scene in which Sandrine talks on the phone and place a check mark next to the desserts Sandrine mentions to Pascal.

❏ 1. de la glace

❏ 2. une mousse au chocolat

❏ 3. un gâteau d'anniversaire

❏ 4. une tarte aux pommes

❏ 5. des biscuits

❏ 6. des éclairs

❏ 7. des bonbons

3 **Qui...?** Indicate which character says each of these lines. Write S for Sandrine or V for Valérie.

_____ 1. On organise une fête surprise au P'tit Bistrot.

_____ 2. Mais non, il n'est pas marié.

_____ 3. Stéphane va bientôt arriver.

_____ 4. Oh là là! Tu as fait tout ça pour Stéphane?

_____ 5. Tu es un ange!

_____ 6. J'adore faire la cuisine.

_____ 7. Je t'aide à apporter ces desserts?

_____ 8. Désolée, je n'ai pas le temps de discuter.

4 **À la boutique** Choose the option that correctly completes each sentence.

1. Astrid a acheté _____ comme cadeau pour Stéphane.

   a. un stylo   b. un gâteau   c. une calculatrice

2. Astrid a aussi acheté _____ pour Stéphane.

   a. des livres   b. des bonbons   c. des bandes dessinées

3. Ces cadeaux sont _____.

   a. de vrais cadeaux   b. une blague (_joke_)   c. très chers

4. La montre que Rachid et Astrid achètent coûte _____.

   a. 40 €   b. 50 €   c. 100 €

5. La vendeuse fait _____.

   a. un paquet-cadeau   b. la fête   c. une erreur d'addition

Après la vidéo

5 **Vrai ou faux?** Indicate whether each of these statements is **vrai** or **faux**.

	Vrai	Faux
1. Stéphane a 18 ans.	○	○
2. Rachid a l'idée d'acheter une montre pour Stéphane.	○	○
3. Amina apporte de la glace au chocolat à la fête.	○	○
4. Stéphane pense qu'il va jouer au foot avec Rachid.	○	○
5. Astrid et Amina aident à décorer.	○	○
6. Stéphane va aimer tous ses cadeaux.	○	○

6 **Sommaire** Briefly describe the events in this episode from the perspectives of the people listed below. Write at least two sentences for each one.

Sandrine: _____

_____

_____

Valérie: _____

_____

_____

Astrid: _____

_____

_____

7 **À vous!** Make a list of things you do to throw a party. Mention at least six different activities.
Pour préparer une fête, ...

_____

_____

_____

_____

_____

Video Manual: Roman-photo

Unité 6, Leçon B

L'ANNIVERSAIRE

Roman-photo

Avant de regarder

1   **À la fête**   List the kinds of things people might do and say at a birthday party.

_____
_____
_____
_____
_____

En regardant la vidéo

2   **Complétez**   Watch this video segment and complete these sentences with words from the list.

Aix-en-Provence	jupe	robe	soie
coton	Paris	Sandrine	Washington

1. C'est _____ qui a presque tout préparé pour la fête.

2. David n'est pas à la fête parce qu'il visite _____ avec ses parents.

3. Les parents de David sont de _____.

4. Amina va emprunter la _____ de Sandrine.

5. Sandrine va emprunter la _____ d'Amina.

6. La jupe d'Amina est en _____.

3   **Qui...?**   Indicate which character says each of these lines. Write **A** for Amina, **As** for Astrid, **R** for Rachid, **S** for Sandrine, **St** for Stéphane, or **V** for Valérie.

_____ 1. Alors là, je suis agréablement surpris!

_____ 2. Bon anniversaire, mon chéri!

_____ 3. On a organisé cette surprise ensemble.

_____ 4. Alors cette année, tu travailles sérieusement, c'est promis?

_____ 5. Dix-huit ans, c'est une étape (*stage*) importante dans la vie!

_____ 6. Et en plus, vous m'avez apporté des cadeaux!

_____ 7. David est désolé de ne pas être là.

_____ 8. Cet ensemble, c'est une de tes créations, n'est-ce pas?

_____ 9. Ces gants vont très bien avec le blouson! Très à la mode!

_____ 10. La littérature, c'est important pour la culture générale!

_____ 11. Une calculatrice? Rose? Pour moi?

_____ 12. C'est pour t'aider à répondre à toutes les questions en maths.

_____ 13. Tu as aimé notre petite blague?

_____ 14. Vous deux, ce que vous êtes drôles!

4 **De quelle couleur?** What color are these objects from the video?

1. Les gants de Stéphane sont _____.

2. Le tee-shirt d'Amina est _____.

3. La robe de Sandrine est _____.

4. Le blouson de Stéphane est _____.

5. Le chemisier de Valérie est _____.

6. La jupe d'Amina est _____.

7. La calculatrice de Stéphane est _____.

8. Les ballons sont _____.

Après la vidéo

5 **Mettez-les en ordre!** Number these events in the order in which they occur in the video.

_____ a. On souhaite à Stéphane un joyeux anniversaire.

_____ b. Stéphane ouvre ses cadeaux.

_____ c. Amina admire la robe de Sandrine.

_____ d. Stéphane arrive au P'tit Bistrot.

_____ e. On coupe le gâteau d'anniversaire.

6 **Que font-ils?** What do these people give to Stéphane or do for him for his birthday?

1. Sandrine: _____

_____

2. Valérie: _____

_____

3. Rachid et Astrid: _____

_____

7 **À vous!** Write a description of a birthday party you've had or that you've attended. Describe the people who were there and what they did. What foods were served? What did people wear? What gifts were given?

_____

_____

_____

_____

_____

_____

_____

_____

_____

Unité 7, Leçon A

Roman-photo

DE RETOUR AU P'TIT BISTROT

Avant de regarder

1 **À Paris** In this video episode, David has just returned from a vacation in Paris. What do you think he might have seen and done there?

_____

_____

_____

_____

_____

En regardant la vidéo

2 **Les vacances à Paris** Watch this video segment and place check marks beside the activities David says he did in Paris.

David …

☐ 1. est allé (*went*) à la tour Eiffel.
☐ 2. a pris un bateau-mouche (*tour boat*) sur la Seine.
☐ 3. a visité la cathédrale de Notre-Dame.
☐ 4. a pris un taxi.
☐ 5. a visité le musée du Louvre.
☐ 6. est allé à Montmartre.

☐ 7. a visité la ville en voiture.
☐ 8. est allé aux Galeries Lafayette.
☐ 9. a dîné dans une brasserie.
☐ 10. a visité le musée d'Orsay.
☐ 11. a pris le métro.
☐ 12. a visité les monuments.

3 **Vrai ou faux?** Indicate whether each of these statements is **vrai** or **faux**.

	Vrai	Faux
1. David pense que Paris est la plus belle ville du monde.	○	○
2. David n'a pas oublié l'anniversaire de Stéphane.	○	○
3. Les parents de David n'aiment pas conduire.	○	○
4. David a acheté des vêtements à Paris.	○	○
5. David n'a pas passé de bonnes vacances.	○	○
6. Stéphane n'a pas aimé ses cadeaux d'anniversaire.	○	○
7. Sandrine a l'intention de passer ses vacances d'hiver à Albertville.	○	○
8. David ne fait pas de ski.	○	○

4 **Les vacances** For items 1–5, fill in the missing letters in each word. Unscramble the letters in the boxes to find the answer to item 6.

1. David est parti pour Paris avec une v ☐ __ __ __ __.
2. Les p __ __ __ __ __ ☐ de David sont arrivés des États-Unis.
3. Ils ont pris une c __ __ __ __ ☐ __ dans un bel hôtel.
4. Ils sont venus chercher David à la gare v__ __ __ __ __ ☐ soir.
5. Ils aiment conduire à la c __ __ ☐ __ __ __, mais pas en ville.
6. Où est-ce que David aime passer ses vacances? _____

Video Manual: *Roman-photo*

5 **Mettez-les en ordre!** Number these events in the order in which they occur.

_____ a. David raconte ses vacances à Rachid.

_____ b. David arrive à la gare d'Aix-en-Provence.

_____ c. Sandrine demande à David de revenir au café demain.

_____ d. David raconte ses vacances à Stéphane.

_____ e. David surprend Sandrine au café.

_____ f. Stéphane raconte sa fête à David.

Après la vidéo

6 **Répondez** Answer these questions in French. Use complete sentences.

1. Quand est-ce que les parents de David sont arrivés (*arrived*) des États-Unis?

_____

2. Combien de temps est-ce que David a passé à Paris?

_____

3. Pour Stéphane, quelles sont les vacances idéales?

_____

4. Qu'est-ce que David a donné à Stéphane?

_____

5. Que pense David de Sandrine?

_____

6. Pourquoi est-ce que Sandrine doit (*must*) partir sans boire son café?

_____

7 **À vous!** List four places you'd like to go on vacation. Then list two activities you might do in each place. Mention eight different activities.

Lieu de vacances	Activité	Activité
1. _____	_____	_____
2. _____	_____	_____
3. _____	_____	_____
4. _____	_____	_____

Video Manual: *Roman-photo*

Unité 7, Leçon B

LA RÉSERVATION D'HÔTEL

Avant de regarder

1 **À l'agence de voyages** What might you say at a travel agency? When making travel arrangements, what information might a travel agent need from you?

_____

_____

_____

_____

_____

En regardant la vidéo

2 **Complétez** Choose the words that complete the sentences below according to what Sandrine says in the video.

1. J'ai besoin d'une _____ d'hôtel, s'il vous plaît.

   a. réservation   b. chambre   c. auberge

2. Nous allons _____.

   a. en Suisse   b. à Paris   c. à Albertville

3. Il nous faut _____ chambre(s) individuelle(s).

   a. une   b. deux   c. trois

4. Disons du _____ décembre au 2 janvier

   a. 24   b. 25   c. 26

5. C'est vraiment trop _____.

   a. loin   b. gentil   c. cher

3 **Les prix des hôtels** What are the prices for a single room at these hotels?

1. l'hôtel le Vieux Moulin: _____

2. l'hôtel le Mont-Blanc: _____

3. l'auberge de la Costaroche: _____

4 **Qui?** Whom do these statements describe? Write **S** for Sandrine or **A** for Amina.

_____ 1. Elle fête Noël en famille.

_____ 2. Elle ne réussit (*succeed*) pas à faire une réservation.

_____ 3. Elle correspond avec Cyberhomme.

_____ 4. Elle trouve un hôtel pas cher à Albertville.

_____ 5. Elle cherche un Cyberhomme.

5 **Cyberhomme** Choose the best answer for these questions.

1. Qui est Cyberhomme?

   a. le petit ami de Sandrine   b. l'ami virtuel d'Amina   c. un étudiant à l'université

2. Combien de messages électroniques est-ce qu'il a envoyés?

   a. 2   b. 10   c. 12

3. Pourquoi est-ce qu'Amina ne lit pas le message à Sandrine?

   a. c'est personnel   b. c'est ennuyeux   c. c'est trop long

4. Comment est Cyberhomme?

   a. petit, mais beau   b. sympa, mais timide   c. sportif, mais sérieux

Après la vidéo

6 **Répondez** Answer these questions in French. Write complete sentences.

1. Où est-ce que Sandrine a envie de passer ses vacances d'hiver?

   _____

2. Pourquoi est-ce que Sandrine ne fait pas de réservation à l'agence de voyages?

   _____

3. Après sa visite à l'agence de voyages, qu'est-ce que Sandrine a besoin de faire?

   _____

4. Qui fait une réservation pour Sandrine?

   _____

5. Qui téléphone à Sandrine? Pourquoi?

   _____

6. Pourquoi est-ce que Sandrine est fâchée (*angry*)?

   _____

7 **À vous!** In this episode, Pascal says "Elle n'est pas très heureuse maintenant, mais quelle surprise en perspective!" What surprise do you think he has planned? How do you think Sandrine will respond?

_____

_____

_____

_____

_____

_____

_____

Video Manual: *Roman-photo*

Unité 8, Leçon A

LA VISITE SURPRISE

Avant de regarder

1 **La surprise** Look at the photo and consider the title of this video episode. Who is in this picture? How do you think Sandrine will react when she sees him? What do you think will happen in this episode?

_____

_____

_____

_____

_____

En regardant la vidéo

2 **Chez Sandrine** Check off the items that Sandrine has at her place.

- ❏ 1. un escalier
- ❏ 2. une chambre
- ❏ 3. une douche
- ❏ 4. un miroir
- ❏ 5. une baignoire
- ❏ 6. une cave
- ❏ 7. une cuisine
- ❏ 8. un jardin
- ❏ 9. un salon
- ❏ 10. une salle à manger
- ❏ 11. un lavabo
- ❏ 12. un sous-sol

3 **Identifiez-les** Label the rooms that are pictured.

1. _____

2. _____

3. _____

4. _____

5. _____

Video Manual: *Roman-photo*

4 **Qui...?** Indicate which character says each of these lines. Write **D** for David or **R** for Rachid.

_____ 1. C'est grand chez toi!

_____ 2. Heureusement, Sandrine a décidé de rester.

_____ 3. Tu as combien de pièces?

_____ 4. Dis, c'est vrai, Sandrine, ta salle de bains est vraiment grande.

_____ 5. Chez nous, on a seulement une douche.

_____ 6. Et elle a une baignoire et un beau miroir au-dessus du lavabo!

5 **Complétez** Complete these sentences with the missing words from the video.

SANDRINE Je te fais (1) _____?

RACHID Oui, merci.

SANDRINE Voici la (2) _____.

RACHID Ça, c'est une (3) _____ très importante pour nous, les invités.

SANDRINE Et puis, la (4) _____

RACHID Une pièce très importante pour Sandrine...

DAVID Évidemment!

SANDRINE Et voici ma (5) _____.

RACHID Elle est (6) _____!

SANDRINE Oui, j'aime le vert.

Après la vidéo

6 **Une dispute** Describe what is happening in this photo. Explain the events leading up to this moment.

_____

_____

_____

_____

_____

7 **À vous!** What rooms do you have in your home? Write at least five sentences describing them.

_____

_____

_____

_____

_____

_____

Unité 8, Leçon B

LA VIE SANS PASCAL

Roman-photo

Avant de regarder

1   **Chez moi**   In this video episode, you will hear people talking about chores. In preparation, make a list of household chores in French.

_____
_____
_____
_____

En regardant la vidéo

2   **Les tâches ménagères**   Check off the chores mentioned or seen in the video.

❑   1. faire le lit   ❑   7. mettre la table
❑   2. balayer   ❑   8. faire la vaisselle
❑   3. sortir les poubelles   ❑   9. faire la lessive
❑   4. repasser le linge   ❑ 10. débarrasser la table
❑   5. ranger la chambre   ❑ 11. enlever la poussière
❑   6. passer l'aspirateur   ❑ 12. essuyer la table

3   **Sélectionnez**   Watch the scenes in the café, and choose the words that complete each sentence according to what you hear.

1. Je débarrasse _____?
   a. la poubelle   b. la lessive   c. la table
2. Apporte-moi _____, s'il te plaît.
   a. l'addition   b. le thé   c. le balai
3. Tu dois faire _____ avant de sortir.
   a. la lessive   b. la vaisselle   c. les devoirs
4. Il faut sortir _____ ce soir!
   a. le chien   b. le balai   c. les poubelles
5. Il est l'heure de préparer _____.
   a. le dîner   b. les biscuits   c. le petit-déjeuner
6. Est-ce que tu as rangé _____?
   a. le lit   b. la table   c. ta chambre

Video Manual: *Roman-photo*

4 **Les réponses** Watch the scene in Sandrine's apartment, and choose the response to each statement or question you hear in the video.

_____ 1. Mmmm. Qu'est-ce qui sent bon?   a. Un peu, oui.

_____ 2. Tu as soif?   b. Toi, tu as de la chance.

_____ 3. Tu vas le rencontrer un de ces jours?   c. Il y a des biscuits au chocolat dans le four.

_____ 4. Ne t'en fais pas, je comprends.   d. Oh... Je ne sais pas si c'est une bonne idée.

_____ 5. Je ne le connais pas vraiment, tu sais.   e. Comme d'habitude, tu as raison.

Après la vidéo

5 **Qui?** Who did these chores? Write **M** for Michèle, **St** for Stéphane, **V** for Valérie, or **X** if no one did it.

_____ 1. faire le lit   _____ 5. passer l'aspirateur

_____ 2. ranger sa chambre   _____ 6. repasser le linge

_____ 3. faire la lessive   _____ 7. sortir les poubelles

_____ 4. débarrasser la table   _____ 8. essuyer la table

6 **Expliquez** Answer these questions in French. Write complete sentences.

1. Pourquoi est-ce que Sandrine est de mauvaise humeur?

_____

_____

2. Pourquoi est-ce que Sandrine pense qu'Amina a de la chance?

_____

_____

3. Quand Sandrine parle d'un petit ami artistique, charmant et beau, à qui pense-t-elle? Comment est-ce que vous le savez?

_____

_____

7 **À vous!** Imagine that you are dividing household chores with your roommate. Write a conversation in which you discuss which chores you will each do. Talk about at least six different things.

_____

_____

_____

_____

_____

_____

Video Manual: *Roman-photo*

Unité 9, Leçon A

AU SUPERMARCHÉ

Roman-photo

Avant de regarder

1 **On fait les courses!** What do you think might happen in a video episode that takes place in a grocery store? What kinds of words and expressions do you expect to hear?

_____
_____
_____
_____
_____

En regardant la vidéo

2 **Complétez** Watch the first exchange between David and Amina and complete these sentences with the missing words.

AMINA Mais quelle heure est-il?

DAVID Il est (1) _____.

AMINA Sandrine devait être là à (2) _____. On l'attend depuis (3) _____ minutes!

DAVID Elle va arriver!

AMINA Mais pourquoi est-elle (4) _____?

DAVID Elle vient peut-être juste (5) _____ de la fac.

3 **La nourriture** Check off the foods that are mentioned in the video.

- ❑ 1. les bananes
- ❑ 2. le bœuf
- ❑ 3. les carottes
- ❑ 4. les fraises
- ❑ 5. les œufs
- ❑ 6. les champignons
- ❑ 7. les fruits de mer
- ❑ 8. les haricots verts
- ❑ 9. les oignons
- ❑ 10. les oranges
- ❑ 11. les pommes de terre
- ❑ 12. le porc
- ❑ 13. les poulets
- ❑ 14. le riz
- ❑ 15. les tomates

Video Manual: *Roman-photo*

4   **Qu'est-ce qu'on va manger?** Listen to Sandrine describe the recipes for the dishes she is considering. Write down the ingredients she mentions for each one.

Les crêpes	Le bœuf bourguignon
_____	_____
_____	_____
_____	**Le poulet à la crème**
_____	_____
_____	_____
	_____

5   **Qui...?** Indicate which character says each of these lines. Write **A** for Amina, **D** for David, **S** for Sandrine, or **St** for Stéphane.

_____ 1. Qu'est-ce qu'on peut apporter?

_____ 2. Je suis vraiment pressée!

_____ 3. Tu vas nous préparer un bon petit repas ce soir.

_____ 4. Bon, on fait les courses?

_____ 5. Génial, j'adore les crêpes!

_____ 6. Voilà exactement ce qu'il me faut pour commencer!

_____ 7. Tu peux devenir chef de cuisine si tu veux!

_____ 8. C'est nous qui payons!

Après la vidéo

6   **Vrai ou faux?** Indicate whether these statements are **vrai** or **faux**.

	Vrai	Faux
1. On doit (*should*) arriver pour le repas chez Sandrine à 8h00.	○	○
2. Valérie va apporter une salade.	○	○
3. Sandrine va préparer un bœuf bourguignon.	○	○
4. Les provisions coûtent 165 euros.	○	○
5. Sandrine va préparer un repas pour six personnes.	○	○
6. Amina et David paient.	○	○

7   **À vous!** Answer these questions in French and in complete sentences.

1. Qui fait les courses chez vous?

_____

2. Où allez-vous pour acheter de la nourriture?

_____

3. Qu'est-ce que vous achetez normalement au supermarché? En général, combien est-ce que vous payez au supermarché?

_____

Video Manual: Roman-photo

Unité 9, Leçon B

LE DÎNER

Roman-photo

Avant de regarder

1 **Un repas sympa** This video episode takes place at Sandrine's place, where she has prepared a special meal for her friends. What words and expressions do you expect to hear before and during a meal?

_____
_____
_____
_____
_____
_____
_____

En regardant la vidéo

2 **Qui...?** Watch the scenes leading up to the dinner. Indicate which character says each of these lines. Write **D** for David, **R** for Rachid, or **S** for Sandrine.

_____ 1. Qu'est-ce que tu as fait en ville aujourd'hui?

_____ 2. Ah, tu es jaloux?

_____ 3. Il ne fallait pas, c'est très gentil!

_____ 4. J'espère qu'on n'est pas trop en retard.

_____ 5. Venez! On est dans la salle à manger.

_____ 6. Je ne savais pas que c'était aussi difficile de choisir un bouquet de fleurs.

_____ 7. Tu es tombé amoureux?

_____ 8. Vous pouvez finir de mettre la table.

3 **Assortissez-les!** Match these images with their captions.

_____ 1. Je suis allé à la boulangerie et chez le chocolatier.

_____ 2. Tiens, c'est pour toi.

_____ 3. Est-ce qu'on peut faire quelque chose pour t'aider?

_____ 4. Je vous sers autre chose? Une deuxième tranche de tarte aux pommes peut-être?

_____ 5. À Sandrine, le chef de cuisine le plus génial!

_____ 6. Moi, je veux bien!

 a.
 b.
 c.
 d.
 e.
 f.

4 **Qu'est-ce qui s'est passé?** In what order do these events occur in the video?

_____ a. On prend du poulet aux champignons.

_____ b. On met la table.

_____ c. David cherche un cadeau pour Sandrine.

_____ d. Rachid et David arrivent chez Sandrine.

_____ e. Rachid rencontre David en ville.

Après la vidéo

5 **Descriptions** Indicate which person each statement describes.

_____ 1. Il/Elle aide dans la cuisine.

    a. Rachid   b. David   c. Stéphane   d. Sandrine   e. Valérie   f. Amina

_____ 2. Il/Elle donne des chocolats à Sandrine.

    a. Rachid   b. David   c. Stéphane   d. Sandrine   e. Valérie   f. Amina

_____ 3. Il/Elle donne des fleurs à Sandrine.

    a. Rachid   b. David   c. Stéphane   d. Sandrine   e. Valérie   f. Amina

_____ 4. Il/Elle met le sel et le poivre sur la table.

    a. Rachid   b. David   c. Stéphane   d. Sandrine   e. Valérie   f. Amina

_____ 5. Il/Elle met les verres sur la table.

    a. Rachid   b. David   c. Stéphane   d. Sandrine   e. Valérie   f. Amina

_____ 6. Il/Elle est au régime.

    a. Rachid   b. David   c. Stéphane   d. Sandrine   e. Valérie   f. Amina

6 **Expliquez** Answer these questions in French.

1. Pourquoi est-ce que David ne choisit pas les roses comme cadeau pour Sandrine?

_____

2. Pourquoi est-ce que David ne choisit pas les chrysanthèmes comme cadeau pour Sandrine?

_____

3. Pourquoi est-ce que David ne choisit pas le vin comme cadeau pour Sandrine?

_____

7 **À vous!** Imagine that you have been invited to a French friend's home for dinner. What will you bring as a gift for your host or hostess? Explain your choice in French.

_____

_____

_____

Unité 10, Leçon A

Roman-photo

DRÔLE DE SURPRISE

Avant de regarder

1   **Examinez le titre**   Look at the title of the video module. Based on the title and the video still below, what do you think the surprise might be?

_____
_____
_____
_____
_____
_____

2   **On fait sa toilette**   With what objects do you associate these activities? Use each object only once.

_____ 1. se brosser les dents   a. les vêtements

_____ 2. se brosser les cheveux   b. le shampooing

_____ 3. se laver   c. le réveil

_____ 4. se raser   d. la serviette de bain

_____ 5. se sécher   e. le miroir

_____ 6. se laver les cheveux   f. la brosse

_____ 7. se lever   g. le maquillage

_____ 8. s'habiller   h. le dentifrice

_____ 9. se maquiller   i. le savon

_____ 10. se regarder   j. le rasoir

En regardant la vidéo

3   **Qui...?**   Indicate which character says each of these lines. Write **D** for David or **R** for Rachid.

_____ 1. On doit partir dans moins de vingt minutes.

_____ 2. Tu veux bien me passer ma brosse à dents?

_____ 3. Ce n'est pas facile d'être beau.

_____ 4. Euh, j'ai un petit problème.

_____ 5. Est-ce que tu as mal à la gorge?

_____ 6. Lis le journal si tu t'ennuies.

4 **Les activités** Place check marks beside the activities David and Rachid mention.

- ❏ 1. se brosser les cheveux
- ❏ 2. se brosser les dents
- ❏ 3. se coiffer
- ❏ 4. se coucher
- ❏ 5. se déshabiller
- ❏ 6. s'endormir
- ❏ 7. s'intéresser
- ❏ 8. se laver
- ❏ 9. se lever
- ❏ 10. se maquiller
- ❏ 11. prendre une douche
- ❏ 12. se raser
- ❏ 13. se regarder
- ❏ 14. se réveiller
- ❏ 15. se sécher

5 **Une vraie star!** For items 1–7, fill in the missing letters in each word. Unscramble the letters in the boxes to find the answer to item 8. One letter will not be used.

1. Je finis de me brosser les d __ __ __ ☐.
2. Attends, je ne trouve pas le p __ ☐ __ __ __.
3. Tu n'as pas encore pris ta d __ __ __ __ ☐?
4. P ☐ __ __ __ __ __ __, cher ami.
5. Est-ce que tu as mal à la g __ __ ☐ __?
6. Je vais examiner tes y__ __ ☐.
7. Téléphone au médecin pour prendre un r__ __ __ __ __ -☐ __ __ __.
8. David a un problème sur le _____.

Après la vidéo

6 **Vrai ou faux?** Indicate whether these statements are **vrai** or **faux**.

	Vrai	Faux
1. Rachid doit aller à son cours d'histoire.	○	○
2. Rachid a besoin de se raser.	○	○
3. David se maquille.	○	○
4. David a mal au ventre.	○	○
5. David n'a pas fini sa toilette.	○	○
6. On s'est réveillé à l'heure aujourd'hui.	○	○
7. Rachid trompe (tricks) David.	○	○
8. David va téléphoner à la pharmacie.	○	○

7 **À vous!** Describe your morning routine by completing these sentences with the verbs below.

| se brosser | se coucher | se laver | se maquiller | se raser |
| se coiffer | s'habiller | se lever | prendre une douche | se réveiller |

1. D'abord, je _____.
2. Puis, je _____.
3. Ensuite, je _____.
4. Après ça, je _____.
5. Finalement, je _____.

Unité 10, Leçon B

Roman-photo

L'ACCIDENT

Avant de regarder

1   **Aïe!** In this episode, Rachid has an accident and has to go to the doctor's office. What words and expressions do you expect to hear?

_____

_____

_____

_____

En regardant la vidéo

2   **Qui...?** Indicate which character says each of these lines. Write **A** for Amina, **B** for Dr. Beaumarchais, **D** for David, **R** for Rachid, or **St** for Stéphane.

_____ 1. Tu t'es blessé? Où est-ce que tu as mal?

_____ 2. Essaie de te relever.

_____ 3. Alors, expliquez-moi ce qui s'est passé.

_____ 4. Vous pouvez tourner le pied à droite?

_____ 5. Tu peux toujours jouer au foot?

_____ 6. Je vais guérir rapidement et retrouver la forme.

_____ 7. Qu'est-ce qui t'est arrivé?

_____ 8. Bon, on va mettre de la glace sur ta cheville.

_____ 9. Tu fais le clown ou quoi?

_____ 10. C'est juste une allergie.

3   **Qu'est-ce qu'ils disent?** Match these photos with their captions.

1.   2.   3.   4.   5.

_____ a. Et où est-ce que vous avez mal?

_____ b. Tiens, donne-moi la main.

_____ c. On m'a fait une piqûre.

_____ d. Rends-moi la télécommande!

_____ e. On m'a donné des médicaments.

4 **Rachid et David** Who do these symptoms and treatments pertain to?

	Rachid	David
1. Il faut mettre de la glace sur une partie de son corps.	○	○
2. Il a une réaction allergique.	○	○
3. Il avait besoin d'aide pour aller aux urgences.	○	○
4. Il doit passer par la pharmacie.	○	○
5. Il a pris des pilules.	○	○
6. Il doit éviter le soleil.	○	○
7. Il ne peut pas jouer au foot pendant une semaine.	○	○
8. Il doit rester à la maison quelques jours.	○	○

5 **Complétez** Listen to the doctor's recommendations to Rachid, and complete this paragraph with the missing words you hear.

Alors, voilà ce que vous allez faire: mettre de la (1) _____,

vous (2) _____ et ça veut dire, pas de foot pendant une

(3) _____ au moins et prendre des (4) _____

contre la (5) _____. Je vous prépare une

(6) _____ tout de suite.

Après la vidéo

6 **Vrai ou faux?** Indicate whether these statements are vrai or faux.

	Vrai	Faux
1. Rachid ne peut pas se relever tout seul.	○	○
2. Rachid a mal au genou.	○	○
3. Rachid s'est cassé la jambe.	○	○
4. Rachid s'est foulé la cheville.	○	○
5. David est allé aux urgences.	○	○
6. David a la grippe.	○	○

7 **À vous!** When was the last time you or someone you know had an accident playing sports? Describe the incident. What happened? How was the person hurt? What did he or she do about it?

_____

_____

_____

_____

_____

_____

_____

_____

_____

Unité 11, Leçon A

Roman-photo

C'EST QUI, CYBERHOMME?

Avant de regarder

1 **Qu'est-ce qui se passe?** Look at the photo and guess what might happen in this video module. What words and expressions do you expect to hear in an episode about technology and electronics?

_____
_____
_____
_____
_____

2 **La technologie** With what do you associate these activities? More than one answer may apply.

un baladeur CD	un fax	un lecteur de DVD	un poste de
un caméscope	un fichier	un logiciel	télévision
un CD	une imprimante	un magnétophone	un téléphone
une chaîne stéréo	un jeu vidéo	un magnétoscope	un site web

1. enregistrer _____
2. surfer _____
3. sauvegarder _____
4. sonner _____
5. imprimer _____
6. télécharger _____
7. écouter _____
8. graver _____
9. regarder _____
10. jouer _____

En regardant la vidéo

3 **Les appareils électroniques** Watch the conversation between David and Rachid in their apartment, and place a check mark next to the electronic products mentioned or alluded to.

❑ 1. un caméscope
❑ 2. une télévision
❑ 3. une imprimante
❑ 4. un jeu vidéo

❑ 5. un magnétoscope
❑ 6. un baladeur
❑ 7. une chaîne stéréo
❑ 8. un magnétophone

Video Manual: Roman-photo

Après la vidéo

4 **Au café** Watch the scene in the café and complete the conversation with the missing words.

AMINA Oh, il est super gentil, écoute: chère Technofemme, je ne sais pas comment te dire combien j'adore lire tes messages. On (1) _____ si bien et on a beaucoup de choses en commun. J'ai l'impression que toi et moi, on peut tout (2) _____.

SANDRINE Il est adorable, ton Cyberhomme! Continue! Est-ce qu'il veut te rencontrer en personne?

VALÉRIE Qui vas-tu rencontrer, Amina? Qui est ce Cyberhomme?

SANDRINE Amina l'a connu sur Internet. Ils (3) _____ depuis longtemps déjà, n'est-ce pas, Amina?

AMINA Oui, mais comme je te l'ai déjà dit, je ne sais pas si c'est une bonne idée de (4) _____ en personne. S'écrire des e-mails, c'est une chose; (5) _____ rendez-vous, ça peut être dangereux.

5 **Qui...?** Indicate which character says each of these lines. Write **A** for Amina, **D** for David, **R** for Rachid, **S** for Sandrine, or **V** for Valérie.

_____ 1. Je dis que je ne peux pas me concentrer!

_____ 2. Tu as un autre e-mail de Cyberhomme?

_____ 3. Et voilà! J'ai fini ma dissert.

_____ 4. Mais il est si charmant et tellement romantique.

_____ 5. On ne sait jamais.

_____ 6. Il a effacé les quatre derniers paragraphes!

_____ 7. Peut-être qu'elle peut retrouver la dernière version de ton fichier.

_____ 8. Il faut sauvegarder au moins toutes les cinq minutes.

6 **Expliquez** What is happening in this photo? Describe the events leading up to this moment.

_____
_____
_____
_____

7 **À vous!** Name three technology products and explain how you use them.

1. _____
_____

2. _____
_____

3. _____
_____

Unité 11, Leçon B

Roman-photo

LA PANNE

Avant de regarder

1 **Qu'est-ce qui se passe?** Look at the video still. What is Rachid doing? Consider the title and the photo, and guess what will happen in this episode.

_____
_____
_____
_____
_____
_____
_____

En regardant la vidéo

2 **La voiture** Place check marks next to the car-related terms mentioned in this episode.

- ❑ 1. l'huile
- ❑ 2. les pneus
- ❑ 3. les freins
- ❑ 4. la ceinture
- ❑ 5. le capot
- ❑ 6. le voyant
- ❑ 7. le pare-brise
- ❑ 8. la station-service
- ❑ 9. les phares
- ❑ 10. le rétroviseur

3 **Qui...?** Indicate which character says each of these lines. Write **A** for Amina, **G** for the **garagiste**, **R** for Rachid, **S** for Sandrine, or **V** for Valérie.

_____ 1. Elle est belle, votre voiture!

_____ 2. Je suis un peu pressé en fait.

_____ 3. Une vraie petite histoire d'amour, comme dans les films!

_____ 4. Elle doit être amoureuse.

_____ 5. Arrête de dire des bêtises.

_____ 6. Tiens, c'est pour toi.

_____ 7. Je peux vous aider?

_____ 8. À quelle heure est notre réservation?

Video Manual: Roman-photo

4 **Mettez-les en ordre!** Number these events in the order in which they occur.

_____ a. Un voyant est allumé.

_____ b. Rachid a un pneu crevé.

_____ c. Rachid achète de l'essence.

_____ d. Rachid retourne à la station-service.

_____ e. Le garagiste vérifie l'huile.

Après la vidéo

5 **Vrai ou faux?** Indicate whether these statements are **vrai** or **faux**.

	Vrai	Faux
1. À la station-service, le garagiste vérifie la pression des pneus pour Rachid.	○	○
2. La voiture de Rachid est de 2005.	○	○
3. Rachid offre des fleurs à Amina.	○	○
4. À la station-service, Rachid nettoie son pare-brise.	○	○
5. Rachid et Amina ont un accident de voiture.	○	○
6. Rachid va deux fois à la station-service.	○	○
7. Amina est fâchée avec Rachid.	○	○
8. Rachid s'énerve.	○	○

6 **Que c'est romantique!** What happens in this episode that tells you that the relationship between Rachid and Amina has changed? Name at least three things they say or do.

_____

_____

_____

_____

_____

7 **À vous!** Describe a time when you had car trouble. What happened? What did you do?

_____

_____

_____

_____

_____

_____

_____

_____

_____

_____

Unité 12, Leçon A

ON FAIT DES COURSES

Roman-photo

Avant de regarder

1 **Qu'est-ce qui se passe?** Read the title, look at the photo, and guess what might happen in this video module. What words and expressions do you expect to hear?

_____

_____

_____

_____

En regardant la vidéo

2 **En ville** Place check marks next to the places mentioned in this video module.

- ☐ 1. un bureau de poste
- ☐ 2. une banque
- ☐ 3. un cybercafé
- ☐ 4. une bijouterie
- ☐ 5. une laverie
- ☐ 6. une brasserie
- ☐ 7. une papeterie
- ☐ 8. un salon de beauté
- ☐ 9. un marchand de journaux
- ☐ 10. une boutique
- ☐ 11. un parc
- ☐ 12. un commissariat de police

3 **Complétez** Watch the first two segments as Amina and Rachid run errands, and complete these sentences according to what the characters say. Not all words in the list will be used.

banque	billets	chèque	liquide	salade
bijouterie	boutique	courses	poste	tranches

1. Bonjour, Madame, quatre _____ de pâté et de la _____ de carottes pour deux personnes, s'il vous plaît.

2. Ah désolée, Monsieur, nous n'acceptons que les paiements en _____ ou par _____.

3. Je dois aller à la _____ pour acheter des timbres et envoyer quelques cartes postales, et puis je voudrais aller à la _____.

4. J'ai quelques _____ à faire plus tard cet après-midi.

5. Et après ça, je dois passer à la _____.

4 **Mettez-les en ordre!** Number these events in the order in which they occur.

_____ a. Les quatre amis se rencontrent.

_____ b. Sandrine invite Rachid et Amina à aller dans une brasserie.

_____ c. Rachid commande des provisions pour un pique-nique.

_____ d. Rachid emprunte de l'argent à Amina.

_____ e. David et Sandrine cherchent un distributeur automatique.

_____ f. David invite Sandrine à aller dans une brasserie.

_____ g. Rachid découvre qu'il n'a pas de liquide.

_____ h. Amina et Rachid arrivent au distributeur automatique.

Après la vidéo

5 **Vrai ou faux?** Indicate whether these statements are **vrai** or **faux**.

	Vrai	Faux
1. La banque est fermée.	○	○
2. Sandrine n'aime pas la cuisine alsacienne.	○	○
3. La charcuterie accepte les cartes de crédit.	○	○
4. Amina veut acheter des cartes postales.	○	○
5. Les quatre amis vont aller dans une brasserie ensemble.	○	○
6. Aujourd'hui, c'est samedi.	○	○

6 **Expliquez** Read the caption and explain what is happening in this photo.

—Alors! On n'a plus besoin de chercher un Cyberhomme?
—Pour le moment, je ne cherche personne.

_____

_____

_____

_____

_____

_____

_____

7 **À vous!** Describe a day in which you ran several errands. Tell where you went and what you did at each place. Mention at least four different places.

1. _____

_____

2. _____

_____

3. _____

_____

4. _____

_____

Unité 12, Leçon B

Roman-photo

CHERCHER SON CHEMIN

Avant de regarder

1 **Qu'est-ce qui se passe?** Read the title, look at the photo, and guess what might happen in this video module.

_____
_____
_____
_____

2 **Qu'est-ce que c'est?** Check the appropriate column to classify these words as directions (indications) or places (endroits).

	indication	endroit		indication	endroit
1. fontaine	_____	_____	6. rue	_____	_____
2. traverser	_____	_____	7. tourner	_____	_____
3. suivre	_____	_____	8. feu rouge	_____	_____
4. descendre	_____	_____	9. continuer	_____	_____
5. angle	_____	_____	10. boulevard	_____	_____

En regardant la vidéo

3 **Complétez** Watch the scene with the tourist in the café, and complete the conversation with the missing words.

à côté de	droite	gauche	tout droit
continuez	en face de	loin	traversez
descendez	feu rouge	tournez	se trouve

TOURISTE Excusez-moi, est-ce que vous savez où (1) _____ le bureau de poste, s'il vous plaît?

RACHID Oui, ce n'est pas (2) _____ d'ici. Vous (3) _____ la rue, juste là, ensuite vous (4) _____ jusqu'au (5) _____ et vous (6) _____ (7) à _____.

DAVID Non! À (8) _____!

RACHID Non, à gauche! Puis, vous continuez (9) _____, vous (10) _____ le cours Mirabeau et c'est juste là, (11) _____ la fontaine de la Rotonde (12) _____ la gare.

Video Manual: *Roman-photo*

4 **Mettez-les en ordre!** Number these people in the order in which they give the tourist directions.

_____ a. Stéphane _____ b. le marchand de journaux _____ c. Rachid _____ d. David

Who finally gives good directions? _____

Après la vidéo

5 **Qu'est-ce qui se passe?** Match these images with their captions.

1. _____

4. _____

2. _____

5. _____

3. _____

6. _____

a. Qu'est-ce que vous allez faire le week-end prochain?

b. Voici cinq, six, sept euros qui font dix.

c. Oui, je l'adore!

d. Euh merci, je…je vais le trouver tout seul.

e. Bonjour, je peux vous aider?

f. Excusez-moi, où est le bureau de poste, s'il vous plaît?

6 **Vrai ou faux?** Indicate whether these statements are **vrai** or **faux**.

	Vrai	Faux
1. Sandrine chante très mal.	○	○
2. M. Hulot ne sait pas où se trouve le bureau de poste.	○	○
3. Le touriste va au café parce qu'il a soif.	○	○
4. Amina aime bien Pauline Ester.	○	○
5. Le bureau de poste est derrière une grande fontaine.	○	○

7 **Comment est-ce qu'on va…?** Give directions from your home to these places.

1. Pour aller de chez moi au parc, … _____

_____

2. Pour aller de chez moi à la banque, … _____

_____

3. Pour aller de chez moi au supermarché, … _____

_____

Unité 13, Leçon A

UNE IDÉE DE GÉNIE

Roman-photo

Avant de regarder

1 **Qu'est-ce qui se passe?** Read the title and look at the photo. What do you think might happen in this video module?

_____
_____
_____
_____
_____

En regardant la vidéo

2 **Qui...?** Indicate which character says each of these lines. Write **A** for Amina, **D** for David, **R** for Rachid, **S** for Sandrine, or **V** for Valérie.

_____ 1. Elle ne vient ni aujourd'hui, ni demain, ni la semaine prochaine.

_____ 2. Il faut que je vous parle de cet article sur la pollution.

_____ 3. Oh, David, la barbe.

_____ 4. Je n'ai pas vraiment envie de parler de ça.

_____ 5. Pensons à quelque chose pour améliorer la situation.

_____ 6. Si on allait au mont Sainte-Victoire ce week-end?

_____ 7. J'adore dessiner en plein air.

_____ 8. En effet, je crois que c'est une excellente idée!

3 **Identifiez-les!** Match these images with their captions.

1. _____

2. _____

3. _____

4. _____

a. Plus celui-ci.

b. Tu peux aller recycler ces bouteilles en verre?

c. Il faut que nous passions le reste de mon séjour de bonne humeur, hein?

d. Vous avez lu le journal ce matin?

4 **Complétez** Watch Amina and Rachid convince their friends to go on a hike, and complete the conversation with the missing words.

air	campagne	fera	reposer
besoin	devez	pollution	venir

AMINA Allez! Ça nous (1) _____ du bien! Adieu (2) _____ de la ville. À nous, l' (3) _____ pur de la (4) _____! Qu'en penses-tu Sandrine?

SANDRINE Bon, d'accord.

AMINA Super! Et vous, Madame Forestier? Vous et Stéphane avez (5) _____ de vous (6) _____ aussi, vous (7) _____ absolument (8) _____ avec nous!

Après la vidéo

5 **Vrai ou faux?** Indicate whether these statements are **vrai** or **faux**.

	Vrai	Faux
1. Michèle est en vacances.	○	○
2. David rentre aux États-Unis dans trois semaines.	○	○
3. Le concert de Sandrine est dans une semaine.	○	○
4. David adore dessiner en plein air.	○	○
5. Sandrine ne va pas aller à la montagne Sainte-Victoire.	○	○
6. Valérie et Stéphane vont aussi y aller.	○	○

6 **Expliquez!** Answer these questions in French according to what you saw in the video.

1. Pourquoi est-ce que Sandrine est de mauvaise humeur?

_____

2. Pourquoi est-ce que Valérie est de mauvaise humeur?

_____

3. De quoi parle l'article que David a lu?

_____

4. Pourquoi est-ce que Rachid propose d'aller à la montagne Sainte-Victoire?

_____

7 **À vous!** In this episode, Valérie has Stéphane recycle some bottles. What can you do to preserve the environment in which you live?

_____

_____

_____

_____

_____

Unité 13, Leçon B

LA RANDONNÉE

Roman-photo

Avant de regarder

1   **Qu'est-ce qui se passe?** Look at the photo. In this episode, the characters go to **la montagne** Sainte-Victoire. What words and expressions do you expect to hear them say?

_____

_____

_____

_____

_____

En regardant la vidéo

2   **Qui...?** Indicate which character says each of these lines. Write **A** for Amina, **D** for David, **R** for Rachid, **S** for Sandrine, **St** for Stéphane, or **V** for Valérie.

_____ 1. Regardez ce ciel bleu, le vert de cette vallée.

_____ 2. Nous sommes venus ici pour passer un bon moment ensemble.

_____ 3. C'est romantique ici, n'est-ce pas?

_____ 4. Tiens, et si on essayait de trouver des serpents?

_____ 5. Avant de commencer notre randonnée, je propose qu'on visite la Maison Sainte-Victoire.

_____ 6. Ne t'inquiète pas, ma chérie.

3   **Mettez-les en ordre!** Number these events in the order in which they occur.

_____ a. David dessine.

_____ b. Le groupe visite la Maison Sainte-Victoire.

_____ c. Le groupe fait un pique-nique.

_____ d. Rachid et Amina s'embrassent.

_____ e. Le groupe fait une randonnée.

4   **Complétez** Watch the video segment in which the guide talks about **la montagne Sainte-Victoire.** Complete these sentences with words from the list. Some words may be repeated.

forêt	incendie	préservation	sauvetage
gestion	montagne	prévention	sentier
habitats	musée	protégé	

1. La Maison Sainte-Victoire a été construite après l'_____ de 1989.

2. Oui, celui qui a détruit une très grande partie de la _____.

3. Maintenant, il y a un _____, un _____ de découvertes dans le jardin et la montagne est un espace _____.

4. Et bien, nous nous occupons de la _____ de la _____ et de la _____.

5. Notre mission est la _____ de la nature, le _____ des _____ naturels et la _____ des incendies.

5 **Choisissez** Choose the correct completions for these sentences according to what you hear in the video.

1. Il est essentiel qu'on laisse cet endroit _____!
   a. pur   b. écologique   c. propre
2. J'allais mettre ça à _____ plus tard.
   a. l'environnement   b. la poubelle   c. la pollution
3. Cette _____ est tellement belle!
   a. montagne   b. vallée   c. fleur
4. Merci, elle est très belle, _____.
   a. cette fleur   b. cette forêt   c. ce dessin
5. Tu es plus belle que toutes les fleurs de la _____ réunies!
   a. nature   b. vallée   c. montagne

Après la vidéo

6 **Vrai ou faux?** Indicate whether these statements are vrai or faux.

	Vrai	Faux
1. Cézanne dessinait souvent à la montagne Sainte-Victoire.	O	O
2. C'est la première fois que David vient à la montagne.	O	O
3. Amina a peur des serpents.	O	O
4. Sandrine aime bien le fromage.	O	O
5. David fait un portrait de Sandrine.	O	O
6. Stéphane suit Amina et Rachid.	O	O

7 **À vous!** Describe a time when you visited a state park or other type of nature preserve. What did you see and do? What rules did you have to follow there?

_____
_____
_____
_____
_____
_____
_____
_____
_____
_____
_____
_____

Unité 1, Leçon A

SALUT!

Flash culture

Avant de regarder

1   **Les salutations**   In this video, you're going to learn about French greetings and introductions. In preparation for watching the video, make a list of things you do…

1.   when you say hello:
_____
_____

2.   when you say good-bye:
_____
_____

3.   when you are introduced to a person your age:
_____
_____

4.   when you meet a friend's parents for the first time:
_____
_____

En regardant la vidéo

2   **Dans quel ordre?**   Number these images as they appear on-screen.

_____ a.   two young men shaking hands
_____ b.   two older family members kissing on cheeks
_____ c.   two couples saying good-bye to each other
_____ d.   two women shaking hands
_____ e.   four friends (three young men and one young woman) meet
_____ f.   a young man introducing a young woman to two friends
_____ g.   a wide shot of two girls kissing on the cheek
_____ h.   a woman and a small child kissing on the cheek

3   **Les rapports**   Classify these people as friends, family, or acquaintances according to the video.

   1. _____

   3. _____

   2. _____

   4. _____

Après la vidéo

4 **Vrai ou faux?** Indicate whether these statements are vrai or faux.

	Vrai	Faux
1. When female friends greet one another, they usually kiss on the cheek.	○	○
2. When male friends greet one another, they usually shake hands.	○	○
3. When mutual friends are introduced for the first time, they always shake hands instead of kiss on the cheek.	○	○
4. When formal acquaintances greet one another, they usually shake hands.	○	○
5. Women usually just shake hands when they say good-bye.	○	○
6. Handshaking is not very common in France.	○	○

5 **À vous!** Imagine that you are in France. In English, write what you should do in each of these situations according to French custom.

1. A classmate introduces you to his father.

   _____

2. You greet a girl you met in one of your classes.

   _____

3. You are introduced to a friend's girlfriend.

   _____

4. You arrive for a job interview and meet your potential new boss.

   _____

6 **Vive la différence!** In English, compare greetings and introductions in France and where you live. In what ways are they similar? How do they differ?

_____

_____

_____

_____

_____

_____

_____

_____

Unité 2, Leçon A

Flash culture

À LA FAC

Avant de regarder

1 **À l'université française** In this video, you will learn about college campuses and classes in France. Make a list of French words related to university life, including places on campus and academic subjects.

_____ _____ _____

_____ _____ _____

_____ _____ _____

_____ _____ _____

2 **Qu'est-ce que c'est?** Check the appropriate column to classify each word as a place on campus (un endroit) or a class (un cours).

	endroit	cours
1. la librairie	○	○
2. la physique	○	○
3. le resto U	○	○
4. les lettres	○	○
5. la bibliothèque	○	○
6. la salle de classe	○	○
7. le gymnase	○	○
8. la faculté de droit	○	○
9. les mathématiques	○	○
10. l'histoire	○	○
11. la chimie	○	○
12. la philosophie	○	○

En regardant la vidéo

3 **Mettez-les en ordre!** Number these places around campus in the order in which they are mentioned in the video.

_____ a. la faculté de droit

_____ b. la salle d'études

_____ c. la faculté des lettres

_____ d. le resto U

_____ e. la salle de cours

_____ f. le point de rencontre des étudiants

_____ g. la bibliothèque

Video Manual: Flash culture

4 **Choisissez** Watch as Benjamin interviews several students about their classes, and place check marks next to the classes the students mention.

❏ 1. biologie   ❏ 6. maths

❏ 2. anglais   ❏ 7. informatique

❏ 3. français   ❏ 8. physique

❏ 4. sciences politiques   ❏ 9. philosophie

❏ 5. histoire-géo   ❏ 10. psychologie

5 **Qu'est-ce qu'ils disent?** Match these images with their captions.

1. _____   2. _____   3. _____

4. _____   5. _____   6. _____

a. Bof, ça va.

b. C'est ici qu'ils passent le temps entre les cours.

c. Oui, mais c'est très difficile.

d. C'est un cours d'histoire.

e. Maintenant, nous sommes au resto U.

f. Chut! Nous sommes maintenant dans la bibliothèque.

Après la vidéo

6 **À mon université** List five different places around your campus. Then describe what you usually do at each one.

_____

_____

_____

_____

_____

_____

_____

_____

_____

Unité 3, Leçon A

Flash culture

LA FAMILLE ET LES COPAINS

Avant de regarder

1 **Vocabulaire supplémentaire** Look over these words and expressions before you watch the video; you will hear them in this segment.

la petite	*the little girl*	donner à manger	*to feed*
là-bas	*over there*	Vous pensez que… ?	*Do you think that… ?*
Tiens!	*Oh!*	Eh, regardez!	*Hey, look!*

2 **La famille et les copains** In this video, you will hear descriptions of people and find out about their relationships with others. In preparation, circle the statements that best describe you.

1. Je suis un homme. / Je suis une femme.

2. J'ai 18 ans. / J'ai moins de (*less than*) 18 ans. / J'ai plus de (*more than*) 18 ans.

3. Je suis célibataire. / Je suis fiancé(e). / Je suis marié(e).

4. J'ai un petit ami. / J'ai une petite amie. / Je n'ai pas de petit(e) ami(e).

5. J'ai un chat. / J'ai un chien. / J'ai un oiseau. / J'ai un poisson. / Je n'ai pas d'animaux.

6. J'ai un frère. / Je n'ai pas de frère. / J'ai une sœur. / Je n'ai pas de sœur.

3 **Les catégories** Check the appropriate column to classify these words as **une personne** or **un adjectif**.

	personne	adjectif		personne	adjectif
1. petit	_____	_____	7. jeune	_____	_____
2. fils	_____	_____	8. célibataire	_____	_____
3. marié	_____	_____	9. ami	_____	_____
4. copain	_____	_____	10. gentil	_____	_____
5. enfant	_____	_____	11. fille	_____	_____
6. garçon	_____	_____	12. sportif	_____	_____

Video Manual: *Flash culture*

En regardant la vidéo

4 **Indiquez** Indicate which of these people or animals are mentioned in the video.

❏ 1. père
❏ 2. mère
❏ 3. fille
❏ 4. fils
❏ 5. femme
❏ 6. mari
❏ 7. neveu
❏ 8. nièce

❏ 9. grand-père
❏ 10. homme
❏ 11. couple
❏ 12. chien
❏ 13. chat
❏ 14. oiseau
❏ 15. poisson

5 **Complétez** Complete these sentences according to what you see and hear in the video.

1. La petite, elle a _____ ou _____ ans, je crois.

2. Les garçons là-bas, ce sont des _____. Ils ont beaucoup d'énergie.

3. Et cette jeune femme, vous pensez qu'elle est _____ ou _____?

4. Un jeune couple. Que c'est _____!

5. Eh, regardez! Une femme avec son _____.

6. C'est mon _____.

Après la vidéo

6 **À vous!** How would you describe your family and friends? Think of three friends, family members, and/or pets, and complete the descriptions of each. Include a photo or a drawing.

1.   2.   3.

1. Il/Elle s'appelle _____.

   C'est mon/ma _____.

   Il/Elle est _____ et _____.

2. Il/Elle s'appelle _____.

   C'est mon/ma _____.

   Il/Elle est _____ et _____.

3. Il/Elle s'appelle _____.

   C'est mon/ma _____.

   Il/Elle est _____ et _____.

Unité 4, Leçon B

AU CAFÉ

Flash culture

Avant de regarder

1 **Vocabulaire supplémentaire** Look over these words and expressions before you watch the video.

un coca	*soft drink*
un croque-monsieur	*toasted ham and cheese sandwich*
un hot-dog	*hot dog*
une glace au chocolat	*chocolate ice cream*

2 **Qu'est-ce qu'on prend?** In this video, you are going to learn about cafés in France. Make a list of five beverages and five food items a French café might serve.

À boire

_____

_____

_____

_____

À manger

_____

_____

_____

_____

3 **Qu'est-ce que c'est?** Check the appropriate column to classify these words as a beverage (boisson) or food (nourriture).

	boisson	nourriture		boisson	nourriture
1. fromage			7. frites		
2. éclair			8. eau minérale		
3. jus de pomme			9. glace au chocolat		
4. croissant			10. croque-monsieur		
5. limonade			11. baguette		
6. café au lait			12. jambon		

En regardant la vidéo

4 **Qu'est-ce qu'il y a?** Check off the six foods listed below that are mentioned in the video.

❏ 1. des frites

❏ 2. un hot-dog

❏ 3. une soupe

❏ 4. une baguette

❏ 5. un croissant

❏ 6. un croque-monsieur

❏ 7. une eau minérale

❏ 8. un sandwich au jambon

❏ 9. des éclairs

❏ 10. un pain de campagne

❏ 11. une glace au chocolat

❏ 12. un fromage

Video Manual: Flash culture

5 **Les boissons** What beverages are pictured below?

1. _____

2. _____

3. _____

4. _____

5. _____

a. un café au lait
b. une limonade
c. un coca

d. un chocolat
e. un café
f. un thé

Après la vidéo

6 **Au café** Imagine you are at a café in Aix-en-Provence. Write a brief conversation in which you and a friend each order something to eat and something to drink. You should each order different things. Include what the server says, too.

_____

_____

_____

_____

_____

_____

_____

_____

_____

_____

_____

_____

Unité 5, Leçon A

LES LOISIRS

Flash culture

Avant de regarder

1 **Quels sont vos loisirs préférés?** In this video, you will learn about leisure-time activities in France. Make a list of six things you like to do in your spare time. Then make a list of six things you don't like to do in your spare time.

J'aime…	Je n'aime pas…
_____	_____
_____	_____
_____	_____
_____	_____
_____	_____
_____	_____

2 **Mes loisirs** Circle all of the statements that describe you.

1. J'aime jouer aux cartes / aux échecs.
2. Je joue du piano / de la guitare.
3. J'aime / Je n'aime pas le sport.
4. Je fais de la gym / de l'aérobic / de la danse.
5. Je joue au football / au basket / au baseball.

En regardant la vidéo

3 **Mettez-les en ordre!** In what order does Csilla mention these activities?

_____ a. On joue au basket.

_____ b. On joue à la pétanque.

_____ c. On joue au football.

_____ d. On joue au tennis.

_____ e. On court.

_____ f. On fait du jogging.

_____ g. On fait de la musique.

_____ h. On fait de la gym.

_____ i. On fait de l'aérobic.

_____ j. On fait de la danse.

Video Manual: *Flash culture*

4   **Écoutez**   Write down five activities you see being performed indoors (**à l'intérieur**) and five you see being performed outdoors (**en plein air**). Include activities you see but Csilla doesn't mention.

<table>
<tr><th>À l'intérieur</th><th>En plein air</th></tr>
<tr><td>_____</td><td>_____</td></tr>
<tr><td>_____</td><td>_____</td></tr>
<tr><td>_____</td><td>_____</td></tr>
<tr><td>_____</td><td>_____</td></tr>
<tr><td>_____</td><td>_____</td></tr>
</table>

Après la vidéo

5   **Qu'est-ce que c'est?**   Define these terms in English, based on what you saw and heard in the video.

1. la maison des jeunes et de la culture

_____

_____

_____

2. la pétanque

_____

_____

_____

6   **Les activités**   How are sports and leisure activities in France different from those practiced in the United States? In what ways are they similar?

_____

_____

_____

_____

_____

_____

_____

_____

_____

_____

_____

Video Manual: *Flash culture*

Unité 6, Leçon A

LES FÊTES

Flash culture

Avant de regarder

1 **Vocabulaire supplémentaire** Look over these words and expressions before you watch the video.

carnaval	*carnival*	magnifique	*magnificent*
célèbre	*famous*	Noël	*Christmas*
chevaux	*horses*	Pâques	*Easter*
le jour de l'an	*New Year's Day*	partout	*everywhere*
la fête nationale	*national holiday*	presque toutes	*almost all*
incroyable	*incredible*		

2 **Vos fêtes préférées** In this video, you will learn about French holidays and festivals. In preparation, answer these questions about two of your favorite holidays or festivals.

Quelles sont vos fêtes préférées? Comment est-ce que vous célébrez ces fêtes chez vous?

1. fête: _____

   traditions: _____

   _____

   _____

   _____

2. fête: _____

   traditions: _____

   _____

   _____

   _____

En regardant la vidéo

3 **Dans quel ordre?** Number these items as they appear on-screen.

_____ a. des chevaux

_____ b. des danseuses

_____ c. des enfants

_____ d. des légumes

_____ e. des musiciens qui jouent

4 **Les fêtes** What holiday or festival does each image represent?

1. _____

2. _____

3. _____

4. _____

5. _____

6. _____

a. le jour de l'an
b. la fête nationale
c. Noël
d. la fête de la musique
e. Pâques
f. le festival de théâtre d'Avignon

5 **Répondez** Complete these sentences with words from the list according to what Benjamin says.

| décembre | juillet | premier |
| janvier | juin | printemps |

1. Le premier _____, c'est le jour de l'an.

2. Au _____, on célèbre Pâques.

3. Le quatorze _____, c'est la fête nationale.

4. Le vingt-cinq _____, c'est Noël.

5. Au mois de _____, on célèbre la fête de la musique.

Après la vidéo

6 **Vrai ou faux?** Indicate whether these statements are **vrai** or **faux**.

	Vrai	Faux
1. On célèbre la fête de la musique seulement à Paris.	○	○
2. Il y a beaucoup de fêtes en France.	○	○
3. Le festival d'Avignon est un festival de danse.	○	○
4. Le festival de théâtre est à Nice.	○	○
5. Chaque année, Aix-en-Provence organise un carnaval.	○	○

7 **À vous!** Imagine that you just visited France during one of the holidays mentioned in the video. Write a short letter to a friend telling him or her about what you saw and did.

_____
_____
_____
_____
_____

Unité 7, Leçon A

LES VACANCES

Flash culture

Avant de regarder

1   **Qu'est-ce que vous aimez faire?** In this video, you will learn about vacations in France. Make a list of six things you like to do while on vacation. Then make a list of six things you don't like to do on vacation.

Quand je suis en vacances, j'aime…

_____

_____

_____

_____

_____

_____

Quand je suis en vacances, je n'aime pas…

_____

_____

_____

_____

_____

_____

2   **Mes vacances** Circle all of the statements that describe you.

1. J'aime voyager en avion / en train / en voiture.
2. En vacances, j'aime aller dans un hôtel / un camping / une auberge de jeunesse.
3. J'aime visiter les musées / acheter des souvenirs / manger au restaurant.
4. Dans un café, j'aime manger / prendre un verre / regarder les gens qui passent.
5. J'aime bien bronzer à la plage / rouler en voiture / skier.

En regardant la vidéo

3   **Identifiez-les!** Match these images with their captions.

1. _____

2. _____

3. _____

4. _____

5. _____

6. _____

7. _____

8. _____

a. On fait un tour en bateau.
b. Ça, c'est la gare.
c. C'est un camping.
d. Voici la plage de Cassis.

e. C'est un hôtel de luxe.
f. Voici un café.
g. On achète des souvenirs.
h. C'est un hôtel modeste.

Video Manual: Flash culture

4 **Mettez-les en ordre!** In what order does Csilla mention these means of transportation?

_____ a. le train

_____ b. l'autobus

_____ c. l'avion

_____ d. le taxi

_____ e. la voiture

_____ f. le car

5 **Répondez** Complete these sentences with words from the list according to what Csilla says in the video. Not all words will be used.

activités	autobus	car	manger	taxi
argent	avion	gares	région	TGV
auberges de jeunesse	bateau	gens	routière	verre

1. Pour arriver en Provence, il y a l'_____ ou un train spécial que les Français

   appellent le _____.

2. C'est une des deux _____ d'Aix-en-Provence où il y a des trains réguliers pour

   visiter la _____.

3. À la gare _____, on prend le _____ pour aller d'une ville à l'autre.

4. En ville, il y a l'_____ ou le _____.

5. Si vous n'avez pas beaucoup d'_____, il y a toujours des _____.

6. Il est très agréable de _____ dans les cafés ou de prendre un _____

   à la terrasse d'un café ou d'un restaurant et de regarder les _____ passer.

Après la vidéo

6 **En vacances** Imagine that you are on vacation in Provence. Write a postcard to a friend or relative describing your trip. Say where you've been and how you got there. Mention at least four different things you've seen or done.

_____

_____

_____

_____

_____

_____

_____

_____

_____

_____

Video Manual: Flash culture

Unité 8, Leçon A

CHEZ NOUS

Flash culture

Avant de regarder

1 **Les habitations** In this video, you are going to learn about housing in France. List as many different types of places to live as you can in French.

_____

_____

_____

_____

_____

_____

2 **Chez moi** Complete these statements about your own home. Remember to use the correct article with each noun. Use words from the list or any other words you know.

appartement	garage	sous-sol
balcon	jardin	studio
cave	maison	terrasse
escalier	résidence universitaire	

1. J'habite dans _____.

2. Chez moi, il y a _____ et _____.

3. Il n'y a pas _____ chez moi.

4. À l'extérieur, il y a _____.

5. Avant, j'habitais dans _____.

6. Il y avait _____ et _____.

7. Il n'y avait pas _____.

8. À l'extérieur, il y avait _____.

En regardant la vidéo

3 **Mettez-les en ordre!** In what order does Benjamin mention these items?

_____ a. un balcon   _____ d. un garage

_____ b. une terrasse   _____ e. un jardin

_____ c. un sous-sol

4   **Chez soi** Match these images with their captions.

1.   2.   3.

4.   5.

_____ a. des maisons individuelles   _____ d. de grands immeubles

_____ b. des appartements   _____ e. des résidences pour les étudiants

_____ c. des HLM

5   **Complétez** Watch the video and complete the paragraphs below according to what Benjamin says.

1. Nous sommes dans la _____ d'Aix-en-Provence. C'est un _____ très pittoresque avec ses boutiques, ses restaurants et ses _____. Laissez-moi vous montrer différents types de _____.

2. Nous sommes maintenant dans la _____ où on trouve des _____ de toutes sortes. Par exemple, cette maison est assez _____.

Après la vidéo

6   **La maison de mes rêves** Describe your dream home. Tell where it is and what type of residence it is. Then describe its features in detail.

_____
_____
_____
_____
_____
_____
_____
_____

Unité 9, Leçon A

LA NOURRITURE

Flash culture

Avant de regarder

1 **Qu'est-ce qu'on achète?** In this video, you are going to learn about the way that some French people do their shopping: at an open-air market. Make a list of five things you think you could buy there and five things you think you couldn't.

On peut acheter…

_____
_____
_____
_____
_____

On ne peut pas acheter…

_____
_____
_____
_____
_____

2 **La nourriture** You will see and hear descriptions of fruits, vegetables, and other foods at a French market. In preparation, circle the statements that best describe your tastes.

1. J'aime / Je n'aime pas les légumes.
2. J'aime / Je n'aime pas les fruits.
3. J'aime mieux les saucisses / le jambon.
4. Je mange peu de / assez de / beaucoup de fromage.
5. J'aime / Je n'aime pas les fruits de mer.
6. J'aime / Je n'aime pas le poisson.
7. Je mange peu de / assez de / beaucoup de pain.
8. Je mange peu de / assez de / beaucoup de légumes.

En regardant la vidéo

3 **Qu'est-ce qu'il y a?** Check off the eleven items that you see in the video.

- 1. des bananes
- 2. des carottes
- 3. des champignons
- 4. des fleurs
- 5. du fromage
- 6. des fruits de mer
- 7. du jambon
- 8. des melons
- 9. des oignons
- 10. du pain
- 11. des pâtes
- 12. des poivrons verts
- 13. des poulets
- 14. des saucisses
- 15. des tomates

Video Manual: Flash culture

4 **Répondez** Complete these sentences with words from the list according to what Csilla says in the video.

délicieuses	légumes	pique-nique
fleurs	marché	place
fromages	pain	tomates

1. Ici, c'est la _____ Richelme.

2. Tous les matins, il y a un _____ aux fruits et légumes.

3. Il y a toutes sortes de _____ ici.

4. Ces _____ sentent tellement bon.

5. Ces fraises ont l'air _____.

6. Sur les marchés, on vend des _____. Moi, j'adore.

7. Je vais acheter deux ou trois petites choses pour préparer un _____.

8. Et bien sûr, n'oublions pas le _____.

Après la vidéo

5 **Au marché** Imagine you just went shopping at the market in Aix. Write a brief paragraph about your experience. Remember to use the **imparfait** to describe the scene and the **passé composé** to tell what you bought and what you did.

_____
_____
_____
_____
_____
_____
_____
_____
_____
_____
_____
_____
_____
_____

Unité 10, Leçon B

LA SANTÉ

Flash culture

Avant de regarder

1 **À la pharmacie** In this video, you are going to learn about pharmacies in France. In French, make a list of items you might buy in a pharmacy.

_____

_____

_____

_____

_____

2 **La santé et l'hygiène** Complete these statements about health and personal hygiene with the words listed.

aspirine	gorge	pharmacie
dentifrice	médicaments	rasoir
douche	miroir	shampooing

1. Quand on se maquille, on se regarde dans le _____ .

2. Quand on a mal à la tête, on prend souvent de l' _____ .

3. On se déshabille avant de prendre une _____ .

4. Quand on a la grippe, le docteur examine la _____ .

5. Quand le médecin donne une ordonnance, on va à la _____ .

6. Si on a des allergies, on prend quelquefois des _____ .

En regardant la vidéo

3 **Complétez** Watch these video segments and complete the paragraphs below according to what Benjamin says.

1. Bonjour! Quand vous êtes (a) _____ ou quand il vous faut des

   (b) _____ , il y a la (c) _____ . Pour en trouver une, cherchez la

   croix (d) _____ ! Ici, on vend un peu de tout. Entrons!

2. Il y a d'autres endroits pour (e) _____ bien et (f) _____ .

3. Maintenant, vous savez où trouver ce qu'il vous faut pour (g) _____ en pleine

   (h) _____ . À la prochaine!

Video Manual: *Flash culture*

4 **Les produits** Watch the segment with Benjamin in the pharmacy. Make a list of at least six items you see in the French pharmacy that you personally use.

_____   _____

_____   _____

_____   _____

_____   _____

_____   _____

5 **Pour la santé** What types of health-related businesses are featured in this video module?

_____

_____

_____

Après la vidéo

6 **Les pharmaciens** In this video, Benjamin talks about the role of pharmacists in France. In what ways is the French system similar to that of the United States? How does it differ?

_____

_____

_____

_____

_____

_____

_____

_____

_____

_____

_____

_____

_____

_____

_____

_____

_____

Unité 11, Leçon B

LA TECHNOLOGIE

Flash culture

Avant de regarder

1 **En ville** In this video, you are going to learn about driving in France. Make a list of French words you associate with cars and traffic.

_____

_____

_____

_____

_____

2 **Les moyens de transport** Circle all of the statements that describe you.

1. J'ai une / Je n'ai pas de voiture.

2. J'ai une / Je n'ai pas de moto.

3. J'ai mon / Je n'ai pas de permis de conduire.

4. J'aime conduire / prendre le bus / prendre le métro.

En regardant la vidéo

3 **Identifiez-les!** Match these images with their captions.

1. _____ 2. _____ 3. _____ 4. _____

5. _____ 6. _____ 7. _____ 8. _____

a. un camion commercial

b. une mobylette

c. une décapotable

d. un péage

e. une moto

f. un monospace

g. une voiture de luxe

h. un feu de signalisation

Video Manual: *Flash culture*

4 **Répondez** Complete these sentences with words from the list, according to what Csilla says in the video. Not all words will be used.

auto-école	essence	péage	route
circulation	se garer	permis	vitesse
conduire	marcher	roule	voiture

1. En ville, il y a beaucoup de _____.

2. Regardez cette petite _____! Elle consomme très peu d'_____.

3. On aime bien _____ les motos ici.

4. C'est facile pour _____ et on _____ plus vite.

5. Pour prendre le _____, il faut payer.

6. Pour avoir un _____ de conduire en France, il faut avoir au moins dix-huit ans.

7. On va à une _____ pour apprendre le code de la _____.

8. Moi, je préfère _____.

Après la vidéo

5 **Mettez-les en ordre!** In what order does Csilla mention these things people do at a service station?

_____ a. vérifier l'huile

_____ b. nettoyer le pare-brise

_____ c. acheter de l'essence

_____ d. vérifier la pression des pneus

6 **En ville** Answer these questions to describe your driving preferences and usual modes of transportation.

1. D'habitude, comment est-ce que vous allez à la fac?

_____

_____

2. Quelle sorte de voiture ou de moto avez-vous?

_____

_____

3. Comment est la voiture de vos rêves (*dreams*)?

_____

_____

_____

_____

_____

Unité 12, Leçon A

EN VILLE

Flash culture

Avant de regarder

1   **Les petits commerçants**   In this video, you're going to learn about shopping in small stores in France. In preparation for watching the video, make a list in French of various types of shops and boutiques.

_____   _____

_____   _____

_____   _____

En regardant la vidéo

2   **Complétez**   Watch as Benjamin visits a post office, and complete the conversation with the words that he says.

> argent   commerces
> boîte aux lettres   distributeur automatique
> bureau de poste   marchand de journaux
> cartes postales   timbres

Nous sommes devant le (1) _____. Il est fermé maintenant, mais ce n'est pas

grave, j'ai déjà acheté les (2) _____. J'ai des (3) _____

à envoyer à mes amis. Voici une (4) _____. Bon, maintenant, je dois trouver

un (5) _____ pour retirer de l' (6) _____, et puis

je vais aller chez le (7) _____. Je vais aussi vous montrer d'autres

(8) _____. Allons-y!

3   **Dans quel ordre?**   Number these places in the order in which they are mentioned in the video.

_____ a. une laverie   _____ g. une papeterie

_____ b. une boucherie   _____ h. un marchand de journaux

_____ c. une cafétéria   _____ i. une bijouterie

_____ d. un distributeur automatique   _____ j. un salon de coiffure

_____ e. un chocolatier   _____ k. une boulangerie

_____ f. un centre commercial   _____ l. une charcuterie

Video Manual: Flash culture

Après la vidéo

4 **Vrai ou faux?** Indicate whether these statements are vrai or faux.

	Vrai	Faux
1. Les hypermarchés sont très grands.	○	○
2. En général, les centres commerciaux se trouvent au centre-ville.	○	○
3. Pour acheter du jambon, on va à la boucherie.	○	○
4. On peut souvent acheter du papier et des livres dans le même magasin.	○	○
5. Normalement, on trouve une cafétéria dans un centre commercial.	○	○

5 **Où est-ce qu'on va pour...?** Where might you go in France to do these things?

1. envoyer une lettre _____

2. acheter un livre _____

3. se faire couper les cheveux _____

4. acheter du bœuf _____

5. laver les vêtements _____

6. acheter du pain _____

7. avoir une manucure _____

8. acheter un journal _____

6 **À vous!** In this segment, you saw many types of businesses that may be similar to or different from where you live. Which places in this video segment also exist where you live? Which do you regularly frequent? Which types of business are not as common in your area? Do you think they should be?

_____

_____

_____

_____

_____

_____

_____

_____

_____

_____

_____

Video Manual: *Flash culture*

Unité 13, Leçon B

L'ESPACE VERT

Flash culture

Avant de regarder

1 **Vocabulaire supplémentaire** Look over these words and expressions before you watch the video.

amateurs de ski	*skiers*	vignoble	*vineyard*
idéal	*ideal*	fabuleuses	*fabulous*
sports d'hiver	*winter sports*	cosmopolite	*cosmopolitan*
influence culturelle	*cultural influence*	le Vieux Carré	*French Quarter*
typiques	*typical*	paradis	*paradise*
construit	*built*	parlement	*parliament*
îlot	*small island*		

2 **Le monde francophone** In this video, you will see footage of various French-speaking areas around the world. In preparation, label the numbered places on the map.

1. _____
2. _____
3. _____
4. _____
5. _____

En regardant la vidéo

3 **La France** What places are pictured below?

1. _____   2. _____   3. _____   4. _____

5. _____   6. _____   7. _____

a. un vignoble près de
    Bordeaux
b. le Mont-Saint-Michel
c. la Côte d'Azur

d. le château de Chenonceau
e. Notre-Dame de Paris
f. l'Alsace
g. les Alpes

Video Manual: Flash culture

4 **Complétez** Complete the captions according to what Benjamin says in the video.

1. Aujourd'hui, nous sommes près de la _____.

2. Le Mont-Saint-Michel est construit sur un _____ dans le _____ de la France.

3. Dans la _____ de la Loire, il y a le célèbre _____ de Chenonceau et ses _____.

4. Les _____ de Tahiti sont _____!

5. Ça, c'est _____, en Algérie, en _____ du nord.

6. Dakar est un _____ important pour le commerce.

7. C'est la ville du parlement _____, de la Grand- _____ et, bien sûr, des _____.

Après la vidéo

5 **Descriptions** What places are described below?

Bruxelles	Montréal	Papeete
Cannes	Nice	le Québec
Dakar	Notre-Dame	Tahiti

1. Cette île se trouve dans l'océan Pacifique. _____

2. Cette province se trouve au Canada. _____

3. C'est une cathédrale à Paris. _____

4. Ce sont des villes de la Côte d'Azur. _____ et _____

5. C'est une ville cosmopolite au Québec. _____

6. C'est la capitale de la Polynésie française. _____

7. C'est la capitale du Sénégal. _____

8. C'est une ville en Belgique. _____

6 **Comparaisons** Choose two different places depicted in the video, and write a brief paragraph comparing them. In what ways are they similar? How do they differ? Write at least six sentences.

_____
_____
_____
_____
_____
_____

Photo Credits

Every effort has been made to trace the copyright holders of the works published herein. If proper copyright acknowledgment has not been made, please contact the publisher and we will correct the information in future printings.

Photography and Art Credits

All images © Vista Higher Learning unless otherwise noted.

Workbook: 13: (l) Hulton-Deutsch Collection/Corbis/Getty Images; (ml) Caroline Penn; (mr) Allstar Picture Library/Alamy; (r) Eddy Lemaistre/Corbis Sport/Getty Images; **41:** (tl) Paul Springett 09/Alamy; (tm) Simona Dumitru/Alamy; (tr) Erik Tham/Alamy; (bl) Danita Delimont/Alamy; (br) Franky DeMeyer/iStockphoto; **55:** (tl) Peter Spiro/iStockphoto; (tr) Carlos Sanchez Pereyra/123RF; (bl) Richard T. Nowitz/Corbis Documentary/Getty Images; (br) Rubens Abboud/Alamy; **73:** (t) Martín Bernetti; (ml) Pascal Pernix; (mm) Photolibrary/Index Open; (mr) Larry Lilac/Alamy; (bl, br) VHL; (bm) Tetra Images/Alamy; **85:** (tl) Werner Forman Archive/Heritage Image Partnership Ltd/Alamy; (tr) Gerard Lacz Images/SuperStock; (bl) Anthony Asael/Corbis Documentary/Getty Images; (br) SFM Titti Soldati/Alamy; **92:** (tl, tml, tmr, bmr, br) VHL; (tr) Ingram Publishing/Photolibrary; (bl) Greg Vote/VStock; (bml) Tetra Images/Alamy; **99:** (tl) Dmitry Pichugin/Fotolia; (tm, br) Photononstop/SuperStock; (tr) PhotoCuisine RM/Alamy; (bl) Nik Wheeler/Corbis Documentary/Getty Images; **102:** (tl) Calin Stan/Fotolia; (tm) Idealink Photography/Alamy; (tr) Maria Laura Antonelli/ZUMA Press/Newscom; (bl) Kicimici/Fotolia; (br) Romilly Lockyer/Getty Images; **115:** (tl) Benjamin Herzoq/Fotolia; (tm) Tom Delano; (tr) Keystone Pictures USA/ZUMA Press/Newscom; (bl) Jeremy Reddington/Shutterstock; (bm) Images of France/Alamy; (br) Abadesign/Shutterstock; **117:** (l) Bettmann/Getty Images; (ml) Hulton-Deutsch Collection/Corbis/Getty Images; (mr) Dianne Maire/iStockphoto; (r) Pikselstock/Shutterstock; **131:** (tl) Christophe Boisvieux/Corbis; (tr) Daniel Brechwoldt/iStockphoto; (bl) Leslie Garland Picture Library/Alamy; (br) Chris Hellier/Corbis Historical/Getty Images; **143:** (tl) Corel/Corbis; (tm, bl, bm) VHL; (tr) Radu Razvan/123RF; (br) Madzia/iStockphoto; **146:** (tl) Mikhail Lavrenov/123RF; (tr) Philip Lange/iStockphoto; (bl) Bettmann/Getty Images; (br) Peter Leyden/iStockphoto; **151:** (both) VHL; **159:** (tl) Andreas Karelias/iStockphoto; (tm) Elena Elisseeva/Shutterstock; (tr) KCS Presse/Splash News/Newscom; (bl) Beyond Fotomedia GmbH/Alamy; (bm) Tom Brakefield/Corbis Documentary/Getty Images; (br) Milosk50/Shutterstock; **169:** (all) VHL; **171:** (tl) Auremar/123RF; (tm) Martín Bernetti; (tr) Fesus Robert/123RF; (bl) Ingram Publishing/Photolibrary; (br) Paul Smith/Featureflash/Shutterstock; (br) Pieter de Pauw/123RF; **173:** (tl) Bettmann/Getty Images; (tr) Entry of Joan of Arc Into Orleans by J.J. Scherrer. Alfredo Dagli Orti/The Art Archive at Art Resource, NY; (bl) Chromacome/Stockbyte/Getty Images; (br) Bogdan Lazar/iStockphoto; **182:** (tl) Bosca78/iStockphoto; (tr) Tomas Sereda/Shutterstock; (bl) Goodshot/Alamy; (br) Paul A. Souders/Corbis Documentary/Getty Images; **183:** VHL; **187:** (l, ml) Bettmann/Getty Images; (mr) Everett Art/Shutterstock; (r) Science and Society/SuperStock.

Lab Manual: 19: Martín Bernetti; **21:** (tl) Paula Díez; (tm, tr, bl, br) Martín Bernetti; **29:** VHL.